华南师范大学文学院
SCHOOL OF CHINESE LANGUAGE AND LITERATURE

汉语言文学专业建设系列教材

新时代
写作大要

张永璟　邓玉环　张建炜
徐　珊　涂成林　胡　伟　著

SPM
南方传媒　广东人民出版社
·广州·

图书在版编目（CIP）数据

新时代写作大要 / 张永璟等著. —广州：广东人民出版社，2024.4
（2025.7重印）

ISBN 978-7-218-17332-0

Ⅰ.①新…　Ⅱ.①张…　Ⅲ.①汉语—写作　Ⅳ.①H15

中国国家版本馆CIP数据核字（2024）第011012号

XINSHIDAI XIEZUO DAYAO

新时代写作大要

张永璟等　著

版权所有　翻印必究

出 版 人：肖风华

责任编辑：黄洁华　郑方式
装帧设计：奔流文化
责任技编：吴彦斌

出版发行：广东人民出版社
地　　址：广州市越秀区大沙头四马路 10 号（邮政编码：510199）
电　　话：（020）85716809（总编室）
传　　真：（020）83289585
网　　址：https://www.gdpph.com
印　　刷：广州小明数码印刷有限公司
开　　本：787mm×1092mm　1/16
印　　张：21.5　　**字　　数：**300 千
版　　次：2024 年 4 月第 1 版
印　　次：2025 年 7 月第 2 次印刷
定　　价：52.00 元

如发现印装质量问题，影响阅读，请与出版社（020-85716849）联系调换。
售书热线：020-87716172

前　言

Preface

　　文章合为时而著，歌诗合为事而作。写作理论与实践也因时代和写作对象的不同而不断变化、丰富和发展。苟日新，日日新，又日新。新的时代呼唤新的写作指引，《新时代写作大要》便应时而生。

　　新的时代是一个务实的时代，也是一个务虚的时代。说它务实，就是做事必讲效率，所谓善作善成。比如学习活动的重要目标之一也是学以致用、用有所成。为此，本书用6个章节把务实理念挺在前面，把党政机关、社会、学校的高频实用文种逐一专题研究、举例阐释，以供高阶写作入门者按图索骥、参考借鉴，借以提高习得绩效。同时，这又是一个十分重视获得感、幸福感的务虚时代，"情绪价值"的流行反映了人们对更高品质美好生活的追求。为此，本书上编即文体写作板块便是针对人们的务虚追求而设置，它既是写作活动的理论必备，更为人们通过写作而获得更多正向"情绪价值"导航。换言之，当代写作负载着满足人们"情绪价值"的时代使命，是新质生产力的重要组成部分：当代写作的高科技特征十分明显—人工智能深度参与写作、高效能有目共睹—写完即发表且读完即评论、高质量写作渐成常态—随着互联网的日新月异民智亦随之大开，写作高质量发展不可逆转。它由技术革命性突破（人工智能）、生产要素创新性配置（通过网络整合）、产业深度转型升级（点击量经济、眼球经济）而催生，值得高度重视、跟进研究。要言之，《新时代写作大要》着眼新

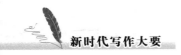

时代、开辟新赛道，既呈现写作理论的基本状貌（大要），又迎合这个大时代、大写作的大需要（大要）。

守正，是本书编撰的一大特色。上编的第一章重点阐释了写作的底层逻辑，旨在引导写作者扎实掌握写作的基本概念、基本规范、基本要领等，为其写作实践打下坚实的基础。传统的四大文体即诗歌、散文、小说、戏剧文学，是初学写作者应知应会的内容，即其应该能掌握其文体特征并能写出符合文体特征的文本来。肇始于20世纪90年代初的网络写作至今已全方位提档升级。它是一种特殊的写作形态，其特殊就在于它不写在龟甲兽骨、竹简木简、帛、羊皮纸、绢等物体上，而是写在电脑上、网页上、智能手机上，甚至是人工智能与人合写而后呈现在网络世界中，其文体归类当然无法做到科学而谨严、精细而准确，故宁缺毋滥，暂时付之阙如。

创新，是本书编撰的又一大特色。百年未有之大变局，培养社会主义建设者和接班人必须要有战略思维、系统思维、前瞻思维。为此，本书就围绕既要会写消息又要会用议程设置的理念来写作消息，因为"宣传也是生产力"且要从大学抓起，借以增强我国在全球环境治理体系中的话语权和影响力，尤其是自媒体、自组织时代的话语权和影响力。其实，这也是新质生产力的题中之义，"互联网+新闻"，相对于传统认知之下的新闻写作，其技术水平更高、质量更好、效率更高、更可持续。为党育人、为国育才，除了落实落细务实写作理念之外，就是要通过写作提高学生的"政商"（政治站位），把写作教育作为公民教育、社会教育、干部教育的大熔炉大平台大抓手，践行"大思政"的教学理念与战略布局并一体化勠力推进之。第十章的中小学写作专题是一个簇新的以1800多万中小学教师为潜在预期读者的专题，它就中小学的高频写作、高阶写作进行深入梳理研究，发人未发之"填补空白"意义较为深远，其反哺中小学的教学评一体化改革值得期待。"周虽旧邦，其命维新"是下编务实研究的主题与主线。

"定体则无，大体须有"，写作的理论与实践也常常徘徊在定体大体与有无之中，掌握好写作的火候，找到定体、大体与有无的"黄金分割点"，唯有通过加强写作实践与对写作实践的反思才能达到目的。本书的编写意图就在于帮助大家提高写作禀赋进而找到写作的"阿里阿德涅的线团"、找到写作的"黄金分割点"。

　　是为序。

张永璟等

2023年11月1日

目录

CONTENTS

下　编·实用写作板块

上　编

文体写作板块

第一章

写作原理①

在写作的知识和能力谱系当中，写作原理是非常重要的一个章节。了解并掌握一些写作原理对于写作实践的帮助是很大的，或曲径通幽、柳暗花明，或举重若轻、以约胜繁，或事半功倍、举一反三。理论与实践结合得好，写作活动就会像"两个黄鹂鸣翠柳"那样富有诗情画意。大笔如椽，人生就会"开挂"，指点江山、激扬文字就会意到笔随、精准制导。《左传》言"太上有立德，其次有立功，其次有立言"②。写作能力强，"写作红利"大，前者为后者赋能、加持。历朝历代英雄豪杰以不同方式唱响人生成功的这"三部曲"，共同谱写出华夏文明史的辉煌篇章。前路迢迢，大道恢恢，同学们应为之而不遗余力。

士不可以不弘毅，任重而道远③。

>> 第一节

写作准备要取精用宏

与建房相比，写作准备工作的复杂与艰辛有过之而无不及，这是一个非常特殊的脑力实践活动环节，此一环节质量的高低直接关系到整个写作

---

① 本章节的内容与理念在《应用写作通论》（张永璟主编，广东高等教育出版社2013年版）基础上有所增益。

② 唐代孔颖达《左传正义》对"三立"阐释为："立德，谓创制垂法，博施济众……立功，谓拯厄除难，功济于时。立言，谓言得其要，理足可传。"

③ 出自《论语·泰伯章》。

过程的质量高低，故绝不可掉以轻心。"汝果欲学诗，功夫在诗外。"这个"诗外功夫"的相当重要部分就体现在写作准备环节。信息准备、认知准备、调查准备，是写作准备的"三大抓手"。

信息准备与认知准备是任何一种写作都必不可少的。教育学认为，学习的意义有二：一是信息意义，二是智力意义。这种理念同样适用于写作学。郭沫若诗云："胸藏万汇凭吞吐，笔有千钧任翕张。"写作活动，在动笔之前的信息准备、认知准备无疑是刚性的。没有信息，巧妇难为无米之炊；没有认知，作品的思想性、深刻性、知与智就成了无源之水、无本之木。也就是说，没有信息准备，写作就难以为继；没有认知准备，写作就是没有意义的肤浅涂鸦。认知可以通过多读、多思、多试来完成，其中"多读"又是写作活动认知素养最为常用、最为直接的方式方法。有个成语说得好"见多识广"，多读既有信息意义，也有智力意义，现在是这样，其实古代也是这样，唐朝是这样，明朝也是这样。谢榛（明朝）就讲过这么一个故事——

《世说新语》：徐孺子九岁时，尝月下戏。或云："若令月中无物，当极明邪？"子美诗："斫却月中桂，清光应更多。"意祖于此。造句奇拔，观者不觉用事，所谓"读书破万卷，下笔如有神"，杜老不欺人也。①

"多读"的好处不言而喻，在读他人作品的过程中，自然就会有素材的积累、灵感的触发、思想的交流、境界的提升、审美的雅化。

"唯有读书高"，用之于写作准备是没错的，但是单单有读书还不够，"纸上得来终觉浅，绝知此事要躬行"，没有调查就没有发言权。调查成为当下社会有用信息的主要来源，成为政府治理的路径依赖，这个变化对于写作来说是"利好"消息，它促使写作必须贴近时代、贴近社会、贴近真实。据悉，社会上80%的有用信息都出自政府，而政府的施政方略越来越依赖于调查研究；无独有偶，市场经济之下的主体——企业也越来

---

① 出自《四溟诗话》卷四。

越依赖于调研来决定经营策略。凡此种种，都说明调查准备在写作中的权重将会与日俱增。识时务者为俊杰。重视信息准备、认知准备、调查准备，三管齐下、三思而行，写作必须与时俱进。

如何进行信息准备、认知准备、调查准备呢？

首先，要从核心层进行准备。所谓"核心层"指的是直接关系写作成败利钝的那些元素或因子。比如，如果是文体写作，就要对各种文体的特征、语用要求、人称优劣有深入的了解与认知。若是公文写作，党、政、军、群的写作预期是各个不同的；同样是政府公文，上行、下行、平行公文的语用策略也是大相径庭。认知准备必须如此这般地层层递进，比如有些认知它就是核心认知，只有完成了这一环节的认知，写作活动才能顺利进行，否则火候不到就开不了工。像申论考试中的策论写作题，其核心认知就是"什么是策论、策论的要素与格式、策论的语用取向、策论的最优化"等问题，这些认知不解决，写出来的申论就很难保证质量。调查准备也有其核心环节，其核心环节一般包括选题、经费、人员配备、表格、调查实施。总之，核心层的信息准备是最为紧要与迫切的写作准备，它是写作活动的首要环节、必要环节。

质言之，写作准备千头万绪、千丝万缕，但是不能因为它千头万绪、千丝万缕而乱套，一定要在准备环节中理出头绪、理出轻重缓急。眉毛胡子一把抓，是准备环节的大忌。射人先射马，擒贼先擒王。想笔扫千军，核心层准备要充分、要到位，要看准"马"在何处、"王"在哪里。

其次，要从相关层进行准备。相关层它不是可有可无，而是对核心层的必要补充与完善；如果说核心层是"薄发"形成的层，那么相关层就是"厚积"形成的层。比如写作行政公文时，若有历史意识、世界视野，公文写作会更加优质。再如调查准备，若能更加注意对参与调查的人员之学科背景的搭配，能吸纳一些有过硬的电脑统计知识的人员参与，那么调查的过程会更顺利，调查数据的处理会更顺畅，对于调查到的内容的分析也会更多元化。相关层好像是锦上添花，实则不然。如果要写作一篇有关文艺复兴的论文，如能充分认识到"美第奇"家族之于文艺复兴的作用，那么论文的持论就会更公允、更科学、更客观。表面上看"美第奇"家族只是一个企业家族、财富家族而已，与文艺复兴风马牛不相及，而实际上如果没有"美第奇"家族的财富赞助与支撑，文艺复兴的光芒不知要打多少折扣，因为达·芬奇、米开朗琪罗、拉斐尔这些画家是不可能有那么多财富来建造一座教堂或建造一座座城市雕塑的，造教堂、做雕塑既要有知识更要有钱财，钱财从何得来？"美第奇"家族。可以这么说，撰写一篇有关文艺复兴的论文，如果能"左顾右盼"看到"美第奇"家族的巍峨背影，这篇论文就会客观得多、厚重得多。

总之，"厚积"是必需的，视角多元也是必需的，不拘泥于核心层这一城一隅，写作识见才会走出"写什么看什么、写什么就了解什么"那个逼仄的小天地。

再次，要从外围层进行准备。外围层的准备是锦上添花。比如拟参加申论考试的考生，考前所做的书写准备、速度准备，就属外围层准备。有意按照申论考试的具体时间来调整自己的考试生物钟，以使自己的兴奋点与所考科目考试时间相吻合，这种外围准备就很科学、很有针对性，其意义不亚于前两种准备。要知道，在竞争白热化的考场中，有此谋略，能增加三五分，即可大胜而归。凡此种种，表面上看是"外"，实际上也是有的放矢——考试中的高分作文，常常是书写也颇为娟秀的。况且，成人类的考试，速度常常是高分的时间保证。所以说，表面上是"外"，其实有时比"内"还重要。

如果说写作时只要一杯水，那你在写前就要准备一桶水；若然，无论怎么舀都可以将杯舀得满满的。台上一分钟，台下十年功。写作的台下功夫，须从"核心层、相关层、外围层"做好、做实。

为了更直观、更形象地说明应该准备一些什么，本章用三个写作准备图小结如下：

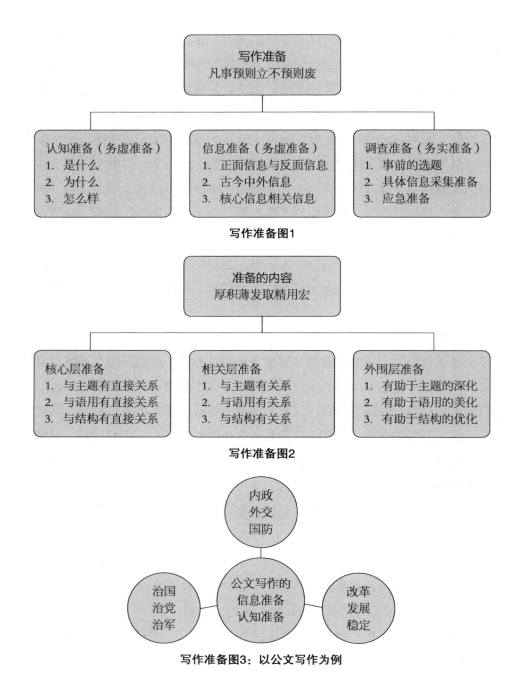

写作准备图1

写作准备图2

写作准备图3：以公文写作为例

　　写作准备图3这个例子是用来解决从事公文写作、事务文写作时三大准备（信息、认知、调查）的方向问题。我们知道，凡写作无非"情绪性写作、功利性（目的性）写作"而已，前者可主观随性、天马行空，而后者则必须中规中矩、不越雷池。"一字入公门，九牛拖不出"，上图的九维准备诚为"功利性（目的性）写作"所必需。

国之大事，在祀与戎①。必须强调的是：写作准备图3中的外交、国防、治军这三部分的内容，诚为当下学子、当下教材、当下教育短板，特别是后两者又为短中之最。因此，"弱国无外交，枪杆子出政权、主权、话语权"之类的"硬道理"极易被忽视。若然，我们的写作、认知就会出现绝对的硬伤——或抓住一点不及其余，或总是在小道理、软道理、近道理上自我沉醉而不自知。

》 第二节

选材立意要信达雅速

月映万川。无论是公文写作、文体写作，还是新闻写作、论文写作，材料都是不可或缺的。没有砖、砂石、水泥、钢筋等材料，就没有高楼大厦；没有厚重、精美的素材，也就没有令人眼前一亮的妙文。选材，选什么材？立意，立什么意？这是写作过程的实质性问题，也是写作过程的瓶颈问题。

材选好了、材备好了，立意不行，结果文章质量还是不行；只有材优与意优，且二者完全吻合，才是绝妙文章。不妨借用"强将手下无弱兵"这句俗语来说明选材与立意的关系：兵强将不强，打不了胜仗；将强兵不强，也不能确保打胜仗；将强兵也强，还得看情况——如果上下同忾则百战不殆，否则也会败北。

写作最易出现的"早期问题"尽在于此：材不优、意不优；材优意不

---

① 《左传·成公十三年》。

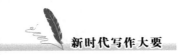

优、意优材不优；材意匹配不优、吻合度低。它们都会直接导致写作的功亏一篑。虽然败因不同，结果却一样，这是写作的痼疾。也就是说，选材立意这是一个问题的两个方面，同时也是相辅相成、互为表里的。

一、选材要注意的问题

没有经过加工的材料叫素材，题材是经过加工的素材。题材的加工是写作过程至关重要的环节。有个成语叫"采铜于山"，这个成语用来说明选材的过程恰如其分：铜散存于漫山遍野的铜矿石之中，铜矿石开采出山之后，经过冶炼最后出铜。写作的素材也是漫山遍野的，选材的过程仿佛开采的过程，冶炼的过程就是加工、提纯、优化的过程。勘探、选择、开采、运送、冶炼，无论是采铜还是写作都不可或缺。

选材要注意的问题有五个方面：真实、丰赡、新颖、厚重、能够驾驭材料。

（一）材料要真实。这是写作时首先要重视的一环，特别是在非文学类写作中，材料的真实性是最为刚性的一个要求。即使是在文学类写作活动中也不能脱离生活的真实。诚如鲁迅所说的那样，"燕山雪花大如席"不能改作"广州雪花大如席"，因为广州一般是不会下雪的，若改为"广州雪花大如席"就背离了生活的真实。写"真"问题的确是中国社会的一个大问题，并且影响到中国社会伦理、社会道德的问题。美国历史学家黄仁宇说他看了朱元璋的《明实录》，那是国家档案，但是里面的许多重要数据都有天大的错误，但是校对者、抄录者、阅读者、审查者，没有一个环节发现这些天大的错误。[①]何也？因为人们对真实不敏感，人们最关心的是忠奸、善恶。"说真话"成为百岁老人巴金的遗言；德高望重的星云大师也说中国的问题集中表现在一个字上："假"。可见，用"真"料进行写作，其意义不只在写作史，还涉及社会史、文化史、民族史。

---

① 余秋雨《艰难的文化》，《解放日报》2011年3月11日。

材料的真实，包括时间、地点、人物、事件、过程、结果的真实，甚至还包括写作预期的真实，即写作者在写作之前其动机就是要以真事示人，以真情示人，以真知谕人，以真理示人。写作预期的真实，是一切真实的前提与基础，否则真实就会成为奢望。从源头上杜绝作假，写作同样不可回避。

当下社会日新月异，知识、信息的生产与更新盛况空前，作假、写假、传假，费力不讨好，弄巧成拙，时代要求写作要求真务实，"真情为文"的时代已经到来。

（二）材料要丰赡。这是一个信息井喷的时代，同时要求写作活动要与之同步，具体表现在文本上就是每个作品总要尽可能传递出更多的信息，这样人们在阅读作品时方能满足其言约意丰的阅读预期。材料要丰赡，既可以理解为数量层面的要求，更可以理解为信息层面的要求。言简意丰、微言大义、余音绕梁，都是材料要丰赡的题中之义。

（三）材料要新颖。"标新立异二月花"，二月花之所以婀娜多姿、吸引人的眼球，就在于其新。文章是写给人看的，自然用料要新，否则就会没有读者；如果没有读者，写作劳动就是无效劳动。再说作者在写作时，如果没有"新"意的驱使，那么就难以做到文思泉涌，写出来的作品就是次品甚至是废品。

材料的新，也有多种情形：材料是没有人用过的材料，这叫新；材料在其他领域是"旧"的，但是到了某些领域没有人用过这类材料，这时的旧材料就变成了新材料，比如经济学的一些理念，如"博弈"迁移至政治学、考试学当中来，它就新了；旧瓶装新酒也叫新，比如对于"科举制"的认知，若上升至公开、公平、公正的制度供给层面来看，上升至维护社会的和谐稳定、长治久安层面来看，它就有新的时代意义。总之，材料的"新"既指写作的材料本身新，也指写作的角度新。

（四）材料要厚重。这是选材方面较高的要求。当今社会，教育普及率与日俱增，资讯业发展日新月异，人们得到的信息相当丰富，所以以浅显的材料写出的"浅显"文章对于绝大多数成年读者来说吸引力有限。有鉴于此，用料要用那些比较厚重的料，能发人深省、咀嚼再三的料。当然，"浅写作、浅阅读"也是需要的，低年龄的人生时段就需要它，人们休闲时也需要它，不能一棍子打死。但是总体来说，对于一个优秀的作者、读者来说，都希望看到的是含金量高的材料和信息。

（五）要能够驾驭材料。老司机都有经验：当人开车时最安全，当车开人时最危险。同样，写作也是如此。如果作者能够游刃有余地驾驭材料，材料就会尽其宜得其妙，文章就会大获成功；否则文章就会显得别扭，写的时候不顺畅，读者读的时候总觉得不对劲，有一种"亚健康"的感觉。要能够驾驭材料，最好选择一些自己比较熟悉的题材，写一些自己比较熟悉的领域，用一些自己比较熟悉的理念去统摄材料，毕竟"隔行如隔山"。

选材与选才一样，选得好、用得其所，那么就可以取得成功，否则就会事倍功半，甚至劳而无功。

二、立意要注意的问题

"宋朝第一才子"苏东坡也非常注意这个问题——

苏东坡尝诲以作文法曰："儋州虽数百家之聚，而州人之所须，取之市而足。然不可徒得也。必有一物摄之，然后为己用。所谓一物者，钱是也。作文亦然。天下之事散在经、传、子史中，不可徒使。必得一物以摄之，然后为己用。所谓一物者，意是也。不得钱不可以取物，不得意不可以用事，此作文之要也。"[①]

立意环节，在苏东坡的眼中是相当重要的。

立意环节，是写作当中看不见、摸不着的环节，因为它只是以"头脑风暴"的形式存在；但是，它直接关系到文章最后的质量，故不可掉以轻心。

---

① （元）陈秀明《东坡文谈录》，中华书局2004年版，第641页。

（一）立意要真善美。"文章千古事，得失寸心知"，如今看来，"立言"的传统进入当代社会以后特别是网络时代后内涵更丰富了。丰富表现在：有的作者将写作当作"千古事"来看待，有的作者只是把写作当作一件休闲的活动、交流的活动、话语维权的活动来看待。无论从什么角度来看待写作，它的立意总是客观存在的，因此立意的成败利钝自然就是写作的成败利钝。立意朝着"真善美"方向立，是颠扑不破的写作要义。矫揉造作的虚情假意是不能立的，悖乎伦理道德的恶意也是不能立的，与普适的审美观背道而驰的意也是不能立的。"意，犹帅也"，既然是"帅"，就必须真、善、美，否则何以统率三军战无不胜、攻无不克？如果说"真"是事实判断的话，那么"善"就是道德判断，"美"就是审美判断，受传统载道习惯的影响，中国风格、中国气派的作品的立意都以"善"为主流。因此，判断中国社会道德状况，必须分清主流和支流，区分现象和本质，辨识主观与真实，在写作活动中都是"头脑风暴"的重要内容，然以"判断中国社会道德状况"最为核心。

当然，真、善、美还是一个开放性的范畴，和平、尊严、幸福、团结、崇高、纯洁等都是属于真、善、美的题中之义。写真、话善、述美是写作永恒的母题之一，即便是在公道不彰的社会里仍然如此，诚如王尔德所言："我们都在阴沟里，但仍有人仰望天空"，激扬文字的人就要有如此品格与操守。

（二）立意要深刻。深刻的立意就是指那些透过现象见本质的立意，通过事见情，通过事见理，通过物见情，通过物见理，诸如此类的思想取向、哲理取向的立意，都属于深刻的范畴。此外，类似史铁生的《我与地坛》的宗教、准宗教立意，也是立意深刻的典范；叶嘉莹的《物缘有尽　心谊长存》[①]用"缘"来结构全文，别开生面、别有洞天。当然，纯宗教立意要有分寸，要充分考虑文章发表的场合，特别是不要与主流价值观有直接冲突。

---

① 《中国社会科学报》（上下篇），2011年第7期。

（三）立意要有雅趣。儒雅、典雅、高雅之类的立意是文章立意的较高层面的追求；乐趣、情趣、雅趣之类的立意是文章兴味盎然的秘诀。若能将二者合而为一，诚为立意的佳境、胜境。比如《也说"职业排队者"》从"懒惰经济"的视角来谈"职业排队者"的生财之道、生存智慧就挺有雅趣，就可以帮助读者克服审美疲劳。

（四）立意要与时俱进，写出时代的脉动与气息。良好的文风，应该是具有问题导向的。对于解决得好的问题，要褒扬它；对于解决得不好的问题，要针砭它；对于在发展中的问题，要理性地对待它。达尔文之后的西方哲学都有一个新要求：把上帝放在一边，转而关注社会真实，回到实际和实用的路子。因此，立意的与时俱进、问题导向，实质上也是一个哲学命题、一个"见贤而思齐"的智性问题。

各个社会时段都有其热点、难点、焦点、冷点、卖点，立意就要往这些节点上立，文章才有时代感、新鲜感，读者才会有阅读的兴趣。比如这"五点"问题体现在当下就是：上学难、住房难、看病难，留守儿童问题、农民工等弱势群体的权益维护问题、社会保障问题、贫富悬殊问题、廉政肃贪问题、修诚立信问题、道德滑坡问题、监督失察问题；宏观一点的体现有：地缘政治问题、贸易摩擦问题、和谐社会建设问题、信息化时代的网络建设与管理问题、全球气候变暖情况下的人类生存危机问题、两型社会建设问题、文化软实力提升问题；更为宏观的体现如：马克思主义中国化时代化大众化问题、中国特色社会主义的理论与实践问题、经济社会科学发展问题；等等。实际上，学术论文的写作也应该尽量地做到与时代息息相关，这样的论文才有新意、才有创意。比如《项目制：一种新的国家治理体制》[①]。冷点立意也是出奇制胜的法宝。比如《广东省人民政府办公厅印发关于厉行节约若干规定的通知》[②]就是很好的例子，这就是"善政"，有良好的广告度与美誉度。总之，这一个个节点就是一个个信息点，就是一个个素材富矿点，就是一个个题材的优选点，自然也是立意

---

① 渠敬东《项目制：一种新的国家治理体制》，《中国社会科学》2012年第5期。
② 粤府办〔2012〕72号文。

的优选点。

立意是一个确定中心的过程，更是一个优化、筛选观点的过程，欲强化立意能力，就必须加强信息素养、思想素养、比较素养、鉴别素养、创新素养。

三、选材与立意的吻合度问题

材料与立意有其同步的一面，也有其不同步的一面。有的材料本身就暗含着某种立意的指向，有的材料则暗含着多元指向。用得好，材料与立意协同表达中心、突出中心；用得不好、开掘失当，材料与立意就会有冲突。

（一）材料与立意要保持高度一致、水乳交融。朱自清的《背影》之所以能成为散文名篇佳作，材料与立意的契合堪称典范：爬过月台购买橘子这个细节材料非常优质，优在于它以一当十、以约胜繁、以平胜奇；此细节暗含的指向无疑是"可怜天下父母心、子欲养而亲不待"这两个"意"。朱自清的《背影》材料与立意高度契合，故而流传万口、光彩常新。

（二）材料与立意不要若即若离、貌合神离。写作时如果对材料吃不透，或者说拿捏不准，就容易犯这种错误。

（三）材料与立意最忌讳南辕北辙、背道而驰。这是初学写作最易犯的错误，即所用的材料与中心思想没有关系，所谓"风马牛不相及"，甚至"牛头不对马嘴"。

如前文所述，写作是一项实践性、综合性很强的实践活动，写多了、看多了、想多了、改多了，自我修正能力、纠偏能力就会与日俱增，自我完善能力、提升能力就会日新月异。选材与立意的吻合度问题，也就会在此过程中不断得到解决。

纸上得来终觉浅，绝知此事要躬行。选材立意问题，是一个实践性问题，唯有在实践中才能不断突破、不断提高。

四、选材与立意的速度问题

这是一个题外话，但是有时却比"题内话"更紧要、更给力。才思敏捷、倚马可待，虽说有些夸张，但它说明自古以来写作的速度问题就受到人们的关注。当今看来，速度问题不再只是一个锦上添花的问题，而是直接关系写作的成败利钝，关系写作者的升衰沉浮。用什么材、立什么意、材中蕴何意、何意为最优，用几个材来立意为最优，如何量材立意、量时（给定的时间）立意……合材、合意、合领导、合时事、合社情、合世情、合考情、合己情，唯有做到"八合"，才是好文章；但是这"八合"却会因为不合"时"（时间要求）而遭"一票否决"。"时"不我待、"时"不再来，这就是文章写作的"诗"外特征、时代特征。

社会的节奏要求写作周期要短、成文要快。农业社会、工业社会、网络社会……千方百计地追求快节奏，似乎成了这个社会的唯一主题。人人都想成为《西游记》中的孙悟空，对其所想拥有的东西，只要念上"变！变！变！"即可到手。无论是文体写作、公文写作、新闻写作……写作周期都越来越短，短到了几乎"现场直播"的地步。生活已经失控，写作必须习惯高速公路已经没有慢车道这一新规则。不是我不明白，是世界变化太快。

领导的要求"书"不容缓，快"笔"斩乱麻。不懂得延缓欲望的方法与艺术，同样折射到领导身上。社会实践日趋复杂，空间全球化、时间二十四小时化，不确定因素层出不穷，事务冗繁、千头万绪，加之事情千变万化有时甚至千钧一发，领导不可能慢悠悠地静候秘书"慢工出细活"，"肉食者"的写作节奏加快了，他（她）就推倒了写作的第一张"多米诺骨牌"，整个写作大盘的节奏自然也就因之而加快，并且一发而不可收。一万年太久，只争朝夕。

市场竞争不容"慢文"，快马加鞭成为常态。"看不见的手"是一个隐喻，亚当·斯密用它来描述市场经济的功用。借用他的理念，我们可说当下的市场也有一个"听不见的声音"，这个声音就是："我们都想要，并且马上要"。因此，无论是目的性写作还是情绪性写作，别无选择地朝着"我们都想给，并且马上给"的方向发展。骑在牛背上回首背后的夕阳，这种"慢生活"的诗情画意没有了。

考试制度崇尚"快捷方式"，又快又好成为取仕的刚性标准。只要是语文类考试，必定有写作；写作必定有时间限制。"后学校"（即进入社会）的人才选拔考试也是少不了写作一篇文章，并且所占权重颇大。进入公务员队伍要考试，所谓"逢进必考"；进入公务员队伍以后，欲"更上一层楼"也要考试，所谓逢升必考。①考试学强调，要加强考试的信度、效度，对考生的灵敏度、敏捷性的考察是必不可少的，因此，"又快又好"地写好文章，成为"士、仕"的基本功。

"快快"益善，在选材立意环节必须得到不折不扣地执行。

<h2>» 第三节
布局谋篇要尽宜得妙</h2>

这是写作的实操性环节，如果说此前的写作理论是形而上的话，从布局与谋篇就开始进入实质性的形而下操作环节了。排兵布阵都要讲究阵法，写作的布局谋篇也有其阵法。这不是形式主义，而是文章规律、表达规律使之然，是写作逻辑使之然。尽管在网络时代，可以用超文本来写作，但其结构形式还是客观存在的。形式形式，必然就有"形"与"式"。

常见的"形"与"式"有：

一、以时空为线索来布局

以时间的先后来布局，是写作比较常见的一种结构。这种布局方式好在不用投入太多的关于谋篇的时间，因为文章的思路基本可以顺着事

---

① 参见中组部《党政领导干部公开选拔和竞争上岗考试大纲》（2009年9月修订）。

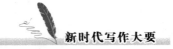

物、对象发生发展的顺序来写。对于读者来说，阅读时也较易理清文章的顺序、线索。比如时下写贪官的报道，大多就是以时间为线索来报道的：出身苦、成绩好、能力强、提升快、腐败凶、下场惨，这六个环节显然是一个环环相扣的时序链。新闻写作因需要"新"，故常常用时间布局法来降低写作难度，缩短写作周期；小说写作、戏剧写作也常常使用时间布局法，这样便于将"开端—发展—高潮—结局"的文体要求落到实处。

以空间为线索来布局，比较多见，或东西南北中，或从内到外，或上中下，结构的难度系数比较低，阅读时读者比较容易抓住要点，不会产生认知上的混乱、失序。旅游类文章的写作，使用这种方法的较为多见。

二、以常式来布局

（一）一分为二式

一分为二，可以是认知层面的正面认知加上反面认知，也可以是先实后虚、先事后情、先事后理；同时也可以是先抑后扬或者先扬后抑。总体来说，用一分为二式来布局谋篇，文章分为两个大部分。这种布局法，初学者可以多多实践，因为它的结构难度不高，且具有较强的实践意义。

（二）三生万物式

《道德经》说：道生一，一生二，二生三，三生万物。此理念，可以移用于写作当中，"三生万物"是一种思维方法，也是一种结构方法，甚至可以说是一种推理方法。这里的"三"可以是实实在在的"三"，也可以是比"三"更大的泛指。之所以说它是一种思维方法是因为它要求作者要将思维细分，细分至"三"甚至更多；之所以说它是一种结构方法，是因为将文章主体部分从三个方面来阐述，适用面颇广，既不会太粗略，也不会太精细，难度系数适中。当然，如果对"三"驾轻就熟后，从"三"出发再细分就不会太难了；之所以说它是一种推理方法，是因为从"三"出发进行归纳推理，其结论就基本可信了，它可以避免孤例论证的偏颇，也可以避免以偏概全的瑕疵，更可以避免陷入烦琐哲学的泥沼。文体写作、公文写作、新闻写作、科普写作、政论写作、准事务文写作……均可用此模式来谋篇。如下文就是一篇典型地用"三"谋篇的新闻。此外，其形象化开头，"某某说"结尾（上纲上线式，如下文的"精神式、情怀式"），以及第二自然段的总写，第三至第十一自然段的"先抑后扬"，第四、第五自然段的细节描写，第十自然段的诗性抒情，第十一自然段的"收口"之笔……，足资楷模。

"中国医生"让世界尊敬——援外医疗队50周年综述[①]

有那么一群人，他们甘忍亲人相隔之苦、甘冒殒命之险，在遥远的异域，不畏艰辛，为当地百姓消伤除痛，他们被当地百姓亲切地称为"中国医生"。

这是一支无坚不摧的队伍，他们的眼里只有病人，而无国界之分；这支队伍日渐庞大，在1963年至今的半个世纪中，从第一批24位累积到今天的2.3万名；这支队伍跨洲越洋，走进66个国家和地区，为医疗技术落后的受援国诊治病人达2.6亿人次。这就是被受援国人民视为亲人的中国援外医疗队。

从"不认可"到"不让走"

在非洲一些国家，如阿尔及利亚，有很多人叫作同一个名字"喜努华"。这个名字来自法文音译，直译成中文是"中国人"，非洲人为何要称自己的孩子为"中国人"？

回溯至1962年7月，北非国家阿尔及利亚脱离法国殖民统治而独立，外籍医务人员和医疗设备几乎全部撤走。阿尔及利亚境内缺医少药、疾病横行，人民求医无门，阿政府向世界发出医疗援助呼吁。

彼时，我国第一个向世界宣布将派遣医疗队赴阿长期工作。随即，1963年4月6日，从北京、上海等地优秀医生中抽调组成的医疗队开始奔赴阿尔及利亚。面对来自千里之外的陌生人，当地百姓似乎并不欢欣，而是

[①] http://www.gov.cn/jrzg/2013-08/18/content_2468992.htm. [2013-08-19].

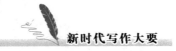

怀疑：这些来自中国的医生，能比得上刚撤走的欧洲专家吗？

其实，为了赢得当地百姓的信任，医疗队在组建时就采取了高职低派的做法——主治医师当住院医师用，年轻外科医生当护士用。尽管如此，当医疗队的放射科医师魏金元为一位病人诊断出胃溃疡时，病人并不信服，特意跑到170公里外的大城市奥兰做检查，但检查结果与中国医生的诊断并无二致。

但是，这并不足以让他们认可"中国医生"，直至医疗队让他们"重见光明"。在当地，白内障是常见病却无法医治。当眼科医生刘钢采用中西医结合的方式治愈了一位病人时，当地人奔走相告。

就这样，医疗队陆续开展的大型外科手术和疑难重症治疗，相继填补了阿国的空白。他们的针灸治疗因为治愈了一位饱受"幻肢痛"的截肢军人，而闻名整个阿尔及利亚，被称为"神针"。

当中阿双方初定的半年援助期将满时，阿国政府3次挽留，医疗队拖至1965年10月才回国。在长达两年半的时间里，医疗队诊治了37万多人次，做了3000多例手术，接生1000多个婴儿，而且，从没发生过一次医疗事故。这些经过"中国医生"的手来到世上的婴儿，很多被他们的父母取名为"喜努华"。

此后，从乞力马扎罗山到几内亚海湾，从尼罗河河畔到东非大裂谷，从广袤的非洲大草原到茂密的丛林深处，中国医疗队像珍珠般洒落在非洲大地上，并向亚洲、拉丁美洲、欧洲和大洋洲的发展中国家继续延伸。

不仅于此，医疗队还为受援国无偿援建了上百所现代化医院，开展短期巡诊……他们受到当地政府和百姓的信任和爱戴，迄今已有1001名医疗队队员获得受援国首脑颁发的勋章等多种荣誉。

无悔的人生中缺席了对亲人的情

二十世纪七八十年代，受援国医院条件简陋，医疗队员常亲手制作必要的设备和器械，如无影灯、手术床、高压消毒锅等手术设施，甚至因生活物资缺乏，他们自己种菜养鸡，以备不时之需。

　　但这并不算什么，最大的苦楚来自思亲念乡。队员们奔赴国外时，在对父母的尽孝中，他们缺席；在对爱人的陪伴中，他们缺席；在对子女的教育中，他们缺席。援外医疗的工作期限一般是2到3年，但经常受当地政府挽留，归期一拖再拖。队员们将自责和遗憾深藏心底，面对病人却仍然是大医精诚。

　　第一批援外医疗队队员徐贤泽离开家时，怀孕7个月的妻子让他为孩子取名。徐贤泽说，男孩叫彬，女孩叫文，取"文质彬彬"之意。

　　徐贤泽本以为最多一年就能回国，但因为延期，回国已是两年半以后。徐贤泽憧憬着儿子见到他扑进怀里的天伦之乐，但是面对的却是一个看到他不知所措的儿子，酸楚无从说起。但与其他人比起来，徐贤泽自谓不算苦，有的队员甚至失去了生命。

　　当时，受援国多是环境堪忧之地，战乱频发、疾病肆虐。尤其是非洲国家，国内罕见的艾滋病、疟疾、伤寒等传染病在那儿司空见惯。

　　面对这些疾病以及缺乏有效防护措施的医院，每一次诊治，队员们都遭受着感染风险。在马里，一位医疗队员为一名艾滋病人做手术时，病人的血液溅进她的眼内，经过及时处理后，她仍坚持为病人做完手术。术后她交代同事，如果她染上艾滋病，就不回国了，死后葬在马里。

　　就是这一位位普通却不平凡的队员们抒写了一段段可歌可泣的故事。在中国派驻援外医疗队的半个世纪中，因疾病、战乱、工伤和意外事故，50位优秀队员先后献出了宝贵的生命，大部分安葬在国外，缺席了自己后半生。

为受援国留下一支"永远不走的中国医疗队"

　　尽管有着缺席的人生，但只要受援国需要，援外医疗队员从不缺席。他们期望，带给受援国的不是一年又一年的外部救助，而是一代又一代的技术自立。

　　桑给巴尔人苏莱曼有两个父亲，一个是桑给巴尔前副总统，一个是"中国医生"。这位总统父亲曾对中国医疗队说，我只给了儿子一个身体，真正使他成为有用之才的人是"中国医生"。

1965年，周恩来访问桑给巴尔，对正在援桑的医疗队说：中国医疗队迟早要走的，我们要培训当地医务人员，给当地人民留下一支永远不走的医疗队。

的确，桑给巴尔医生奇缺。在614位医务人员中，本地医生仅有2名，其余32名医生全是从国外招聘来的外籍医生。为改变这一窘境，中国医疗队开始了"既当医生，又当老师"的双重工作。

苏莱曼就是学生之一。经过中国医疗队的培养，他的乳腺癌切除术、食管癌根除术、肺叶切除术、心脏缺损修补术均具有相当高的技术水平，成为当地颇有影响的外科医生。

他只是一个缩影。50年里，中国医疗队通过临床带教、学术讲座等各种形式为受援国培训了大批医务人员，留下了一支"永远不走的中国医疗队"。他们先后为受援国引进心脏外科、肿瘤摘除、断肢再植、微创医学等高精尖医学临床技术，同时将针灸、推拿等中国传统医药的诊疗方法带给这些国家。

此外，自2003年迄今，我国每年举办数十期卫生领域的援外人力资源培训班，邀请数百名发展中国家的医疗卫生人员来华培训，培训内容包括传染病防治、卫生服务管理、传统医学、临床手术和护理技术等。

援外医疗队不仅要给当地百姓授以医术，还要用大爱无疆的精神感召后人。1985年，医疗队队员程纪中在中非因公殉职，17岁的儿子程军在丧父之痛中立志学医，并在5年后成为一名脑外科医生。2000年，程军继承父亲遗志，毅然参加了援外医疗队，成为第9批援中非医疗队队员。

程军并不是唯一追寻父亲足迹的援外医疗队队员，同样受着父亲感召的黄玫是第15、18批援马达加斯加医疗队队员，其父亲曾在马达加斯加做了4年的援外医疗队队员。因此，医疗队去了一批，又回来一批，但后继队员如有根之水源源不断。

如同一位队员说的那样，援助医疗不一定要干出什么惊天动地的事情，而是要把我们先进的技术和理念带给他们，把"中国医生"的形象展示给世人。其实，医疗援助仅仅是我国对外援助中9项主要工作之一，其他如技术合作、人力资源开发合作、紧急人道主义援助、援外志愿者和债务减免等项目，在前赴后续的工作中，一直传承着"大爱无疆"的中华精神与世界情怀。

（《光明日报》2013年8月18日）

（三）四季式

天人合一，自然有四季，人也有四季。自然的四季是春夏秋冬，人的四季就表现在其生活当中的喜怒哀乐与酸甜苦辣。当下的写景散文、写人生散文、写哲理散文，大多以此种方式来布局谋篇。比如史铁生的《我与地坛》就是如此。

三、以逻辑为线索来布局

以逻辑为线索来布局，对作者的思维能力要求较高，因为它既需要有思维细分的能力，还要有将细分了的内容按序排好、排妥，即条理化的能力。逻辑布局在议论文写作中较为常见，比如"从宏观角度看、从微观角度看、从事物本身的角度看"就是逻辑式布局；在分析网络种种负面言论时是可将言论细分为四个方面，并这样排列：不实言论、煽动言论、威胁言论、淫秽言论，这样的布局亦属逻辑式布局。公文写作中也多以逻辑为线索来布局，如认识上、组织上、经费上、队伍上、宣传发动上、体制机制方面、监督方面、文化建设方面。

不言而喻，布局谋篇，是极富挑战性的写作环节，它要求作者要有随机应变、统筹兼顾的能力，从而使文章的结构最优化，继而达到文章功能的最优化。上述对于结构的论述，旨在帮助作者特别是初学者在写作时有章可循，有法可依，它们不是写作谋篇方式的唯一而是之一，顺此思路，举一可反三，曲径可通幽。

》 第四节

表达方式要选择恰当

表达是写作的硬功，再好的信息、素材、题材、内容，如果无法完美地表达出来，写出来的文章难逃次品甚至废品的厄运。如何将腹稿变成实稿？如何将茶壶里的饺子倒出来？表达既是手段又是目的。表达的路径有三：一是通过表达方式的角度谈表达，二是从修辞格的角度谈表达，三是从艺术手法的角度谈表达。

一、从表达方式的角度谈表达

众所周知，表达方式有记叙、描写、抒情、议论、说明。其中记叙又分为较为常见的顺叙、倒叙、补叙、插叙，和较难认知与运用的平叙和预叙。一般来说，以传递客观信息为主要目的时，宜用记叙这种表达方式。若能交替使用顺叙、倒叙、补叙、插叙、平叙、预叙，文章的节奏、文章的美感就会凸显出来。

描写有肖像描写、行动描写、语言描写、心理描写、细节描写，用此表达方式时，文章就横向发展了，时间的逼仄就被淡化了，主观信息就可以适当地加入其中，想象写作、联想写作就有了用武之地，主观信息加想象写作、联想写作，文章就有了独特的个性与不可重复的艺术美感，因为它们只属于某个作者，别人无法复制、效仿。细节描写非常重要，当下写作常见的短板就是细节意识不强。滴水见太阳，一篇文章如果有几个非常优质的细节，整篇文章就灵动飞扬，比如《"我会永远记住中国人民的深情厚谊"——记胡锦涛主席关心在沪意外受伤的马耳他总统阿贝拉》①这篇

---

① 《光明日报》2010年5月6日第3版，https://epaper.gmw.cn/gmrb/html/2010-05/06/nw.D110000gmrb_20100506_4-03.htm?div=-1。

以上海世博会为背景的通讯就是用一系列的细节来写作的。全文播发后，在全世界引起强烈反响，好评如潮。

抒情有直接抒情与间接抒情两种。后者通过物、事、理来传递作者的情感信息，其艺术魅力在于含蓄。东方人特别是中国人其传递情感的方式就较为含蓄，有评论家说，中国最直白的诗歌与西方最含蓄的诗歌相比，中国诗歌还是含蓄的。当代写作，宜少用长篇大段的赤裸裸的直接抒情，赤裸裸的直接抒情张力不够，给读者留下的想象空间也比较小。

议论作为一种表达方式，同样是以主观色彩作为底色，即议论虽说要理性、客观，但是它所传递的仍然是作者个人的观点与主张。以议论为主要表达方式的文章叫议论文。议论文论证的方法有例证法、引证法、对比法、分析法等，用例要妥当、正确、充分、新颖，引证要得力、要有的放矢，对比无论是正比还是反比一定要观点鲜明，分析的视点要高、视角要多元，要有理性的光芒，要有智慧的融注。立论要能自圆其说、逻辑自洽、以理服人；驳论也要能做到抽丝剥茧、逐层深入，驳论点要旗帜鲜明，驳论据要做到让事实说话，驳论证要做到切中肯綮。总之，议论文写作，既要求写作者有比较好的思想素养、逻辑素养，同时还要有比较优质的写作素养。

说明这种表达方式，使用频率与日俱增。信息社会，生产、传递客观的信息，自然要借助说明这种表达方式来完成。为了做到"说"而后"明"，它也常常通过数字法、比较法、对比法、引用法、图表法来使读者更加容易明白。

显然，说明是一种比较纯粹与客观的表达方式，在传递客观的信息与内容时，可以选用它；若要传递的信息与内容较为主观与个性化时，宜选用描写、抒情、议论这三种表达方式；介乎上述两者之间，可选用记叙表达方式。不同的写作预期，就使用不同的表达方式：若要以知谕人，可用说明；若要以情感人，可用描写、抒情；若要以理服人，则用议论。记叙则可以在多个表达场域中使用。

二、从修辞格的角度谈表达

修辞格，在中学时代已经接触过了，比喻、比拟、借代、夸张、对偶、排比、设问、反问都不陌生，初中、高中语文考试大纲也从考试的角度作了明确要求。若着眼于写作学层面，修辞格之于表达，是一个问题的两个方面。也就是说，我们在具体写作时，可以从用什么修辞格的角度来表达我们心中所要表达的信息，这样就会降低我们写作的难度，甚至于克服写作恐慌。

比喻。若作者要使笔下的表达更为生动，表达的信息更为丰富，让读者的想象空间更为宽阔，用比喻修辞格恰如其分。需要注意的是，本体与喻体要有相似性，否则会弄巧成拙。

比拟。有拟人、拟物两种，以拟人较为多见。写作时，如果作者想要把物当作人来描写，赋予物以人的思想、情感或动作行为，就用比拟这种修辞格。拟物就是把人当作动物、植物或他物来写，这种写法往往是把人降格来写的，故常有一种贬抑之意在里面。比如，"只见一堆人的后背，颈项都伸得很长，仿佛许多鸭，被无形的手捏住了的，向上提着"，鲁迅把围观人群伸长脖子看的情状比作像一群伸长脖子的鸭子一样，显然就有贬抑之意；无独有偶，《故乡》里的杨二嫂，作者把她比作圆规，显然也有贬抑之意。

借代。写作时，为了避免呆板或者是有意地想用局部来代替整体，就可以考虑用这种修辞格。"借"的质量直接关系到"代"的质量。"借"得好，其所"代"之物便一目了然；还可以突出事物特征，增强表达的生动性。《药》中的"硬硬的还在"就是借代，借"硬"这种触感来代替金属的质感，进而说明钱还在，因此老栓的心踏实了，治愈儿子的病有望了，心也就"硬"了起来。这就比说"钱还在口袋里"形象多了、生动多了。

夸张。要吸引别人的眼球，就要夸大其词，夸张就是一种很好的有吸人眼球作用的修辞格，它可以避免表达的平淡，亦可彰显作者的才气与个性。当然，夸大其词只是夸张的一种，它还有另外一种呈现方式——夸

"小"其词。飞流直下三千尺，是夸大，借以突出庐山瀑布的壮观；他（她）的"心比针尖还小"，是夸小，借此说明某人的心胸不豁达大度竟至于匪夷所思的地步。夸张，都会失真，但是这种失真是建设性的，它不做假，更不是为了失真而失真，失真是手段而不是目的。

对偶。这是"壮文势"的一种方法，在标题中可用，在开头、结尾的写作中也比较常见。其妙处就妙在音节匀称、韵律和谐。在比较考究的写作场合中，宜多考虑用此修辞格。

排比。与对偶一样，排比"壮文势"的力度是空前的，如果要加强语言的气势和情感的表达，排比是不可或缺的。

反复。它是有意重复使用某个词、句或结构，借以强调某种意思，突出某种情感。与排比不同在于，排比是"排"列几个结构相同或相似的短语或句子，而反复则是有意"重复"。二者都有强调的意思，写作时总会有要强调的节点，那么在这些节点上，就要考虑用上反复。当下写作中，反复与排比的运用非常广泛。

设问。写作时，若要提醒读者注意、引起读者的紧张、引导读者思索，就要考虑用设问这种修辞格。使用这种修辞格的好处还在于它可使文章波澜起伏、张弛有度富有变化。

反问。用疑问的形式来表达某种确定的意思，借以加强语气，这是反问修辞格的特色；表达强烈的感情也可以用反问的形式来达成。总之，用设问、反问来写作，拉近了作者与读者的距离，增强文章的"活性"；它还使得文章的衔接过渡更为自然，增强文章衔接过渡的艺术性。

对比。在写说明文、议论文、政论文时，都可用此法进行表达。因为，"不怕不识货，只怕货比货""不比不知道，一比吓一跳"，对比可起到以约胜繁、以一当十的作用。

引用。它可以增大文章的信息量，可以使作者的写作视野更为开阔，可以使表达效果更显著。写说明文、议论文、政论文，都可考虑用这种"给力"的修辞格。

反语。正话反说，可以增强作者的情感色彩，彰显作者的艺术个性，

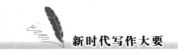

同时也可增强文章的趣味性、可读性。

总之，表达是一个宽泛的写作范畴，若用修辞格作为其抓手与切入点，写作的绩效就更为优化，写作活动就会更有亲和力。

三、从艺术手法的角度谈表达

若用排中法的理念来研究表达，那么除却"表达方式、修辞格"以外的表达都可称之为是从艺术手法的角度之表达。

比如抑扬表达法，这在鲁迅（《藤野先生》）、朱自清（《背影》）、张洁（《拣麦穗》）等现当代作家中，俯拾即是。先抑后扬或者反之，增强了表达的艺术性与审美冲击力。

又如象征、隐喻表达法，它们在当代诺贝尔文学奖的获奖作品中数见不鲜。从海明威的《白象式的群山》到米歇尔·布托尔的《变》，概莫能外。因为有两个审美对象小说的内容因此而更加丰富，因为有多元的指向于是小说的解读见仁见智。小说的张力也因此而大增，显然，表达不仅仅是形式而且更是内容。

再比如变形表达法、审丑表达法、意识流表达法，都是言说的方式，写文章就是用笔来言说，如何言之有物、有序、有文采、有艺术、有创新，就要下一番功夫。

总之，表达是思想与文字的统一，是内容与形式的合体，是化无形为有形、化瞬间为永恒的重要关口，不可松懈对待，不可掉以轻心。

》第五节

语用策略要妥帖得体

表达环节的最后落脚点就是语言的运用。如何运用语言并把语言运用妥帖、得体？词法、句法是最为基础的，在此基础上还要注意如何谋好段篇。

语用问题，是个很抽象同时又是很具体的问题，它是写作的瓶颈和短板，若能突破这个环节，写作活动就会变得轻松自如得多。要突破这个瓶颈和短板，就必须不断地学习、不断地积累、不断地实践。光有实践是不行的，许多从事写作的人都有此感觉，如果不学习、不积累，其结果要么就是"江郎才尽"，要么就是简单地自我重复。

中国古代的散文、诗词曲赋就是一座学习的富矿，相对于白话文的发展历程来说，古诗文的发展历程与其相去霄壤。后者的源远流长、水深土厚是无可争辩的。这无意贬损白话文的语用魅力，也不是鼓吹复古，而是对中国古代诗词文的语用意义的再认与再评。因为中国古代的语用成果就体现在诗文里，比如它很注重词法，很注重句法。而这些语用方略对促进人们写作能力的提升，无疑是很有意义的。

一、注意词法句法

（一）注意词法

单音节词，词性活用，叠词、联绵词，都是古代诗词的语用手段，它们在今天的写作中也仍然扮演着重要的角色。比如古典诗歌的"炼实词与炼虚词"的理念就值得继承。鲁迅的杂文多用单字，别树一帜；朱自清的散文好用叠词，别开生面。可见，古为今用，用得其所，就说明向古人学习、向古诗文学习，是一条事半功倍的路子。

王安石说过，诗家有"诗家语"。炼动词、炼形容词、炼副词、炼数量词、炼虚词、炼拟声词、炼表颜色的词，都是"诗家语"产生的情形。诗家有诗家词法，其他家自然也有其他家的词法。《清诗话》收录了吴乔的《答万季野诗问》说到文与诗区别："意喻之米，文喻之炊而为饭，诗喻之酿而为酒……"与饭相比，酒当然更精致，更精美，更精华，其词法当然更为考究。月映万川。各种文体的写作自然也要注意其词法，这样才能做到语用的得体、妥当。

（二）讲究句法

省略句、倒装句、意象组合句，这都是"诗家语"的谋句方式，这些谋句方式完全可以迁移到当下的写作实践中。此外，长句、短句的交错，整句、散句的杂糅，主谓句、非主谓句的有意变化，主动句、被动句的有意搭配，甚至把字句的运用，都应该是在谋句时寝馈在念的。

（三）讲究段法、章法

段法与章法，应该属于结构范畴，但是语言之于谋段与谋章还是有密切关系的。比如，如果用总分式谋段，那么其总句就宜虚不宜实，实就无法涵养后面的分句，分句之和也不能大于总句，分句之间也不能有交叉重叠现象；如果是用观点加材料的方式来谋段，材料句的指向要集体指向观点句，而观点句之和要能够足以支撑起观点句，使观点句能够立起来。如果是用递进式的理念来谋段、谋篇，那么段中、篇中就要有较为明显的递进句子来衔接、过渡。如果是用并列式方式来谋段、谋篇，也要有较为明显的表示并列的句子来建构。用"起承转合"式来谋段、谋篇也是如此，尤其是起句与合句是不可或缺的。

二、要言而有文

"言之无文，行而不远""虎豹无文，则鞟同犬羊"，从孔子到刘勰都是很重视文采的运用的。如何才能使文章文采斐然？

叠词的运用，是文采呈现的一种方式，中国的语用谱系早就注意到了这一点。叠词读起来音节优美，其所描写的对象之情状如在目前，是使文章有文采的方法之一。

书面语词、高频语词的应用，也可以使文章文采斐然，因为书面语词的雅重、高频语词的热烈，也是文采的题中之义。比如《中华人民共和国国务院令》（第601号）的《烈士褒扬条例》①中的"褒扬"二字就是书面

---

① http://www.gov.cn/zwgk/2011-07/28/content_1915585. htm[DB/OL]. [2012-08-16].

语，它就使得文本显得愈加庄重、肃穆。高频语词的使用也可增强文采，比如从十六大到十八大经济社会发展成就系列报告之一的《新世纪实现新跨越　新征程谱写新篇章》①，就是这样，四个高频语词"新"连成一片，别开"新"面。

成语的使用，与文采的有无、厚薄是成正比的。因为，中国的成语文化博大精深，流传至今的成语，诵之抑扬顿挫，思之有象、有色、有味，妙不可言。若要斐然成章，成语必不可少。

以上三个方面都是微观层面使文章有文采的途式与方法。宏观层观的途式与方法还有修辞法的运用、艺术技法的运用，都可使文章有"大珠小珠落玉盘"之妙。比如比喻句、反复句、排比句，及引用古典诗词典句都可以使文章灿然一片。

三、语言要有时代感

不同的时代，有不同的语言；不同的时代，有不同的语用理念。以政治为中轴的时代，写作的语言自然是以政治、以阶级斗争为中轴的；以经济为中轴的时代，社会的主流话语、强势话语自然也是以经济或准经济为主的，当下如火如荼的"双赢""风险"就是最好的例子；以制度为中轴的时代也是如此，"体制""机制"的不绝如缕，都在情理之中。

语言的时代感，当然不只体现在主流话语中，民间话语也有不少时代感非常鲜明的，比如"忽悠""激情燃烧的岁月""走过路过不要错过"等，雅俗共赏，带有明显的时代印记。

语言是一个时代的横断面，通过这个横断面，可以看出它所属于哪个时代的大千。作者要写出那个时代的大千，运用那个时代的语言，与那个时代的语用策略保持同步，将会事半而功倍。

纸上得来终觉浅，绝知此事要躬行。语用素养的优化是一个形而上与

---

① http://www.gov.cn/gzdt/2012-08/15/content_2204557. htm[DB/OL]. [2012-08-16].

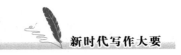

形而下的合题，是理论与实践的合题，是"见贤而思齐"与"君子以自强不息"的合题，是"渐悟"与"顿悟"的合题，必须作长时规划，必须勠力为之。

必须承认，语言总有其苍白性的一面，沈德潜《说诗晬语》说"情到深处，每说不出"，可见"表达瓶颈"自古就有；陶渊明《饮酒之五》说"此中有真意，欲辨已忘言"，"只可意会不可言传"，大家都会碰到这种情况；刘禹锡《视刀环歌》说"常恨言语浅，不如人意深"，人意与言语不可能完全契合；《周易》说"言不尽意"，都是切中要害之论。尽管他们在这里大都是针对诗歌文体而言的，但是这种奇妙的语用现象普遍地存在于写作的所有实践之中。明乎此，就没有必要"苛求"自己，没有必要百分之百地将自己内在的情思全部表达出来，没有必要让"语用恐慌"影响到自己的写作活动。因为，唯有不断地写，才有可能熟悉词法、句法，才有可能文采斐然，才有可能写出时代的华章，才有可能切实提高我们的语用能力。

语用，永远是一个常谈常新的话题，欲拾级而上必须有"求乎其上"之心与"好难"之心。前者是语用预期，后者是语用实践。即在提升自己的语用素养方面，要"志存高远"；在提高自己语用的能力方面，要"知难而进"。比如，写作活动中，要有"把文章当诗来写、当经来写"的追求，要有"偏向虎山行"的攻坚克难之心。诗是云中之光、水中之味、花中之香、女中之态，唐人刘禹锡说："心之精微，发而为文；文之神妙，咏而为诗。"明人苏伯衡说："言之精者之谓文，诗又文之精者也。"显然，如果有写诗之心、写经之心，且能不断实践，那么，写作的语用能力就会突飞猛进的。"知难而进"也很重要，陈寅恪先生认为唐朝的古文运动中，领导者韩愈的门下就有"好难""好易"两派。当然，其"好难""好易"的内涵颇为复杂，存而不论。然而，我们在写作时很有必要有意地"好难"，不断地"跳起来摘果子"，久而久之我们的弹跳能力就会大有长进。

四、语言积累的路径

语用素养的优化与语言的积累是呈正相关的。语言的积累其核心环节之一，所谓"巧妇难为无米之炊"，"无米"之痛、之难既指材料也指语料，单有材料而无语料，茶壶里的饺子依旧倒不出来。

路径一：以中小学教材里的古典诗词曲包括名散文为抓手，不断地背诵它们，并将其中的名句大胆地运用于自己的写作活动之中。这实质上是一个反刍过程，因为中小学教材里的古典诗词曲包括名散文，在中小学时代已经熟读，只不过其时尚未从强化语用素养的层面来学习，再读它们就可以从强化语用素养的层面来切入，这样"再加一把火"的方法目的明确、预期单一、用力集中，又是"驾轻就熟"，自然会事半功倍。

路径二：读典。通过大量的典籍的阅读，提升自己对美的语言的深度认知。比如细读《古文观止》《唐诗鉴赏词曲》《宋词鉴赏词典》《现代汉语词典》，它们既是文化阅读的好材料，也是不可多得的语料。

路径三：平时要大量阅读时下的报纸、杂志、书籍、自媒体文章，要有意多读一些知识含量比较厚重的读物，并将其中的好语料摘抄下来，细加品味并学以致用。

路径二、路径三与路径一不同，路径一处理的是语言存量，而路径二与路径三处理的是语言的增量。其实它们是一个问题的两个方面，增量越多，存量也就越多，而当存量存到一定的临界点时，就会有一种"豁然开朗"的感觉，所以无论如何，大量地阅读与积累都是必要的，"增量"有语料层面的"增"，也有认知层面、表达层面的"增"。

"天下事有难易乎？为之，则难者亦易；不为，则易者亦难矣。"[①]语用的破题之道也是这样。

五、积极修辞的问题

积极修辞，至今仍然是一个众说纷纭的问题。本文主要采用马文熙的

---

① （清）彭端淑《为学》。

说法①，他认为，积极修辞与消极修辞是修辞的两大分野之一，也是言语表达的两大法式之一。积极修辞又称"特殊修辞""艺术修辞"，它是侧重把思想感情表达得既形象又动人的修辞手法。积极修辞和消极修辞最早是清末龙伯纯在《文字发凡》中提出来的两个术语。作者将修辞现象分为"外形上——语彩"及"内容上——想彩"两类，再从消极和积极两个方面分别论述。消极的语彩包括语句的纯正、精确，消极的想彩包括命题的完备、叙次的顺正。积极的语彩包括语趣和音趣；积极的想彩包括譬喻、化成、布置、表出等手法，下再分三十二种修辞格。作者认为，"消极者，修辞最低之标准，准备上必要者也；积极者，修辞最高之准备也"。后来王易的《修辞学》、张弓的《中国修辞学》等采用了这一说法。系统阐述积极修辞和消极修辞两大分野的是陈望道的《修辞学发凡》，书中认为积极修辞是具体的、体验的，价值的高下全凭意境的高下而定，其轨道是意趣的连贯，分内容和形式两个方面。内容方面大体都是基于经验的融合；形式方面是语感的利用，可分为"辞格、辞趣"两类。辞格涉及语词和意旨，又可分为材料上、意境上、词语上、章句上四类三十八格。辞趣大体只是语言文字本身的情趣的利用，又分为辞的意味、辞的声调、辞的形貌三个方面。消极修辞和积极修辞既有联系，又有区别。两者的相同之点是：同是调整或运用语词，都要适应题旨和情境，都有形式和内容两个方面。主要的不同之处是：消极修辞侧重在应合题旨；把意思明白地表达出来，积极修辞则侧重在应合情境，选择合适的语词。消极修辞侧重在理解，没有含糊、费解之处；积极修辞侧重在感情，表述得形象生动，以情动人。消极修辞的词形和词义紧密结合，可直接从词面上去理解；积极修辞的词形和词义有离异现象，只能从情境上去领会。积极修辞必须以消极修辞为基础，是修辞的形象化手法。

当下社会是一个"审美日常化、日常化审美"的社会，所以主要用积极修辞来写作乃是理所当然；从授受美学层面来看，读者的受教育水平普

---

① 马文熙等编著《古汉语知识辞典》，中华书局2004年版，第641页。

遍提高，读者的审美欲求也整体有了较大的提升，写作的"语用供给"能力自然也要与时俱进从"温饱"提升至"小康"。特别是在党政公文写作实践中，积极修辞更是不可或缺，因为公文自古以来就属高级文体。

>> **第六节**

修改要切中肯綮

修改免不了要忍痛割爱，但它是必须的，就算是才高八斗的作者，也要经历这个环节。"唐宋八大家文……亦各有病"。[①]遑论常人。

修改，有自改也有他改，自改在写作实践中占绝大多数，所以总体来说，修改是一个自我不断纠偏、不断完善、不断升华的写作过程。刘勰在《文心雕龙·镕裁》中认为："思赡者善敷，才核者善删。善删者字去而意留，善敷者辞殊而义显。"[②]这也给我们的修改提供了很好的思路：如果你是"思赡者"就要看看是否充分发挥了你的特长，与此同时，有意向"才核者"学习修改之道；反之亦然。修改，它虽然处于写作活动的尾端，但是其重要性丝毫不亚于其他写作环节。正如商品的生产一样，这个环节完成之后，产品就出产了，就不受生产者的调控了，因此不能掉以轻心。

修改，有大修改、小修改。大的修改首先包括文章立意、理念的再考量或者说重新取舍，所谓"牵一发而动全身"。大修改，往往源于着手修改时，发现此前的文章存在大的方向性、原则性、是非性的根本问题，若不改将会影响到全文的成败利钝。小修改是发现文章在某些方面还没有达到作者力所能及的尽善尽美层面，于是乎再加工，再行精雕细刻。小修改的内容更为丰富，常见的修改切入点有结构的优化、表达的优化，特别是

---

① 魏禧《日录论文》。
② 《文心雕龙·义证》，上海古籍出版社1989年版，第1195页。

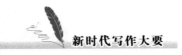

衔接过渡的优化与积极修辞方面的精耕细作，当然还有错别字词、病句病段"病逻辑"的全面修正。

修改的原则，一是得体，二是有针对性，三是彰显个性。

所谓得体，有三个方面的要求：它既指文章要符合文体要求，同时又要符合它所采用的那种文体的语体要求，更要符合它所发表、运用的那个场域的一应要求。

"夫文本同而末异，盖奏议宜雅，书论宜理，铭诔尚实，诗赋欲丽。"[1] "诗缘情而绮靡，赋体物而浏亮。碑披文以相质，诔缠绵而凄怆。铭博约而温润，箴顿挫而清壮。颂优游以彬蔚，论精微而朗畅。奏平彻以闲雅，说炜晔而谲诳。"[2] 所讲的就是文体要符合其文体要求，而文体的要求绝大多数是体现在语体层面的，"严沧浪谓：'作诗譬诸刽子手杀人，直取心肝。'此说虽不雅，喻得极妙。凡作诗，须知道紧要下手处，便了当得快也。其法有三：曰事，曰情，曰景。若得紧要一句，则全篇立成。熟味唐诗，其枢机自见矣[3]"。显然，诗的得体，既要得文体，也要得语体——"用语要'紧要'"。古人对于得体的阐述缜密、细致，这些理念完全可以古为今用。

总之，修改时要三管齐下：既要注意宏观层面的"体"——场域之"大体"的修改，也要注意中观层面的"中体"——文体的修改，还要注意微观层面的"小体"——语体的修改。

所谓针对性，就是指文章要有明显的写作预期与目的，写作时要有的放矢，正如白居易所说的那样："文章合为时而著，歌诗合为事而作。"公文写作是为了"经国之大业"，散文写作比如唐宋八大家是为了"立言"……文章与经世致用是息息相关的。修改时，要将文章的效用做到最大化。

不同的文章与不同的面孔一样，要有其个性，要彰显其独特的气质与魅力。修改这个环节，完全可以将作者的风格、气派充实进去、勾勒

---

① 曹丕《典论·论文》。

② 陆机《文赋》。

③ 《四溟诗话》卷四。

出来。

按照文章的线性结构，修改的具体内容大致包括修改标题、首段、正文、正文各个部分的衔接过渡照应、尾段。

标题的修改至关重要，因为社会节奏太快，读题成为习惯，所以拟题、改题能力必须加强。要能吸引眼球，要有鲜明特色，要有形象，要能传递丰赡信息，这是拟题、改题的四个要求。比如"《舌尖上的中国》"这个题就拟得好：它有象，它能激发人们的联想想象，它传递的信息简单明了。若改为"吃在中国、味蕾上的中国"，前者太俗气，后者则太专业，太书卷，太不大众化。

比兴手法运用于开头的传统由来已久，它在中国的语用谱系中也是浓墨重彩的一笔，首段的修改也可以一如既往地借鉴此手法。当然，积极修辞不限于比兴手法一种，但是比兴手法在首段的运用，给人眼前有象、眼前一亮的感觉，故较为别开生面。总之，修改首段时，宜多考虑用积极修辞，在考虑积极修辞时，可以多考虑一下比兴手法的运用。

正文的修改，如果是小修改的话，可以强化衔接、过渡环节与正文段首句、段尾句的优化，纲举而目张，上述节点修改到位了，整篇文章的表达就会因此而更加给力、更加完美。

常言道：编筐编篓，重在收口。总结全文、照应前文、深化主题，都是结尾的常用范式；结尾还有一种"奇峰突起"式：意料之外、情理之中，艺术留白、耐人寻味，出其不意、一语破的……都是应该在写作中践之、行之的。

古人说得好："凡事预则立，不预则废"，写作活动也是一样，无论是目的型写作还是情绪型写作，准备环节都是举足轻重、不可或缺的。

本章主要从常情、常理、常识的角度，阐述了写作的一般原理与方法，这些原理与方法实际上"人人胸中皆有"，因此写作并非妙手偶得的才子游戏、精英专利，写作是人人皆可为之的一项社会实践活动。不要把写作神秘化，不要视写作为畏途，不要视写作为苦差，不断地实践不断地总结，"凡夫俗子"照样可以写出一片新天地。

第二章

诗歌

》 **第一节**

概述

一、诗歌的概念

诗歌是文化的先河。当代的诗歌专指词曲以外的狭义的诗歌，它是一种饱含情感和想象，以富于节奏和韵律的语言集中精练地反映社会生活的文学体裁。

二、诗歌的分类

根据不同的划分标准，常见的诗歌分类主要有以下几种：

（一）按内容和表达方式分，诗歌有抒情诗和叙事诗

1. **抒情诗**

抒情诗是以抒发感情为主要表达方式，侧重表现作者对社会生活的内在感受和体验的诗歌。

抒情诗的抒情方式可以分成直接抒情和间接抒情两种。直接抒情就是直接地抒发和表露主观感情，也叫直抒胸臆。间接抒情则是依附于人、事、物、理的抒情，主要有借景抒情、寓情于理、托物言志、因事缘情等。

2. **叙事诗**

叙事诗是一种通过叙述故事情节、塑造人物形象来反映社会生活，抒写作者对社会、人生的认识和情感的诗歌，它介于诗与小说之间。叙事诗

按取材的特点和篇幅的长短，可以分成史诗、长篇叙事诗和小叙事诗。

（二）按表现形式上的划分，诗歌主要可以分为旧体诗、新诗和歌谣

1. 旧体诗

又叫旧诗，主要是指按一定的格律写成的诗。这种诗体式整饬，格律严谨，每句的字数、平仄、对仗、韵脚都有严格的规定，可谓诗有定行，行有定字，字有定韵，如律诗、绝句、词、曲等。

2. 新诗

新诗是指在"五四"新文化运动以后，出现的白话诗。这里的"新"是与旧诗相对而言的。它摆脱了格律的束缚，平仄不限，写法自由，长短灵活，相比旧体诗，显示出一股不拘格律的自由灵动的活力。

对格律的要求和表现形式不同，使新诗也呈现出各自不同的风貌，主要有自由诗和新格律诗两种。

（1）自由诗

自由诗的"自由"是针对诗歌的格律限制而言的，表现出来，就是诗歌的句式、章法和押韵都较为随意。作者可以根据抒情的需要自由组织排列字句。但这并不等于"绝对的自由"，它仍然具有语言和节奏形成的韵律。

（2）新格律诗

这种诗体的提出是在1926年，以闻一多、徐志摩为代表。新格律诗虽然摆脱了旧诗格律的羁绊，但与自由诗相比，其诗句的字数、诗节的行数、全诗的节数，以及音节和押韵等都有一定的规律（但较宽松），形式齐整，音韵讲究一定的规则。追求建筑美、音乐美和色彩美。

3. 歌谣

歌谣是民歌、民谣、儿歌、童谣的总称。

除上述按内容和表现形式划分的诗歌类别外，由于艺术风格的独特，一些诗歌会因其风格被命名，比较常见的如讽刺诗、朗诵诗、街头诗、朦胧诗等。它们在内容或形式上可能属于前两类诗歌，但独特的风格，又使它们自成一家。

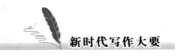
讽刺诗，指以幽默辛辣的笔调对丑恶的世态和卑劣的行径进行讽刺鞭笞的诗歌，它往往是作者心有不满而不直陈的产物，所以写作时多用曲笔，夸张嘲讽，明褒暗贬，声东击西，既寓庄于谐，又穷形尽相。

朗诵诗，是一种具有鲜明的主题和浓烈的情感，语言跌宕、和谐、晓畅、上口，专为听众朗诵的诗歌。

街头诗，指写在墙上、街头、壁报上，形式短小精悍，专门进行鼓动宣传的诗歌。

朦胧诗，指运用象征、暗示、通感等手法，曲折地表现作者的思想和情感，主题朦胧多义的一种诗歌。如果单就某方面的共同点或不同之处进行划分的话，诗歌还可以分成山水诗、爱情诗、哲理诗、打油诗、传单诗、十四行诗、阶梯诗、现代诗等等。而随着社会生活的发展，各种新的诗歌形式也还会不断出现，这里就不作详述了。

》第二节

诗歌的文体特征

一、以抒情为生命

只要是诗，就要有丰富的情感，就要抒情，而且，应该把抒情放在第一位。叙事诗也不能忽视这个特点。丰富的情感是诗的"血液"和"灵魂"，无论是激愤，还是淡漠；是热情奔放，还是冷若冰霜，只要有情感，有感受，诗歌就具备了打动人的基本条件。诗歌最怕无情，无情的诗，徒具诗的外形，却没有诗的生命，就像人没有灵魂一样。

情感对于诗如此重要，所以，诗歌对情感的要求也很高，主要有以下三点：

（一）真

有人说："诗是跳出来的心，心是藏起来的诗。"诗是最不能藏假的。"为赋新词强说愁"只能坏了诗人的信誉和读者的胃口。所以，诗人必须敞开心扉，抒发真情。无论是黑暗还是光明，只要是生活中真实存在的，一个正直的诗人就要敢于面对，不管是暴露还是歌颂，抒发真情是一首好诗之所以动人的根本。

诗，就是诗人自己。诗人在诗中所反映的生活现实和情感体验，应该而且必须是自己深切感受到的、体会到的，有真情实感，有自我个性的诗，才能感动自己，进而感动别人。

（二）健康、高尚

诗歌的情要真，但若以为凡真情实感、七情六欲都可入诗，那么诗里的情不免又滥了。因此，诗中的情感还应该是经过提炼、升华的情感，而不应把个人的霎时悲欢或一触即发的官能反应带进诗中。诗是个人的，也是非个人的。诗中的情感也是如此，既是作者个人的，但也应超越作者的自我，具有更高更广泛的意义，才能打动读者。正如"一个少女可以歌唱她所失去的爱情，但一个守财奴却不能歌唱他所失去的钱财"；因为艺术作品的价值取决于它所表现的情绪的高度。诗歌所抒的真情，应该纯真美好、健康高尚，这样的情感，才能成为净化人们灵魂的精神财富，具有真正的艺术审美价值。

（三）有时代感

伟大的心灵，总是负载着人民的苦乐爱憎，汹涌着时代的激流，所以，优秀的诗篇、出色的诗人，总是使自我与时代、与人民息息相通。屈原的"长太息以掩涕兮，哀民生之多艰"，杜甫的"安得广厦千万间，大庇天下寒士俱欢颜"之所以千古传唱，就是因为他们把自己置身人民中间，诗歌中的"小我"和"大我"达到了统一。因此，只要诗人是站在历史前进的方向上，表现人民的诉求和悲喜，表现时代的情绪和力量，诗歌就会具有强大恒久的生命力与感染力。优秀的诗篇，应该是时代本质的真实映像。

二、营造鲜明的意象

诗歌的主题需要形象的表现，一首好诗，不会徒具铿锵的外壳，也不会只有单调的说教。"情能感人，好诗便有情趣；理能喻人，好诗便有理趣"。（流沙河）这趣，内在是情与理，外在则体现为韵与象。韵是节奏、韵律，是诗之声；象是意象，是诗之貌。我国古书《易·系辞》中就有"圣人立象以尽意"之说，当时象指形式，意指内容，两者是分开的。一直到南朝刘勰的《文心雕龙》，"意象"才成为复词。在《文心雕龙》的创作总纲《神思》篇中，刘勰提出"烛照之匠，窥意象而运斤"。此后，以"意象"论诗者逐渐增多，现在，这一名词更被文艺学、美学等理论广泛采用。

简单而言，意象指的是表意的象。"意"即作者的情感和想象；"象"即具体表现出来的形象，两者是密不可分的。所以不能把意象看作表达思想感情的单纯载体，成熟的意象应当是外壳的客观性与内核的主观性的智性结晶，具有与情感、诗思契合无间而体现出来的含蓄蕴藉、流畅和谐的诗美特质。

让我们以纪弦的《你的名字》为例，来看看诗歌意象。

用了世界上最轻最轻的声音，
轻轻地唤你的名字每夜每夜。
写你的名字。
画你的名字。
而梦见的是你发光的名字。
如日，如星，你的名字。
如灯，如钻石，你的名字。
如缤纷的火花，如闪电，你的名字。
如原始森林的燃烧，你的名字。
刻你的名字！

刻你的名字在树上。

刻你的名字在不凋的生命树上。

当这植物长成参天古木时，

啊啊，多好，多好，

你的名字也大起来。

大起来了，你的名字。

亮起来了，你的名字。

于是，轻轻轻轻轻轻地唤你的名字。[①]

　　因为爱慕的深切而对于爱人的名字产生特别强烈的感受，本是一种可以感知但无法眼见的情绪，怎样使之变得形象可感，又蕴含丰富呢？"存意莫若象"，能与情思直接相连，并真切地表现情感思绪的，无疑就是形象了。诗人受到内心情感的激发，调动触发其情感的具体事物——你的名字，并配合以想象，将热切的情感赋予"你的名字"，唤、写、画、梦见、刻"你的名字"，而"你的名字"也因此焕发神采：如日，如星，如灯，如钻石，如缤纷的火花，如闪电，如原始森林燃烧，最后，还与树木一起大起来、亮起来，拥有了不凋的生命——由此，"你的名字"不再仅仅是个名字，而成了承托着诗人情感的新形象，诗人通过抒情想象赋予了这新形象以更丰沛的情感和更强烈的直接感知性，令其作为物象的外在结构与诗人心灵的意绪结构相互契合，成为诗歌的意象，从现实的形象转化成了诗美世界的构成元素。

　　意象是承托着诗人情思与想象的形象，它因为更具情感内涵，同时又有具体的外在形象，所以，更能沟通读者与诗人的心灵，也让诗歌更有感染力。

---

　　① 摘自姜耕玉选编《20世纪汉语诗选》（第3卷），上海教育出版社1999年12月第1版，第17页。

三、激发丰富的想象

歌德曾说："作为诗人，我的方式并不是企图要体现某种抽象的东西。我把一些印象接收到内心里，而这些印象是感性的、生动的、可喜爱的、丰富多彩的，正如我的活跃的想象力所提供给我的那样。作为诗人，我所要做的事不过是用艺术方式把这些观照和印象融会贯通起来，加以润色，然后用生动的描绘把它们提供给听众或观众，使他们接受的印象和我自己原先所接受的相同。"（《歌德谈话录》）

可见，想象对于意象的形成具有十分重要的作用。正因为如此，诗歌被称作"想象的语言"。要将无形的事物变成具体可感的形象，将人们所熟悉的东西变成更具内涵、更具鲜明外形的新东西，要使主观情思能与客观物象形成结晶，想象的作用必不可少。诗人有了情感要表达，就要展开想象，去选取、形塑意象。想象不必拘泥于眼前的具体事物，而要在更广阔的领域中寻找和发现事物之间的联系，其时可谓"思接千载，视通万里"。在《你的名字》里，诗人以生动的感性经验配合奇妙的想象，将对爱人名字的强烈感受与呼唤、涂写、描画、梦见、刻写这样一些逐渐加强的举动结合在一起，形象地描绘了坠入情网的主人公对爱的"疯狂"，也让我们感受其爱情的强烈和火热。

英国诗评家赫士列特认为："想象是这样一种机能，它不是按事物的本相表现事物，而是按照其他的思想情绪把事物糅合成无穷的不同形态和力量的综合来表现它们。这种语言并不因为与事实有出入，而不忠实于自然；如果它能传达出事物在激情的影响下在心灵中产生的印象，它就是更为忠实和自然的语言了。"作为一种积极的、富有创造性的思维活动，想象是诗歌开展形象思维，创造艺术形象和艺术情境的主要手段。可以说，没有想象就没有诗。

想象不囿于生活，但想象的源泉却在生活中。因为它尽管新奇、奇特，却绝不是空想和妄想，它仍然要遵循客观真理和心灵轨迹，通过想象寄情传意，仍然需要诗人准确捕捉形象，生动描绘情境，带动情感发展。

因此，作为一名诗人，还需要开阔生活的视野，只有融会了真实生活感受的想象才是人们乐于接受、能够理解的，才是人们心灵世界共同的情感寄托。比如傅仇，作为一名熟悉并热爱森林的诗人，他笔下的森林之夜就既格外奇幻又格外真切：

森林抱住一个月亮，
针叶撒出万缕青光；
一串串明明朗朗的珠宝，
一串串星星，挂在树枝上。

好一个醉人的童话般的夜景，
好一个迷人的安静的海洋。

我听见树木在轻轻呼吸，
嫩草在发芽，幼苗在生长；
一根新针叶悄悄生出来，
刺着飞鼠，在梦中抖抖翅膀。

好一个醉人的童话般的夜景，
好一个迷人的安静的海洋。

我听见森林的心脏在跳跃，
树根底下泉水咚咚响；
一颗颗露珠像失眠的野鸽，
闪着绿的眼睛白的光。

好一个醉人的童话般的夜景，

好一个迷人的安静的海洋。[①]

这是一个有声有色的森林之夜，但是，谁能说这是诗人的想入非非呢？正因为曾有过亲临其境的感受和发现，诗人才能有依有据地去想象森林的光和声，并把它们贴切地表现出来，打动读者。

四、注重字句的锤炼

诗歌总是力求以较少的篇幅容纳较多的内容，所谓"字惟期少，意惟期多"，言简意深、耐人寻味是诗歌追求的一种艺术境界，正因为如此，诗人们都十分讲究练字，以求"着一字而境界全出"的效果。一些脍炙人口的诗句如"春风又绿江南岸""云破月来花弄影""红杏枝头春意闹"等正是因为一个"绿"字、一个"弄"字、一个"闹"字而"境界全出"。正如别林斯基所说："在诗的作品里，每个字都应该求其尽力发掘为整个作品思想所需要的全部意义，以致在同一语言中没有任何其他的字可以代替它。"

诗人们常常会感到"富于万篇，贫于一字"，会因为"两句三年得"而"一吟双泪流"，由此足见这"一字"的功效与难得，它往往需要诗人倾尽心血去搜寻，去熔铸。另外，架构意象的需要也使诗句必须更凝练、更蕴藉。在诗歌当中，每一个字、每一个句子都应该是为了构成意象而存在的。要使意象单纯而丰富，就必须在诗句中排除散文化的因素，必须将日常语言提炼和纯化，不仅要使字句准确地表达心灵的意绪和事物的形象，而且还要令它们能带出言外之意和味外之味。

另外，诗歌行列式的结构及其语言的特别要求，往往会造成一些特殊的句式。如果按平常的语法看待的话，这些句式可能是病句，甚至在其他的文学体裁中，它们都会作为病句存在。但是，在诗歌里，由于音韵以及其他艺术手段的弥补，它们不仅"合理"存在，而且还别具韵味。如余光

---

① 摘自姜耕玉选编《20世纪汉语诗选》（第3卷），上海教育出版社1999年12月第1版，第126页。

中的《当我死时》，若按规范的语法结构，其上阕似乎应该写成：

当我死时，葬我

（让）我的头颅枕在长江与黄河之间

（让我的）白发盖着黑土

我便在中国，最美最母亲的国度坦然睡去

（我）睡（的是）整张大陆

（可以）听两侧起自长江、黄河的安魂曲

（像）两管永生的音乐，朝东滔滔（流去）

但是如此一来，语言语法是规范了，诗的韵味却减少了，原因在哪里呢？就在于分行的技巧和违法（语法）的技巧。

在原先不规范的语法结构下，作者使诗行和词句都暗合了平仄的间隔和节拍的韵调，又以不规则的断句，加长了句子的气韵，所以当诗歌诉诸听觉时，声调的抑扬顿挫和语气的凝重沉缓就造成了一种沉厚宏阔之势，音韵和谐，气势深沉，先声夺人。这种声势，不是严谨规范的语法所能表现的。然而，我们必须知道，最自由其实不自由。诗句违反语法规范并非任意而为，它仍然要合于诗歌情感表现的需要，而且还需要作者有圆熟的语言技巧和深厚的文法功底。否则只能弄巧成拙。

五、打造和谐的韵律

诗歌是一种最精美的语言艺术。如艾青所言，"诗是艺术的语言——最高的语言，最纯粹的语言"。（《诗论》）由于诗歌与音乐、舞蹈先天的"血缘"关系，它对字、词句的要求特别高，不但要精练内蕴，而且韵律和谐，使诗既回味无穷又朗朗上口。

在诗歌里，韵律包括但不限于押韵和节奏两个元素，但押韵和节奏可能是构成韵律的两个最重要的元素。

押韵，在诗歌中，指的是相同的语音在诗句的一定位置上，有规律地反复出现。中国汉字的音节包括声母和韵母两部分，如"庄（zhuang）"，声母是zh，韵母是uang。而韵母又分为韵头u、韵腹a和韵尾ng三部分。押韵，是押声调和韵母都相同的字。这个字，往往是诗行最末尾的一个字，因此就叫韵脚。我国古代的格律诗对押韵要求很严，诗歌要按既定的平仄结构填写，诗有定句，句有定字，字有定音。现代诗歌对韵律的要求没那么严，但一般也要求押大致相近的韵，即不追求声调而只要求韵母相同或大体相近。这样既可以使诗歌的形式更自由，也可以保证诗歌在吟诵时能有和谐悦耳的韵律。比如郭小川《甘蔗林—青纱帐》一诗的用韵：

南方的甘蔗林哪，南方的甘蔗林！
你为什么这样香甜，又为什么那样严峻？
北方的青纱帐啊，北方的青纱帐！
你为什么那样偏远，又为什么这样亲近？

我们的青纱帐哟，跟甘蔗林一样地布满浓荫，
那随风摆动的长叶啊，也一样地鸣奏嘹亮的琴音；
我们的青纱帐哟，跟甘蔗林一样地脉脉情深，
那载着阳光的露珠啊，也一样地照亮大地的清晨。

肃杀的秋天毕竟过去了，繁华的夏日已经来临，
这香甜的甘蔗林哟，哪还有青纱帐里的艰辛！
时光像泉水一般涌啊，生活像海浪一般推进，
那偏远的青纱帐哟，哪曾有甘蔗林里的芳芬！①

诗中的韵脚主要是"林""峻""帐""近""荫""音""深""晨""临""辛""进""芬"，它们声调不同，韵母也不太一致，只

---

① 摘自《中国当代文学作品选》下，人民文学出版社1989年5月第1版，第127页。

是押了大致相近的韵但读起来一样流畅有力。

　　绝大部分诗歌会在诗行的句尾押韵，只是押韵的密度和方式各不相同，或句句押，或隔句押，或一韵到底，或换韵。一般而言，要根据诗的内容和情感浓度来决定韵的疏密和押韵的方式。一般来说，表现豪情壮志、比较激越的诗，可以押密一些，或一韵到底，使诗读起来一气贯通，急促有力，比如上文郭小川的《甘蔗林—青纱帐》就是如此；而婉转深情、缠绵悱恻的诗，则可以押得稀疏一些，或者采取换韵的方式，使诗读起来一唱三叹、婉转深沉。

　　在诗歌里，构成韵律的另一个重要元素是节奏。节奏指的是语音、语调的有规律运动所造成的抑扬顿挫、轻重缓急等高低间隔和时间间隔。它具体体现为诗中的顿、逗和分行。现代心理学认为，人对节奏有一种自然的情绪反应。因此，诗歌中的节奏不仅具有凝聚词句和调节呼吸的作用，它还能传达并唤起情感的起伏变化。而外在的声音节奏和内在的情感节奏统一正是诗歌的基本要求之一。一般而言，表现豪迈激昂的情绪，往往采取明快紧凑的节奏；而表现深沉婉转的情绪，则常采用平和舒缓的节奏。比如，徐志摩的《再别康桥》，要表现整体节奏的轻柔舒缓，朗诵时就应在分行及标识斜杠处作有意识的停顿，同时在语气上进行加重或放轻的处理：

　　　　轻轻的/我走了，
　　　　正如我/轻轻的来；
　　　　我轻轻的/招手，
　　　　作别/西天的/云彩。

　　　　那河畔的/金柳，
　　　　是夕阳中的/新娘；
　　　　波光里的/艳影，
　　　　在我的/心头/荡漾。

软泥上的/青荇，

油油的/在水底/招摇；

在康河的/柔波里，

我甘心/做一条/水草！

那榆荫下的/一潭，

不是清泉，/是天上虹

揉碎在/浮藻间，

沉淀着/彩虹似的梦。[①]

六、多变的行列形式

我国的古诗不一定分行排列。现在看到的整齐分行的古诗，多是后人分的。五四以后，新诗虽然没有严格的平仄要求，但都分行排列。新诗没有固定的行数、节数、字数及顿数，所以和别的文学体裁相比，诗歌在形式上有更多的变化。

诗行的排列方式主要体现为行列的形式，即由诗行的长短整齐，以及诗行与诗行之间，或诗节与诗节之间的回环相应形成各种组合变化。这里仅列举几种比较有代表性的：

（一）整齐的行列

这是多数新格律诗所选择的排列方式。如闻一多的《死水》：

这是一汪绝望的死水，

清风吹不起半点漪沦。

不如多扔些破铜烂铁，

爽性泼你的剩菜残羹。

---

① 摘自辛笛主编《20世纪中国新诗辞典》，汉语大词典出版社1997年1月第1版，第50页。

也许铜的要绿成翡翠，
铁罐上绣出几瓣桃花；
再让油腻织一层罗绮，
霉菌给他蒸出些云霞。

让死水酵成一沟绿酒，
漂满了珍珠似的白沫；
小珠们笑声变成大珠，
又被偷酒的花蚊咬破。

那么一沟绝望的死水，
也就夸得上几分鲜明；
如果青蛙耐不住寂寞，
又算死水叫出了歌声。

这是一沟绝望的死水，
这里断不是美的所在，
不如让给丑恶来开垦，
看他造出个什么世界。[①]

全诗五节，每节四行，每行九个字，形成整齐划一的方块阵形。而在音韵上，每句都是九字四顿，音节恰好与其视觉外形相一致。由此，全诗达到了形体美和音乐美的和谐统一。

（二）参差的行列

诗行的字数、顿数都不是固定的，而是随着情感的波动变长或变短。这是诗歌最常见的一种行列形式。如林徽因这首《别丢掉》：

[①] 摘自辛笛主编《20世纪中国新诗辞典》，汉语大词典出版社1997年1月第1版，第70页。

别丢掉

这一把过往的热情，

现在流水似的，

轻轻

在幽冷的山泉底，

在黑夜，在松林，

叹息似的渺茫，

你仍要保存着那真！ ①

这种行列的诗歌，其体裁上并不整饬，但是，其听觉上的节奏和视觉上的参差不齐却是统一的，同样具有韵调和谐之美。

（三）递进的行列

这是为了应合诗中激切的情感，所采用的一种"楼梯式"的行列，它基本上一个音节为一行，既形成短促有力的节奏，又在视觉上造成一种步步突出的感觉。这种形式比较适于用来表达情感激越的诗歌，它会自然而然地形成一种气势，带动起读者的情绪。比如贺敬之的《放声歌唱》：

头上，

　　还会有

　　　不测的

　　　　风雨……

迎接我的呵，

　　还有无数

　　　新的

---

① 摘自辛笛主编《20世纪中国新诗辞典》，汉语大词典出版社1997年1月第1版，第129页。

考验，

而灰尘
　和毒苗
　　还会向我
　　偷袭，
似是，我亲爱的党呵！
请你相信吧！
　你曾经
　　怎样地
　　带领我
　　　走过来的，
我仍会
　怎样他
　　跟随你
　　走向
　　　前去！①

（四）回环相应的行列

回环相应的行列就是在各个诗节之中（或之间）有相近诗行，它们相互聚结，环环紧扣，相呼相应。比如刘半农的《教我如何不想她》便是如此：

天上飘着些微云，
地上吹着些微风，
啊！

---

① 摘自辛笛主编《20世纪中国新诗辞典》，汉语大词典出版社1997年1月第1版，第637页。

微风吹动了我的头发，
教我如何不想她？

月光恋爱着海洋，
海洋恋爱着月光
啊！
这般蜜也似的银夜，
教我如何不想她？

水面落花慢慢流，
水底鱼儿慢慢游。
啊！
燕子你说些什么话？
教我如何不想她？

枯树在冷风里摇，
野火在暮色中烧。
啊！
西天还有些儿残霞，
教我如何不想她？[①]

全诗共四节，每节都以"教我如何不想她"作结，既在外形上节节相呼相应，又使内在的情感抒发形成连绵不绝之势，令诗歌的情思与形式浑然一体。

除了上述四种行列方式之外，诗行的排列组合还有许多其他变化，但它们都必须服从一个目的，即适合节奏、韵律的表现，并利于情感的抒发。

———————————

① 摘自辛笛主编《20世纪中国新诗辞典》，汉语大词典出版社1997年1月第1版，第19页。

》 第三节

诗歌的写作技巧

写诗，就少不了要捕捉灵感，要巧妙构思。下面，我们就此谈一谈写作抒情诗的一些技巧。

一、捕捉灵感，诱发创作

"灵感"一词，最早见于古希腊，本意为"灵气的吸入"。古希腊哲学家德谟克利特曾说过："没有一种心灵的火焰，没有一种疯狂式的灵感，就不能成为大诗人。"可见灵感对于诗歌创作的重要。但是，长期以来，灵感都被认为是神灵的感召或天生的禀赋，这些唯心的认识使灵感变得神秘化。常听一些人说："我没有灵感，不会写诗。"此话对了一半，写诗的确需要灵感，但是，灵感并不是什么神灵的赋予，它实际上和形象思维、抽象思维一样，是一种来源于现实生活的思维形式，是客观世界在人们头脑中的反映，正如诗人艾青所说："所谓'灵感'是诗人的主观世界与客观世界最愉快的邂逅。"所以，灵感是可以培养和捕捉的，它是有心人"长期积累，偶然得之"的"礼物"，没有灵感，只是没有用心罢了。

俄罗斯著名诗人普希金在其诗作《秋》中，曾形象地描绘过灵感迸发时的情景：

我常常忘记世界——在甜蜜的静谧中，
幻想使我安眠。这时诗歌开始苏醒：
灵魂搅动着抒情的激动，
它颤抖、响动、探索，像在梦中，
最终倾泻出自由的表现来——

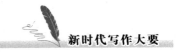

一群无形的客人朝我奔来，

是往日的相识，是我幻想的果实。

于是思想在脑中奔腾、澎湃，

轻妙的韵律迎面涌来。

于是手指忙着抓笔，笔忙着就纸，

刹那间——诗句就源源不断地涌出……①

可见，灵感往往出现在以整个身心投入的、艰巨的、长期的思考和劳动中，出现在思维从量的积累达到质的飞跃的时候。它就像一朵生长在生活土壤里的奇葩，需要长期浇灌培养，只有持之以恒地付出努力才能采撷到它。灵感具有以下三个特点：

（一）灵感是"情感被诱动的高潮"（臧克家）

诗人郭沫若在谈到他的诗歌创作经历时，曾不止一次地提及灵感引起他强烈创作冲动的情景。1919年，郭沫若在日本求学。一天上午，他到福冈图书馆看书，诗兴突然袭来，他便出了图书馆，赤了脚在地上走来走去，后来干脆躺在地上，去和"地球母亲"亲昵，"去感触她的皮肤，受她的拥抱"，并在这种情感激荡下，跑回寓所，一口气写下了《地球，我的母亲》这首诗。

当然，并非所有诗人在写诗的时候都会像郭沫若一样如痴如魔。但是，长期苦思抑制的大脑神经会因为灵感的袭来而变得高度集中兴奋却是无疑的。因此，灵感到来，会诱发强烈的感情冲动，让人不由自主，近于迷狂，达到"忘我"的境界。

（二）灵感是"创造力达到最终点的一刹那"（臧克家）

所谓厚积薄发，经过长期积累，潜心思索，诗人的创造力逐渐积聚，最终能化成一股巨大的能量，引发灵感，冲决茅塞，令人豁然开朗。正如

---

① 摘自《普希金诗集》，译林出版社1983年6月第1版，第77页。

华裔物理学家、诺贝尔物理学奖获得者杨振宁博士所指出的，所谓灵感，是一种顿悟，在顿悟的一刹那，能将两个或两个以上以前互不相关的观念串联在一起，解决重要的难题或缔造新的发现。这不仅在自然科学研究中是如此，在诗歌创作中也是如此。灵感的爆发，会使诗人头脑中原本零星的、不成系统的材料贯通整合，以致思路通达，文思泉涌，遣词造句，得心应手，发挥出最大的创造力。

（三）灵感转瞬即逝

"作诗火急追亡逋，清景一失后难摹"，苏轼这两句诗，形象地说明了灵感的来去只在弹指之间，捕捉灵感一定要迅速及时的道理。的确，灵感要以长期积聚的情感和创造力作基础，但是它的到来却不可预料，而且稍纵即逝。所以，诗人们都极珍惜灵感，会竭尽所能地捕捉它。比如我国著名诗人李瑛，他的身上经常带一个小本子，用来记录突如其来的创造灵感。碰到小本子不在时，他就把灵感记在伸手可及的纸张、报纸边上，为自己留下可以追思的轨迹。

灵感虽是霎时出现，偶然得之，但是它归根结底是长期积累、思索的产物。因此，对于诗人来说，除了要多思常记以外，深入生活和博览群书也是非常重要的，它们才是最终获得灵感的根本。

深入生活，拓宽视野。生活范围越大，灵感强度越大。要想获得第一手材料，广泛的社会接触、人际交往，以及敏锐的情感体验都是必不可少的。孤陋寡闻的人难免感觉迟钝，目光短浅。有人说，诗人要生活在急剧变动的时代才有灵感。其实，平常的生活里就有诗，关键是要有"发现的眼睛"，而见多与识广、心明与眼亮是互为因果、互相磨砺的。所以，诗人要想积累生活，见人所未见，首先就要深入生活。

博览群书，提高修养。一个人再长寿，能亲自去做、去体验的事毕竟有限，而读书，正是间接地考察社会、体会人生的最好方式。书不仅能为诗人提供丰富多彩的创作材料，更重要的是，书中的知识可以使人明智，而一个明智的人无疑更纯粹、更深刻、更敏锐，这些，正是一个诗人所应具备的品质。

二、严格炼意，意境幽远

"诗品出于人品"[①]，要想确立正确深刻的主题，诗人就必须具有健康高尚的思想品格和艺术品格，能从纷繁复杂的社会现象中挖掘生活的主流和事物的本质，而不是攀附权贵金钱，随波逐流。生活中触动我们的事很多，从社会变革到个人际遇，从炫目的太阳到一只小贝壳，或者是一条消息，一只蟋蟀，甚至一粒沙子。但是，并非所有的触动都能成诗，这里还有一个酝酿提炼、确立主题的过程。流沙河在谈到其诗作《太阳》的构思过程时曾说过，这首诗最初的意念是在"文化大革命"时期形成的。当时的造反派把"太阳只是银河系里最平凡的一颗恒星"这样的天文常识，看作"犯罪"的言论，有感于此，他便萌生了批判固执迷信的创作意念，但当时没有动笔。到1979年，思想解放了，这个意念开始形成诗行："固执迷信的只是我们自己／她（太阳）原是一颗平凡的恒星。"但是，及至下笔，想象着美丽的星际远航和灿烂的未来世界，他又逐渐明白了，诗歌的主题可以再作开掘，"我不应该停留在宣传天文常识，止于破除迷信，我应该更上一层楼，赞美人类探索未知领域的壮举"。可见，霎时的触动常常是粗糙肤浅的，只有不断琢磨、提炼才会使之升华，并成为能统领全诗的意念。这样，主题才算是确立了。这也是许多诗歌创作者的经验。

确立了主题，还要以适当的角度表现主题。一首诗，立意的高低固然重要，表现的角度是否恰当、独特也是不容忽视的。比如，同是乡愁乡思的主题，洛夫的《边界望乡》是这样写的：

说着说着
我们就到了落马洲

雾正升起，我们在茫然中勒马四顾
手掌开始生汗

---

① 刘熙载《艺概》。

望远镜中扩大数十倍的乡愁

乱如风中的散发

当距离调整到令人心跳的程度

一座远山迎面飞来

把我撞成了

严重的内伤

病了病了

病得像山坡上那丛凋残的杜鹃

只剩下唯一的一朵

蹲在那块"禁止越界"的告示牌后面

咯血。而这时

一只鸥鹭从水田中惊起

飞越深圳

又猛然折了回来

而这时，鹧鸪以火发音

那冒烟的啼声

一句句

穿透异地三月的春寒

我被烧得双目尽赤，血脉偾张

你却竖起外衣的领子，回头问我

冷，还是

不冷？

惊蛰之后是春分

清明时节该不远了

我居然也听懂了广东的乡音

当雨水把莽莽大地

译成青色的语言

喏！你说，福田村再过去就是水围

故国的泥土，伸手可及

但我抓回来的仍是一掌冷雾①

与余光中的《当我死时》相比，洛夫这首《边界望乡》的表现角度就很不同。如果说，《当我死时》是通过大胆的想象，熔现在、未来、过去于一炉，突出缅怀故园之情的至死不渝；那么《边界望乡》则是着眼于眼前的情景，渲染"望乡"那一刹那的悲喜交加，强调思乡之情沉积之厚，抑制之难。

生活中的事物千姿百态，同一事物又有许多不同的侧面。是什么事物打动了你，你又对哪个侧面感受最深，或者最有把握对其作充分的表现，写诗的时候，对此一定要有清醒的认识，让自己选择最佳的立足点，最富表现力的创作视角。只有在下笔之前想清楚，下笔之后才能写清楚。不顾自己的实际水平，好高骛远，或者一味模仿，照搬照套，都不能写出新颖独到的好诗。

三、组织意象，扩充张力

意象是诗歌中必不可少的要素。诗歌写作最忌的就是有意无象或者有象无意。"虚心使人进步，骄傲使人落后"，"走自己的路，让人们去说吧"，这些格言，道理昭然，但不重韵致。"冬天到了，春天还会远吗？"诗句虽短，形象鲜明，意蕴深远，情致韵味并重。可见，再短的诗也是诗，而不是格言警句，其中一个很重要的原因，就是诗中有意象。那么，应该怎样营造意象呢？

（一）描形摄神，寄情于中

简单地说，意象即寓意于象。因此，营造意象的最基本方法就是描形

---

① 课程教材研究所著，中学语文课程教材研究开发中心编《中国现代诗歌散文欣赏》[M]，人民教育出版社2016年版，第43-44页。

摄神，将寄寓了情意的形象描摹出来。当然，这个描摹并不是要一一呈现形象的所有表征，也不是写实的，而是以最动人的细节去表现最动心的情感。一般来说，诗人往往要选取最动人心魄的细节，找到其中蕴含的精神气质或内涵，再通过想象重塑一个形象，将悸动的情感寄寓其中。同时，这个形象又是具体鲜明可感的——虽然它并不写实。如此赋神于描形而勾画出的形象，形神兼具，就是诗歌传情达意的意象了。如徐志摩的这首《沙扬娜拉——赠日本女郎》，选取了日本女性说再见时，低头行礼的细节，将其娇羞之态比喻为不胜凉风的水莲花，表现出其婀娜的姿态和娇柔的气质，在其中寄寓了诗人为之动心的怜爱之情：

> 最是那一低头的温柔，
> 像一朵水莲花不胜凉风的娇羞，
> 道一声珍重，道一声珍重，
> 那一声珍重里有蜜甜的忧愁——
> 沙扬娜拉！[①]

（二）串接连缀，层层抒情

即按时间发展，或按感情变化，或按空间的转换来组织营造意象。比如《当我死时》，长江、黄河；白发、黑土；安睡其上的整张大陆；滔滔朝东的两管安魂曲；等等，这些代表着祖国故乡、时间流逝的形象，沿着现在—未来—过去的时间线索串接组合，融合诗人难平的思乡心潮，在激情的想象中"变形"，成为形象格外鲜明，情感格外强烈的独特意象，共同传递出游子思乡至死不渝的情感。这种意象营造的方式线索分明，比较符合人的思维习惯，适于初学写诗者。

比如，以下这首以情感的变化为主干营造意象的《季候》：

[①] 胡建军，郭恋东主编《中国现代文学作家作品选读》，上海交通大学出版社2013年9月第1版，第171页。

初见你时你给我你的心，
里面是一个春天的早晨。

再见你时你给我你的话，
说不出的是炽烈的火夏。

三次见你你给我你的手，
里面藏着个叶落的深秋。

最后见你是我做的短梦，
梦里有你还有一群冬风。①

全诗以初见你、再见你、三见你、最后见你为序，分别串接了四组意象——你的心和春天的早晨，你的话和炽烈的火夏，你的手和叶落的深秋，我做的短梦与你，还有一群冬风。每组意象的外在形象及其内在情感，恰恰与春夏秋冬的时令变化吻合，实际则暗示了情感如四季般地冷热变化，相映相衬，描绘出了一个感情故事的起始终结，波澜起伏。

（三）聚焦强化，情感合力

这种方法主要是以一个中心作为营造意象的情感聚焦点，围绕这个焦点选择、组织、描绘有共同情感核心的形象与感受，从而形成意象，这些意象聚合在一起，因情感围绕共同的核心聚焦而令诗歌的情感抒发得到强化。比如余光中的《乡愁》：

小时候
乡愁是一枚小小的邮票

---

① 摘自辛笛主编《20世纪中国新诗辞典》，汉语大词典出版社1997年1月第1版，第200页。

我在这头

母亲在那头

长大后

乡愁是一张窄窄的船票

我在这头

新娘在那头

后来啊

乡愁是一方矮矮的坟墓

我在外头

母亲在里头

而现在

乡愁是一湾浅浅的海峡

我在这头

大陆在那头[①]

这首诗的情感聚焦点是"别离"。围绕这一聚焦点，诗歌选取了邮票、船票、坟墓、海峡四个形象，它们因着共同情感内核——"离别"而构成寄寓诗歌情感的意象，诗歌围绕这四个意象绘成离家别、新婚别、垂老别和故园别四组图景，共同抒发了人生不同阶段的离别之苦，又使全诗的情感核心——"离别"再次得以突出和强化。

（三）堆叠拼接，映衬关联

堆叠往往是分别呈现一个个看似相互独立的形象或一幅幅看似互不相

---

① 摘自辛笛主编《20世纪中国新诗辞典》，汉语大词典出版社1997年1月第1版，第1073页。

涉的场景，这些形象或场景之间并没有直接的常规意义上的连接关系，只是因为堆叠在一起，所以会于不相关中呈现出某种共通的情感内涵，因此成为承载情感意义的诗歌意象。

比如意象派代表诗人庞德的著名诗作《地铁车站》：

人群中这些面孔骤然显现，
湿漉漉的黑树上纷繁的花瓣。

庞德自己在总结创作经验时说，这种意象诗，是"一个叠加的形式，即一个概念叠在另一个概念之上"。即诗人抒发情感时，有意抽掉了"面孔"和"花瓣"之间的连接词，直接堆叠起两个看似毫不相干的形象。但是，黑压压人群中骤然显现的面孔，湿漉漉的黑色树影间显现的纷繁花瓣，都带有突然闯入视线的冲击力，所以当它们堆叠起来时，看似不相关，却因形象的具体直观唤起了读者对其相似性的高度注意，并从中感受到一种情感撞击力，并突出了它们之间不可名状的相互映衬和关联，从而也赋予了它们独特的情感内蕴，令其成为传达诗歌情感的意象。

当然，要注意的是，这种叠加应当是有目的的，不能为了堆叠而堆叠，只有这样，才能加强情感的深度、强度，克服烦琐杂乱、泛而不实的弊病。

四、开头结尾，引人回味

（一）开头

"好的开始是成功的一半"，诗歌尤其如此，不长的篇幅令其开头显得特别重要。这里仅介绍几种常见的开头方式：

1. **开门见山，直接道来**

这是最常见的开头方式，如《当我死时》《边界望乡》《你的名字》，都是这样开头的。这种方式易于掌握，特别适合初学者。

2. **先言其他，再言正题**

这是一种渲染、铺垫式的开头，容易造成一种气氛，将读者慢慢引入正题。具体而言，又可分为起兴、曲折和层叠三种。

起兴，就是先言他物，作为开端，再说正题。这里的"他物"跟诗中表现的事没有必然联系，但在情绪上会有某些共通之处，所以可以起到渲染气氛的作用。比如乐府诗《孔雀东南飞》的开头："孔雀东南飞，五里一徘徊。"跟主人公的爱情悲剧没有必然联系，但却渲染了离别的缠绵悱恻。

曲折，就是从别的事物慢慢说起，渐渐进入正题。比如苏金伞写于国民党白色恐怖时期的《地层下》，意在赞美被压抑却不能被扑灭的生命力，诗从沉寂冰封的大地写起，第四节才转入对"地层下"的生命的描绘：

冰雪，
使大地沉默。

然而沉默，
并不是
死亡。

眼前，
虽然是冻结的池塘
是没有颜色的田野，
是游行过后
标语被撕去的墙壁，
和旗子的碎片飘散的大街。

但是，在地层下，
要飞翔的正在整理翅膀，
要跳跃的正在检点趾爪，
要歌唱的正在补缀乐曲，
要开花结子的正在膨胀种子，

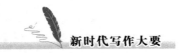

躺在枪膛里的子弹，
也正在检测自己的甬道。①

层叠，就是层层铺叠，造成一种递进之势，逼向正题。比如诗人杜运燮写于20世纪40年代的诗歌《雷》，歌颂革命的到来如春雷滚滚，势不可当，开头就用四行诗作了四层铺垫，造成一种"春雷"将至的逼人气势：

随着陆陆续续的闪电警告：他们来了！
阵阵风都传播着到来的确讯：他们来了！
每一叶片每一枝条都遥指着：他们来了！
每双眼睛在渴望，每张嘴在颤动：他们来了！

3. 设疑比喻，造成吸引

设疑起头，即用疑问、设问或反问的形式起头，造成悬念，吸引别人读下去。比如汪静之的《蕙的风》，用疑问起头，立即就给全诗笼罩上一层如真如幻的迷蒙之美：

是哪里吹来
这蕙花的风——
温馨的蕙花的风？②

以比喻起头，就是先用比喻将要表现的事物形象化，使之更具体动人，别具吸引力。如骆耕野的《不满》，开头先用比喻使"不满"这一抽象流动的情绪获得生动具体的形式，令诗中感情的喷发有所依托，不至空洞。

像鲜花憧憬甘美果实，

---

① 摘自《诗刊》1996年第2期。
② 摘自姜耕玉选编《20世纪汉语诗选》（第1卷），上海教育出版社1999年12月第1版，第193页。

像煤核怀抱着燃烧的意愿：

我心中孕育着一个"可怕"的思想，

对现状我要大声地喊叫出：

——"我不满！"

谁说不满就是异端？

谁说不满就是背叛？

是涌浪，怎能容忍山洞的狭窄，

是雏鹰，怎肯安于卵壁的黑暗。①

（二）结尾

善始还需善终。开头开好了，收束也要好，古人谓"豹尾"即是此意。结尾的方法不一而足，这里仅介绍几种。

1. 自然收束

想写的都写完了，意念表达清楚了，就顺势收笔，不再言其他。这种方法比较常见，也易于掌握。如前文所列举的《当我死时》，顺着现在—未来—过去的线索把思乡的情意表白完了，就自然收笔结束。

2. 呼应开头

结尾时对开头再作一次重申或强调，使全诗头尾相应，能营造出一种循环回绕的美感。如《你的名字》：

【开头】用了世界上最轻最轻的声音，

轻轻地唤你的名字每夜每夜。

【结尾】大起来了，你的名字。

亮起来了，你的名字。

于是，轻轻轻轻轻轻轻地唤你的名字。

---

① 摘自《诗刊》1992年第3期。

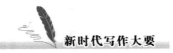

诗歌结尾的最后一行又回到开头，"轻轻地唤你的名字"，语调更轻更轻，意思相近，情感却已升华了，增强了，余韵回旋不绝。

又比如《再别康桥》的开头和结尾也是如此：

【开头】轻轻的/我走了，

正如我/轻轻的来；

我轻轻的/招手，

作别/西天的/云彩。

【结尾】悄悄的/我走了，

正如我/悄悄的来；

我挥一挥/衣袖，

不带走/一片云彩。①

首尾呼应的方法可以加强情感，强调意念，常被诗人采用，如何其芳的《生活多么广阔》、戴望舒的《雨巷》等，都采用了首尾呼应的方式。

3. 引起遐想

临近结尾，尚有话要说，但却不说了，而把这层意思在结尾时稍稍透露一点，以引起读者的思索和怀想。比如殷夫的《别了，哥哥》，作为同反动阶级决裂的宣言，诗作表示了要与之做斗争的决心，但将如何进行这场战斗呢？诗里面没有再讲，只是在结尾稍露端倪，让读者接着去想象：

别了，哥哥，别了！

此后各走前途，

再见的机会是在，

---

① 摘自辛笛主编《20世纪中国新诗辞典》，汉语大词典出版社1997年1月第1版，第50页。

当我们和你隶属的阶级交了战火。①

4．点题强调

结尾时将诗作的主题点明，这种方式收束比较有力，可以起到丰富内涵、深化主题的作用。比如公刘的《五月一日的夜晚》：

天安门前，焰火像一千只孔雀开屏，
空中是朵朵云烟，地上是人海灯山，
数不尽的衣衫发辫，
被歌声吹得团团旋转……
半个世界站在阳台上观看，
中国在笑！中国在舞！中国在狂欢！
羡慕吧，生活多么好，多么令人爱恋，
为了享受这一夜，我们战斗了一生！②

诗歌不长，意思也很明白，但结尾的两句无疑使前文的狂欢之夜有了更深的意义。有了这两句，整首诗的分量就不一样了。

五、艺术手法，灵活多样

诗歌的魅力，有相当一部分来自它的艺术手法。丰富的情感和想象，以及特殊的形式和语言要求，使诗歌与其他文学体裁相比，能更灵活自由地使用各种艺术手法。这里介绍常用的几种：

（一）比喻

包括明喻、暗喻、借喻和博喻。如冯至的《我是一条小河》，全篇运

---

① 摘自《中国新文学大系1927—1937》（第14集），上海文艺出版社1985年5月第1版，第438页。
② 摘自姜耕玉选编《20世纪汉语诗选》（第3卷），上海教育出版社1999年12月第1版，第122页。

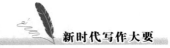

用比喻：

　　我是一条小河
　　我无心由你的身边绕过——
　　你无心把你彩霞般的影儿
　　投入我软软的柔波。

　　我流过一座森林——
　　柔波便荡荡地
　　把那些碧翠的叶影儿
　　裁剪成你的裙裳。

　　我流过一座花丛——
　　柔波便粼粼地
　　把那些凄艳的花影儿
　　编织成你的花冠。

　　无奈呀，我终于流入了，
　　流入了那无情的大海——
　　海上的风又厉，浪又狂，
　　吹折了花冠，击碎了裙裳！

　　我也随了海潮漂漾，
　　漂漾到无边的地方——
　　你那彩霞般的影儿
　　竟也同幻散了的彩霞一样！ [①]

---

　　① 摘自姜耕玉选编《20世纪汉语诗选》（第1卷），上海教育出版社1999年12月第1版，第410页。

（二）对比

对比就是把性质截然不同的事物进行对照，以彼物衬此物，最终突出此物的方法。这种方法在诗歌中常被采用。如大家熟悉的臧克家的《有的人》，通过有力的对比突出了鲁迅的高贵品质和战斗精神。

有的人活着
他已经死了；
有的人死了
他还活着。

有的人
骑在人民头上："呵，我多伟大！"
有的人
俯下身子给人民当牛马。

有的人
把名字刻入石头，想"不朽"；
有的人
情愿作野草，等着地下的火烧。

有的人
他活着别人就不能活；
有的人
他活着为了多数人更好地活。

骑在人民头上的，
人民把他摔垮；
给人民做牛马的，

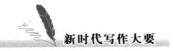

人民永远记住他！

把名字刻入石头的，
名字比尸首烂得更早；
只要春风吹到的地方，
到处是青青的野草。

他活着别人就不能活的人，
他的下场可以看到；
他活着为了多数人更好地活着的人，
群众把他抬举得很高，很高。[①]

（三）排比

排比就是用相似的句法将同一性质的事物一一排列。如舒婷的《这也是一切》的第一、第三、第五节，用的便是排比的手法，几节诗中的每一句诗结构都相似，所表述的事物、现象的性质也一样——有让人失望的一面，但更有充满希望的一面。排比的手法用于罗列各种性质相同或相似的事物或事物的不同侧面，可以加强诗句的气势，形成铺排奔涌的艺术效果。

（四）反复

反复是用同一句子或词语，一再地表达某种情感，给人造成单纯而强烈的印象，它可以加强诗歌的节奏和韵律，强化情感层次。反复可以是词语反复、句子反复和段落反复，也可以是连续反复或间隔反复。这里主要介绍三种常用的反复手法：

第一种是重叠式的反复。这是一种连续反复。比如梁小斌的《大地沉

---

① 摘自辛笛主编《20世纪中国新诗辞典》，汉语大词典出版社1997年1月第1版，第166页。

积着黑色素》，诗歌开头的一节只有两行诗"大地沉积着黑色素/大地沉积着黑色素"，完全相同的句子连续重复，强化了阴沉压抑的感觉。

第二种是间隔式的反复。如刘半农的《教我如何不想她》，每节诗的结尾都重复一次"教我如何不想她"，既强化了情感与韵律，又连贯起了全诗，加强了诗歌情感和形式的整体感。

第三种是复沓。即句子和句子之间更换部分修饰性词语，但中心词不断重复的情况。比起前两种反复，复沓更为灵活多变，在诗歌中运用得更多些。如纪弦的《你的名字》中不断地出现"你的名字"，几乎行行都有，但其修饰语各个不同，这就是复沓的形式，它能令诗歌产生气韵深长、缭绕不绝的艺术效果。

（五）象征

象征是用具体的事物表现某种特殊意义。在追求"象外之意"的艺术效果和诗美世界时，诗歌创造意象的主要方式就是对客观事物"略其形貌而取其神骨"，因而诗歌的意象往往具有某种较为固定的、共通的象征意义。比如以太阳象征光明，以黑夜象征黑暗。但是要想让诗歌写出新意，仅仅满足于这些固有的象征意义显然是不够的。这就要求诗人在捕捉和营造意象时，采取"远取譬"的方式，在读者理解诗歌意义的路途上设置一些小小的障碍，让读者读诗时必须动动脑子，从而激活他们的想象力，提高他们参与诗美创造的积极性，让他们去主动发现诗歌的言外之意、象外之境。

六、反复修改，精益求精

文章不厌百回改，诗歌更是如此。修改包括改字、改句、改意三个方面。前两改是小修小改，一般用增、删、换、调的方法即可；后一改则是大修大改。随着思考的逐渐成熟，诗歌的意蕴可能会发生变化，这就要求作者对部分甚至全篇诗歌进行重写。诗歌创作是一项艰苦的劳动，只有不厌其烦地推敲修改，才能写出好诗。

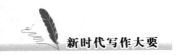

>> **第四节**

诗歌经典案例分析

● 经典案例一

太　阳

艾　青

从远古的墓茔

从黑暗的年代

从人类死亡之流的那边

震惊沉睡的山脉

若飞轮飞旋于沙丘之上

太阳向我滚来……

它以难掩的光芒

使生命呼吸

使高树繁枝向它舞蹈

使河流带着狂歌奔向它去

当它来时，我听见

冬蛰的虫蛹转动于地下

群众在旷场上高声说话

城市从远方

用电力与钢铁召唤它

于是我的心胸

被火焰之手撕开

陈腐的灵魂

搁弃在河畔

我乃有对于人类再生之确信[①]

■分析：

艾青的这首《太阳》写于抗日战争期间，虽然外侮入侵，作者却因此看到了中华民族团结、觉醒的力量，对新世界的来临充满信心。诗歌运用象征手法，用太阳滚滚而来表现黑暗的旧世界即将过去，光明的新世界即将到来。但是，诗中并未直接出现要表现的意思，只是将通过太阳带来了新生与活力这层意思暗示给读者。

诗歌要用飞扬的想象营造意象。在《太阳》里，诗人在诗歌中描绘了一幅太阳飞旋、高树舞蹈、河流狂歌、蛰虫转动、群众高语、城市召唤、"我"弃旧图新的恢宏画面，以颂扬太阳的无穷威力。这个场面，在现实当中自然是不可能实实在在出现的，它充满了飞扬奇妙的想象。但是它的实质——对光明的渴望之情与万物新生的躁动情绪却是真实的，是"生活的真理"，而诗人，正是在这一"真理"中融入了自己的体验和追求，使想象带上心灵的颤动，"传达出事物在激情的影响下在心中产生的印象"，它虽然打破了生活的真实和事物本来的样子，但却创造出了情感世界中独有的艺术形象——令万物重生的太阳。这一意象，奇伟壮丽、淋漓尽致地表现了诗人渴望创造一个新世界的热切情感。

● 经典案例二

当我死时

余光中

当我死时，葬我，在长江与黄河

---

① 摘自《中国新文学大系1927—1937》（第14集），上海文艺出版社1985年5月第1版，第117页。

之间，枕我的头颅，白发盖着黑土

在中国，最美最母亲的国度

我便坦然睡去。睡整张大陆

听两侧，安魂曲起自长江、黄河

两管永生的音乐，滔滔，朝东

这是最纵容最宽阔的床

让一颗心满足地睡去，满足地想

从前，一个中国的青年曾经

在冰冻的密西根向西瞭望

想望透黑夜看中国的黎明

用十七年未餍中国的眼睛

饕餮地图，从西湖至太湖

到多鹧鸪的重庆，代替回乡①

▌分析：

　　诗歌要字斟句酌。台湾诗人余光中的这首《当我死时》在用词用字上就相当精心别致，其中炼字的功夫为人称道。

　　全诗只有上下两阕，十四行，但精练内蕴，概括出了诗人的人生经历，并将其深沉的故国恋情表达到极致，完成了千言万语的内容，也蕴含了千言万语都难以尽诉的情感。葬"我"于整个大陆的奇伟想象，表现了要以整个身心拥抱祖国大地的渴望，传达出对故国强烈深沉的爱恋。

　　诗歌的上阕遥想未来。一个"枕"字，名词活用作动词，既强调了动感又写出在母亲怀抱里的安然情状；"白发"衬着"黑土"，着字不多，但色彩对比鲜明，涵盖人生的沧桑与爱恋的永恒。下阕回首从前，交代对祖国爱恋的深长。"满足地睡去"呼应上阕的"坦然睡去"，再次强调回

---

　　① 摘自《中国新文学大系1927—1937》（第14集），上海文艺出版社1985年5月第1版，第167页。

到祖国母亲怀抱后的安适；"冰冻的密西根"和"黑夜"，既代表自己的人生经历，又是以异国的寒冷作反衬，突出祖国的温暖；"饕餮"同样是名词活用作动词，描摹贪婪吞食地图的情状，写尽了游子怀乡的饥渴和对祖国的仰慕。

● 经典案例三

立在地球边上放号

郭沫若

无数的白云正在空中怒涌，

啊啊！好幅壮丽的北冰洋的情景哟！

无限的太平洋提起他全身的力量来要把地球推倒。

啊啊！我眼前来了的滚滚的洪涛哟！

啊啊！不断的毁坏，不断的创造，不断的努力哟！

啊啊！力哟！力哟！

力的绘画，力的舞蹈，力的音乐，力的诗歌，力的律吕哟！[①]

分析：

节奏是诗歌构成韵律、抒发情感、打动人心的重要因素。如郭沫若所言，"节奏之于诗是她的外形，也是她的生命。我们可以说，没有诗是没有节奏的，没有节奏的便不是诗"。节奏运用语音、语调的有规律运动所造成的抑扬顿挫、轻重缓急配合情感表达的急切或迟滞，高扬或低回，强化了诗歌中的情感及其表现力。在这首《立在地球边上放号》中，郭沫若就在这方面做出了榜样。

这首诗虽然抛开格律，字句无拘，但其语音激切，语调昂扬，形成铿锵急促的节奏，配合诗人奔涌热切的情感，仿佛海涛汹涌，正表现了

[①] 黄济华主编，文学名篇选读[M]，武汉华中师范大学出版社1989年版，第269页。

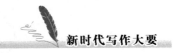

"五四"时代席卷一切、创造一切的革命力量。

因此，正如郭沫若等诗人，他们强烈推行自由诗，认为诗歌的句式、章法和押韵只需根据情感抒发的自由组织排列。但是他们仍然强调诗歌的节奏——规律中的自由。而所谓"规律中的自由"，所指的最重要的就是节奏。郭沫若在《就当前诗歌中的主要问题答〈诗刊〉社问》里就表示：

自由这个东西是在规律中的自由，如果是无规律的散漫的不羁之马之类的东西，那就不是自由而是放纵。事实上即使是放纵的诗，也还是有它的韵律的，你不能随便拿一篇散文来分行写就称它为诗，人家是不同意的。作为诗，总是有诗的性质在里面的。①

可见，诗歌就是分行的散文的说法完全就是胡言。我们在诗歌创作时，一定要注意诗歌的节奏，诗中的顿、逗、分行都要用心斟酌。

》 第五节

小结

诗歌是浪漫的，但诗歌也是严肃的。她是人类文明的先河，从远古走来，今天仍然散发着迷人的魅力。以情动人是诗歌的根本，抒情是诗歌的本质和生命所在。诗歌与诗人的情感紧密相连，也与读者真情互动。为了传情达意，诗歌发展出了她自己的形式结构和写作技巧。诗歌的行列、意象、音韵、节奏，等等，无一字不细斟，无一句不巧酌，无一字不传情，无一句不动情。诗歌在精悍的篇幅里（与其他文体相较），传递浓缩真挚的情感。我们学习诗歌，创作诗歌，不仅是在学习一种语言文字的技巧，

---

① 转引自《中国现代文学史》，人民文学出版社1987年3月第1版，第79页。

更是在锤炼我们的情感，学习一种情感的体验和表达方式。

一、知识题。

辨析并解释下列概念：

诗歌　抒情诗　叙事诗　新格律诗　意象　节奏　韵律　反复

二、能力题。

以"小确幸"为题，自由选材，发挥想象营造意象，运用反复的艺术手法，写一首不少于16行的诗歌。

三、案例分析。

阅读下面这首抒情诗，结合诗歌的文体特征进行赏析。

当我在晚秋时节归来

黑大春

当我在晚秋时节归来

纷纷落叶已掩埋了家乡的小径

山峰像一群迷途难返的骆驼

胸前佩着那只落日的铜铃

背着空囊，心却异常沉重

不过趁暮色回来要感到点轻松

这样，路上的熟人就不会认出

我垂入晚霞中的羞愧面容

目送一辆载满石头的马车

吱吱哑哑地拐进一片灌木丛

那印在泥泞中的车辙使我想起

我所走过的暴风雨中的路程

在那些闯荡江湖的岁月
我荒废了田园诗而一事无成
从挥霍青春的东方式的华宴中
我只带回贴在酒瓶上的空名

所以，我不敢轻易靠近家门
仿佛那是一块带着裂缝的薄冰
茅屋似的母亲哟！我叹息
我就是你那盏最不省油的灯

已再不是无所顾忌的孩提时代
贪耍归来，随意抓起灶中大饼
现在，不管我是多么疲乏
也不能钻进羊皮袄的睡梦

于是，像怕弄出一点声响的贼
我弓身溜出了篱笆的阴影
那只孤单的压水机，鹤一般
沉湎在昔日的庭院之中

只有夜这翻着盲眼的占卜老人
在朝我低语：流浪已命中注定
因为，当你在晚秋时节归来
纷纷落叶已掩埋了家乡的小径①

---

① 洪子诚，程光炜主编；西渡本卷主编《中国新诗百年大典》第十八卷，长江文艺出版社2013年版，第32页。

第三章

散文

>> **第一节**

概述

散文是一种历史悠久的文学样式。我国古代的文章可分为两大类：一类是韵文，指讲究押韵、平仄、对偶、字数等的诗词、曲赋及骈文等，文学性比较强，可供吟咏；另一类是散文，是同韵文和骈文相对而言，不受韵文的种种限制，或一切非韵文的文章。

一、散文的概念

散文是一种以优美语言非虚构地记叙人事、表达情意的文学体裁。不同时代散文的概念并不相同。我国古代散文指的是散行单句的文章。西方散文指的是不分诗行不押韵的文章。我国现代散文指的是与诗歌、小说、戏剧并称的一种文学体裁，现代散文含义通常称为广义的散文的含义。当代散文指的是短小精悍的以记叙和抒情为主的散文，也就是通常所说的狭义的散文。

散文是一种融记叙、抒情、议论等表达方式于一体，熔多种文学形式于一炉的文学样式。它以广阔的取材、多样的形式、自由自在的优美散体文句，以及富于形象性、情感性、想象性和趣味性的表达，诗性地表现了人的个体生存状态和人类的文明程度。它是人类精神和心灵的一种实现方式。

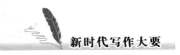

二、散文的分类

通常根据散文的表达方式分为记叙散文、抒情散文、议论散文三类。

记叙散文包括记人、叙事、写景、状物四种。记人散文和小说、戏剧相比，一般不要求必须具备完整的故事情节和鲜明的人物形象，所记事件和人物只是片段的叙述或描写，但要给人以完整的印象，勾勒出人物性格的突出特点，例如阿累的《一面》、鲁迅的《藤野先生》等。

抒情散文所表现的主要是作者的主观感受，即对人、事、景、物的独特感受。抒情散文直接以情感人，作者敞开心扉，倾诉衷肠。好散文都是传达作家真性情的，而真情实感正是打动读者的力量之源。例如朱自清的《荷塘月色》、陆蠡的《囚绿记》等。

议论散文是以文学的方式表达对人类的深刻认识。优秀的散文总是饱含哲理、表达作家的哲学沉思。主观发泄情感并不难，难就难在使它具有能感染他人的客观有效性，作者主观情感具有社会理性的内容，从而能引起人们普遍的共鸣。杰出的作品传达真情还不够，还要有深刻的思想。散文的最高品质是屹立于真情背后的深邃的思想、文字所表现的人格力量和作家所达到的精神高度。例如现代作家许地山的《落花生》、丰子恺的《渐》、冰心的《霞》，以及当代作家史铁生、张承志、韩少功、刘亮程、周涛、毕淑敏、祝勇、周晓枫、李娟以及台湾的刘墉、林清玄、王鼎钧，香港的董桥等众多作家的散文。

》 第二节

散文的特征

散文从主题、取材、结构到表达方式都具有自由的特质。梁实秋说："散文是没有一定的格式的，是最自由的，同时也是最不容易处置，因为一个人的人格思想，在散文里绝无隐饰的可能，提起笔便把作者的整个性格纤毫毕现地表现出来。"（《论散文》）佘树森认为，散文是"情种的艺术"（《散文创作艺术》），无论是哪种类型的散文，都要渗透饱满的真切的情感，"以情动人"。当代散文家、文学批评家南帆说："中国的散文源远流长，名作纷呈，但是，这些散文并未遗传下一套相应的惯例或者成规。事实上，散文的文体不拘一格，……多种文类都可能以不同比例、不同的变异栖居在散文之中。"（《散文与文类》）

总的来说，题材广泛、个性鲜明、写法灵活、文情并茂是当代散文的文体特征。

一、题材广泛

散文的题材广泛性是所有文学体裁中最突出的，散文题材无所不包，内容丰富，自由广阔。郁达夫在论及"五四"散文时曾说："宇宙之大，苍蝇之微，无不可以入题。"当代散文家秦牧说"散文的领域海阔天空"。从写衣食住行、平凡细微生活的家常散文，到写亲情、友情、爱情、乡情，到直面世俗生活、社会现象，直至对民族国家、人类生命本体、终极意义的探索思考，散文题材的领域自由而广阔。20世纪90年代散文热的出现，散文的功能得以充分发挥。除了抒情外，散文已成为作家对人的生存状态、生存方式、历史的逼问以及人生意义与价值等终极问题思索的一种便捷载体。

散文题材不仅广泛而且具有非虚构性。从历史追溯来看，散文承继了文章"实录"的传统，始终保持着"真实性"的原则；从现实发展来看，散文"真实性"的特质得到大多数人的赞同和认可。写真人真事、真情实感，不虚构，这是散文题材的特点。很多学者认为，能不能虚构是散文与小说的重要区别，抹杀了这个区别就等于抹杀了两者的界限。有当代散文作者尝试在创作中进行虚构，出现了文体的模糊现象。面对"散文能否虚构"的问题，评论家陈剑晖认为，散文应该是在真实基础上的"有限的虚构"，是有前提的虚构，它和小说的虚构是不同的。强调散文的真实源于

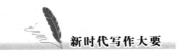

散文边界的不断模糊，以及读者对"假大空"的抒情和叙写的厌倦。在当今时代，我们很难要求散文像过去那样严格地写真人真事，但散文的虚构要建立在真实的个人体验和情感的基础上，不能像小说那样天马行空地想象。"真实是散文的生命，想象是小说的生命"。2013年，王巨才的散文《沉重的负债》发表后产生了很大反响，对两位母亲同样伟大的母爱的真实书写震撼了读者的心灵。李娟等"写自己"的散文和扎根长白山的胡冬林等"写自然"的散文，因为真实的书写而具有了特别的力量。

散文题材以小见大。散文对题材的要求没有其他文学题材那么严格，小说需要完整的故事情节，戏剧需要矛盾冲突的事件，诗歌需要富有诗意的意境，而对于散文来说，小说、戏剧、诗歌不屑一顾的细碎平凡、日常的小素材也是好题材。写宏大题材的散文不少，但散文的确擅长写小题材，这正是散文的一个特点。一山一水，一草一木，一句话一丝感触，往往就能够点缀成篇，甚至写成一代名篇，例如朱自清的《背影》。小题材当然是要信息含量、信息价值高的，作者不仅会选择小题材，还要善于立意，否则就没有什么文学价值了。散文选取小题材，是以细小的局部反映宏大的整体，借托平常事物抒发真挚的感情，透过平凡的想象挖掘不平凡的本质，通过生活琐事引出深刻的哲理，能够做到在立意上以小见大，正是散文的深刻性所在。

二、个性鲜明

散文的内容更具个人性。在散文里，作者的人格、个性的表现朴实、自然，抒我之情、表我之意、言我之志，"处处皆有'我'在"。作者将他的"人格的动静描画在这里面"，"人格的声音歌奏在这里面"，"人格的色彩渲染在这里面"，使读者一读其文，便能够"洞见作者是怎样一个人"（胡梦华《絮语散文》）。散文写作者比其他文体的写作者更加依靠个人性情，以及在此基础上建立的艺术体察和艺术表达的个性。散文情境形成的主观化、个性化因素，散文情境与现实生活的直接性和对应性，使散文成为最能体现写作者鲜明个性的文学体裁。

散文中常常用第一人称"我"，不管这个"我"是散文的主角（史铁生《我与地坛》），还是散文的配角（余光中《我的四个假想敌》），以至是生活的目击者（汪曾祺《金岳霖先生》），这个"我"基本上等于写作者本人。经过了"我"的眼睛和心灵而描述出来的人、事、景、物、理，都烙上了作者鲜明的个性特点。

散文中的"我"对读者敞开心扉、坦荡真诚。不溢美不隐恶、自尊自重、诚实谦逊，是非观念鲜明，发表意见、抒发感情坦率敏锐；但又始终以平等的态度对待读者，对读者交出一颗赤诚而火热的心。所以，读者是可将散文当作作者的"自叙传"和"内心独白"来读的。从散文中我们可以窥知作者的人格、个性、思想、习惯、嗜好以及生活经历。法国16世纪散文家蒙田（Montaigne）《随笔集》在西方文学史上占有重要地位，因其丰富的思想内涵而闻名于世，开卷即说："吾书之素材无他，即吾人也。"许多优秀的散文家故去了，但是他们真实的个性形象却永远留存在他们的作品里。比如，我们读鲁迅的《野草》，至今能触摸到他那颗坚韧战斗、痛苦思索、忧愤深广的心；读徐志摩的散文，作者那坦率、天真，常常乍愁乍喜、暴跳狂叫的个性，如在目前。从朱自清的散文里，你时时能感受到他那心地善良、纯正、沉思和隐忧；读丰子恺的散文，你会感到有种摆脱尘世负累，对生活饶有兴趣的眼光和他的田园心态，以及作为父亲的舐犊之情，总能让人会心地微笑，感受到他的率真、智慧和幽默的性情。

三、写法灵活

（一）散文篇章结构灵活多样

泰戈尔曾经说过："诗像一条小河，被两岸夹住。……流得曲折，流得美。……散文就像涨大水时候的沼泽，两岸被淹没了，一片散漫。"作者的思绪如行云流水，兴之所至，笔之所录，自由自在，无拘无束。散文结构自由、灵活、优美，没有固定程式。散文的结构形式可以是严谨周密的，但更多的还是处于一种松散状态，随着作者的情绪流动而形成，读者

眼前展现的是一个真实心理活动过程。"形散而神不散"是多年来对散文结构的概括，但这只是散文较为普遍的结构形式，其实散文也可以是形散神也散，形聚神也聚，形聚而神散的。

史铁生的《我与地坛》，就是一种没有过渡没有衔接的"情绪式"的散文，斯妤等很多作家的散文也是如此。有些意识流散文，作者完全打破了有序的时空结构，而采取一种无序的心理结构。这种结构没有逻辑联系，紊乱的时空顺序，往往是作家生活中自觉或不自觉积淀下来的零星记忆、生动的直觉、流动的意念，并由此而产生的丰富联想。有的作家甚至采用一些荒诞和梦境的手法来表现深层意识。所以，散文的结构没有一定之规，可以是非常灵活自由的。

试以汪曾祺的《花》为例：

我们家每年要种两缸荷花，种荷花的藕不是吃的藕，要瘦得多，节间也长，颜色黄褐，叫作"藕秧子"。在缸底铺上一层马粪，厚约半尺，把藕秧子盘在马粪上，倒进多半缸河泥，晒几天，到河泥坼裂有缝，倒两担水，将平缸沿。过个把星期，就有小荷叶嘴冒出来。过几天荷叶长大了。冒出花骨朵了。荷花开了，露出嫩黄的小莲蓬，很多很多花蕊，清香清香的。荷花好像说："我开了。"

荷花到晚上要收朵。轻轻地合成一个大骨朵。第二天一早，又放开。荷花收了朵，就该吃晚饭了。

下雨了。雨打在荷叶上啪啪地响。雨停了，荷叶上面的雨水水银样地摇晃。一阵大风，荷叶倾倒，雨水流泻下来。

荷叶的叶面为什么不沾水呢？

荷叶粥和荷叶粉蒸肉都很好吃。

荷叶枯了。

下大雪，荷花缸里落满了雪。

这篇散文的结构松散自由，甚至有些不合常规，似乎没有什么明确的主题，但留下了创造性解读的空白，给人无穷的回味。

（二）散文表现手法灵活多样

散文一般采用第一人称的写法，以"我"的所见所闻为线索，有时也可用第二或第三人称；多种表达方式相结合，通过直呼、追忆、对比，将穿插、倒叙、勾连、呼应等结构手段交相使用，造成文章波澜起伏的气势。此外，除了常用的叙述、抒情、议论、情景交融、托物言志等，散文还可以灵活使用象征、暗示、移觉甚至意识流等艺术手法，陌生化和文学性特质不断提升。随着散文写法的不断创新，小说化、诗化散文也越来越常见，张洁的《拣麦穗》、贾平凹的《我的老师》、冯骥才的《书桌》、祝勇的《一个军阀的早年爱情》等都融入了小说笔法，人物的对话描写、心理描写、行动描写，情节故事吸引读者；而诗化散文则受到诗歌的影响，讲求意境与语言的诗化。

四、文情并茂

"抒情"是中国文学的重要传统。李泽厚认为，中国文化的核心是"情本体"，最终是以家国情、亲情、友情、爱情等各种"情"作为人生的最终实在和根本。散文笔端带着深沉真挚的感情，语言文采斐然，力求写景如在眼前，写情沁人心脾。

散文的一大特色就是语言美。散文也被称为"美文"，就是指散文的语言优美凝练，或繁复富丽，或简洁质朴，或清新自然，描绘出生动的形象，勾勒出动人的场景，显示出深远的意境。优美的散文富于哲理、诗情、画意。杰出的散文家的语言又各具不同的语言风格：鲁迅的散文语言精练深邃，巴金的散文语言朴素优美，朱自清的散文语言清新隽永，冰心的散文语言委婉明丽，孙犁的散文语言质朴，刘白羽的散文语言奔放，杨朔的散文语言精巧，何为的散文语言雅致。一些散文大家的语言，又常常因内容而异。如鲁迅的《记念刘和珍君》的语言锋利沉重，《好的故事》的语言绚丽多彩，《风筝》的语言沉郁低回。体味散文的语言风格，可以更加深刻地体味散文的思想内容。

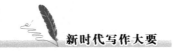

散文的写作

散文易写难工，铁凝认为散文并非全无规矩，在看起来自由随意的物质外形之下，自有其创作审美规律为灵魂核心。要熟稔这些规律，并让它在自己的思想和情感的系统中自由运行，从而达到一种整体和谐（《散文河里没规矩》）。散文的立意要求新、深，新是新颖，不落窠臼，深是深刻，哲理性应该是散文家的终极追求。著名美学家宗白华在谈及文学艺术的价值时曾说："艺术不只是具有美的价值，且富有对人生的意义，深入心灵的影响。"作为文学艺术必须蕴含着一定的思想意义，并能对人的生命与心灵产生影响。

构思是关于作品从内容到形式，从提炼主题到表现主题这一整体性的思考。它包括主题的确立，题材的选取与提炼，表达技巧的选用，材料的安排等环节。在散文创作中构思十分重要，因为散文题材广阔，感情浓厚，寄予深刻的思想，更需要巧妙的构思，为感情的流动寻找最佳结构形式。散文的构思以精美巧妙取胜，既出人意料又在情理之中，处处给人以美感，不能矫揉造作，留下人工斧凿的痕迹。

常见的散文写法有以下几种：

一、记叙散文写法

（一）写人散文主要有人物二三事法和自我画像法

人物二三事法就是通过日常的几件事来描写人物的一种方法。人物二三事不是限定只写两三件事，而是可以写多件事。孙犁的《亡人逸事》、李庄的《任弼时同志二三事》、萧红的《回忆鲁迅先生》、汪曾祺的《金岳霖先生》、艾青的《忆白石老人》、魏巍的《我的老师》等等，大量的写人散文都是通过多件事写人物。因为熟悉所写的人物，经历的事情多，就要认真选择最能够有力表现人物的事。这些事都是作者的亲身经历和体验，写起来饱含情感。孙犁的《亡人逸事》选择了表现妻子品质和夫妻恩爱的六七件事，按"天作之合""看戏相亲""劳动持家""夫妻恩爱"的内容分成四节，娓娓道来，饱含深情。汪曾祺的《金岳霖先生》从外貌衣着、教书育人、学术活动、生活习惯等多个层面刻画出金岳霖先生的真实完整形象，栩栩如生、令人动容。写人散文中的事如果较为分散和零碎，要注意组织安排好文章线索。

要写好人物，仅仅叙述事件还不够，还需要适当穿插肖像、心理、动作和对话的描写。例如萧红在《回忆鲁迅先生》一文中多次写到鲁迅先生的"笑"。开头就写道："鲁迅先生的笑声是明朗的，是从心里的欢喜。若有人说了什么可笑的话，鲁迅先生笑得连烟卷都拿不住了，常常是笑得咳嗽起来。"动作的细节描写，一个乐观爽朗的鲁迅形象便跃然纸上，跟一些人心目中"多疑善怒""冷酷无情"的鲁迅形成了鲜明对照。文中多处提到了鲁迅的笑声，有一次萧红去鲁迅家包饺子吃，"饺子煮好，一上楼梯，就听到楼上明朗的鲁迅先生的笑声冲下楼梯来，原来有几个朋友在楼上也正谈得热闹。""许先生和鲁迅先生都笑着，一种对于冲破忧郁心境的崭然的会心的笑"。这是萧红用自己心灵感受的非常个人化的鲁迅，一个易于亲近的日常状态下的鲁迅。

自我画像法就是作者介绍、刻画和表现自己的面目和故事的写法。这种散文尽力写出自己的面目、遭遇、心态，写出饱满真实的"我"这个人。郁达夫认为现代散文带有自叙传的色彩，自我画像法又是最具有个性的散文写作方法。可以按年月写出自己的经历，或者是按分类写出眼前自己的各个方面。例如朱光潜的《自传》、贾平凹的《一位作家》、张友鸾的《胡子的灾难历程》等。

（二）叙事散文写法

叙事散文写法主要有一事铺陈法和线索串事法。

一事铺陈法就是叙述一件事情的方法，是散文中基础的简易的写法。

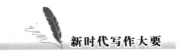

这件事首先是要有意义，值得记录书写；其次要求时间、地点、人物、过程、原因和结果都完整无缺；同时还要对这一事进行铺陈，就是把事件铺摆开来，充分陈述。通常在文章前面对事件发生的环境和原因做详细的交代，文章中间充分揭示和渲染过程的复杂曲折，文章后面有可能还会在结局上加以点缀。这种前面铺垫、中间渲染、后面点缀的一事铺陈法，可以使一件事写得充实、丰满、摇曳多姿，充分显示散文的魅力。

现代文学家阿累于1936年写的散文《一面》，按时间顺序记叙了他与鲁迅见面的全过程。作者借四年前买书时偶遇鲁迅先生，得到先生照拂的一件小事，以小见大，表现出鲁迅热爱劳动人民和关怀进步青年的高尚品格，也写出了作者对鲁迅先生的思念和崇敬之情。孙犁的《报纸的故事》《鞋的故事》都是运用一事铺陈法写的叙事散文，事情虽然简单，但过程写得细致生动曲折，读来饶有趣味。当代作家莫怀戚的《散步》，通过一次全家三辈四口人的散步的事件，引发了作者的一种"生命的感慨"，语言平易朴实，但内涵丰富，耐人寻味。

线索串事法就是用一件物事作为线索，把各个分散的事件串联成一个整体篇章的写法。首先要选出一件具体的物事作为线索，这些物事要能够体现思想价值，能够组织文章，成为作者构思、取舍材料的依据。写作的思路就是跟着这个物事，沿着这条思维线索，把分散的事件衔接起来，连缀成一个整体。线索贯穿文章始终，读者可从中看到显露的脉络。线索主要有物和事两类，一个是具体的物品做线索，例如动物、植物、食物、读物或者生活用品等。当然除了具体物品外，线索也可以是抽象的东西，比如"国籍""爱情"，也可以是某个行动、爱好等。郑振铎的《猫》、赵丽宏的《小鸟，你飞向何方》、冯骥才的《书桌》、老舍的《养花》、周晓枫的《你的身体是个仙境》等都采用了线索串联叙事。

丰子恺的《梦痕》以自己额头上留下的疤痕为线索，回忆童年生活，前面重点写了受伤的来龙去脉，后面详细叙述了"五哥哥"这个调皮大男孩的种种"恶作剧"带给孩童们的欢乐，同时他也心灵手巧，"五哥哥"伴着"我"一起度过了难忘的童年时光。这个疤痕被作者美其名曰叫作

"梦痕"，被视为童年生活的一枚永久的烙印。

二、抒情散文写法

散文中充满了真挚浓郁的情感，抒情散文可以采用直抒胸臆法或间接抒情，即借景/依事抒情法。直抒胸臆的写法便于作者直接抒发热烈的情感，朱自清的《匆匆》是抒情散文名篇，直接表达了作者对时光一去不复返的感叹。

陈晓兰的抒情散文《年轻真好》这样写道：

清晨睁开眼，第一眼便望窗外的天空，或湛蓝或灰暗，或明丽或湿润，可感觉却是全新的。从床上一跃而起，心里感慨：年轻真好。

年轻真好！

因为年轻，我们不用上帝给一张脸自己再造一张脸；不用关心什么霜滋润什么霜去皱；不用为穿这件衣服显得老气可穿那条裙子又似乎太花哨了而烦恼。

因为年轻，我们不用为涨工资而计较；不用因为孩子的入托而头痛；不用为柴米油盐而牵肠挂肚；也不用每天八小时以外听到的只是锅碗瓢盆交响曲。

年轻真好！

每当端着脸盆慌慌张张冲进洗手间的时候；每当一手抱书一手拿着馒头汇进去教室的人流中的时候；每当放学的铃声没有打断老师滔滔不绝的讲话，有意无意总有饭盆掉在地上的时候，我便由衷地感觉到：年轻真好！

…………

作者运用直抒胸臆的方式，表达了对青春年华的赞美。直抒胸臆的抒情散文固然以其强烈真挚的情感打动读者，但要避免不加节制，否则会给读者以一览无余的感觉。相较而言，间接抒情的方式更含蓄、留有回味。作者将内心丰富的情感与景物或事件结合起来，融情于景，依事抒情。

李娟的《河边洗衣服的时光》描写了夏天河边炎热明亮的环境，以及在河边洗衣服的欢乐与悠闲时光。在这个过程中，作者慢慢地沉浸在自然

里，与自然万物融为一体，在自然中真正感受到了自由的意义，体会到自由的哲思。作者凭借这种自由进入内心祥和的世界，情之所至自然流露，朴素真切随心率性，意味深长。

日本画家东山魁夷的《一片树叶》后半段写道：

那是去年初冬，就在这片新叶尚未吐露的地方，吊着一片干枯的黄叶，不久就脱离了枝条飘落到地上。就在原来的枝丫上。你这幼小的坚强的嫩芽，生机勃勃地诞生了。

任凭寒风猛吹，任凭大雪纷纷，你默默等待着春天，慢慢地在体内积攒着力量。一日清晨，微雨乍晴，我看到树枝上缀满粒粒珍珠，这是一枚枚新生的幼芽凝聚着雨水闪闪发光。于是我感到百草都在催芽，春天已经临近了。

春天终于来了，万木高高兴兴地吐翠了。然而，散落在地面上陈叶，早已腐烂化作泥土了。

通过对一片树叶从冬到春变化的细致观察和描绘，作者采用拟人手法，将情感与景物描写相结合，写出了对轮回往复、生生不息的生命力的赞美。

依事抒情法就是通过事件、细节抒发感情的方法。选择最能引发和积聚感情的细节和事件，同时更强调在事件的动情点上写深写透，把最牵动感情的地方凸显出来，加以细致的刻画和浓厚的渲染。同时适当穿插心理描写，以达到依事抒情的目的。在我国现代散文作家中，朱自清、巴金是运用依事抒情法很成功的作家。朱自清的《背影》《给亡妇》，巴金的《怀念萧珊》等都是抒情散文名篇。

三、议论散文写法

散文的哲理性就是指作家在创作中，艺术地表达自己对世界、时代、社会及人生的某些问题或本质的思考。20世纪90年代一批小说家、诗人、理论家、学者介入散文创作领域，散文创作呈现出从未有过的勃勃生机，主要体现在这批作家大多能从哲学、文化学、社会学、心理学的角度，对历史、对人生、对生命等严肃课题进行深层思考，以一种开放的思维，从各自的人生经验和深广的学识出发，立足于哲学的高度去探寻人的本质、生命与人生的价值等"准文化"问题，从而使散文创作开拓了新的疆域，并且推出了一大批大气磅礴的作品。像雷达的《足球与人生感悟》、张承志的《清洁的精神》《离别西海固》、韩少功的《夜行者梦语》、周涛的《游牧长城》、余秋雨的《文明的碎片》、史铁生的《我与地坛》以及祝勇的故宫系列散文等等都属于此类。

如史铁生的《我与地坛》始终表达一个严肃话题，即人的生与死的问题。作者认为生是不可再讨论的问题，而只是上帝交给的一项任务、一种责任，死是必然要降临的，不必急于求成；既然死是无须言说、无须费神的，人就得考虑如何活下去，如何活得灿烂、活得有光辉，因此他从唱歌的小伙子和长跑者的行为中，感悟到人活着就要有活着的价值，活着就在于要去劳作、要去创造，只有这样才能活得轻松、活得自由，否则人就会觉得很累，就会感到命运的不公。在这篇散文中，作者还感悟到苦难是一笔财富，有苦难就得磨炼，就得选择，就得有生存的勇气。作者是从宏观的形而上的角度表达他对人世的洞察和对人生意义的追求。这篇散文中所探寻的生命价值问题恰恰与德国哲学家海德格尔生命哲学相似，可见他是从西方现代哲学中吸取营养，对所把握的题材进行生命意义的开掘。

周涛的《抓不住的鼬鼠——时间漫笔》是一篇从宏观角度描述人生与时间关系的散文，它不像丰子恺惊异时间之不可思议的《渐》，也不同于朱自清感叹时间像逝水的《匆匆》，更不同于一般表达时间观念的散文，而是从形而上的层面感悟时间的本质。在作者看来，时间是一个冷漠的空与无限，关键在人对时间的把握。在作者时间观念里，不仅含有佛教的时间观，还杂糅着西方乃至后现代的哲学观，这样便使之进入一个全新的境界。还有毕淑敏、林贤治、鲍尔吉·原野、周晓枫、筱敏、刘亮程等等很多当代散文家都写出了深刻睿智、发人深思的议论散文。

议论散文写法同样是很灵活的，常用的基本写法有象征寓意法和论题随笔法。

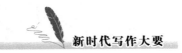

（一）象征寓意法

象征寓意法就是借用某个具体形象的事或物，寄予一种深沉的情或理的写法。中国古代文章写作技巧中的"托物言志"由来已久，象征寓意散文是历史悠久的散文类型，远至宋代周敦颐的《爱莲说》，近至陆蠡的《囚绿记》、鲁迅的《秋夜》、茅盾的《白杨礼赞》、陶铸的《松树的风格》、杨朔的《荔枝蜜》《雪浪花》、高晓声的《摆渡》等等不胜枚举，当代台湾作家刘墉、林清玄、王鼎钧等也都擅长运用这一手法进行散文写作。王鼎钧的《那树》写了一株老树的死，描述过程当中处处是主观强化，通体充满暗示，是一篇象征风格浓郁的散文。高尔基的《海燕》、布封的《马》、克里斯托弗·莫雷的《门》等等也都运用了象征寓意法。

例如台湾作家席慕蓉的《荷叶》，运用传统的托物言志写法，主旨十分鲜明。

后院有六缸荷，整个夏天此起彼落开得轰轰烈烈，我只要有空，总是会去院子里站一站，没时间写生的话，闻一闻花叶的香气也是好事。

虽说是种在缸里，但因为紧贴着土地，荷花荷叶仍然长得很好。有些叶片长得又肥又大，亭亭而起，比我都高了许多。

我有一个发现，在这些荷叶间，要出水面到某一个高度才肯打开的叶子才能多吸收阳光，才是好叶子。

那些在很小的时候就打开了的叶子，实在令人心疼。颜色原来是嫩绿的，但是在低矮的角落得不到阳光的命运之下，终于逐渐变得苍黄。细细弱弱的根株和叶片，与另外那些长得高大健壮粗厚肥润的叶子相较，像是侏儒又像是浮萍，甚至还不如浮萍的青翠。

忽然感觉到，在人生的境界里，恐怕也会有这种相差吧。

太早的炫耀、太急切的追求，虽然可以在眼前给我们一种陶醉的幻境，但是，没有根底的陶醉毕竟也只能是短促的幻境而已。

怎么样才能知道？哪一个时刻才是我应该尽量舒展我一生怀抱的时刻呢？怎么样才能感觉到那极高极高处阳光的呼唤呢？

那极高极高处的阳光啊！

散文将自然界中荷叶的生长与人生的境界相联系，从过早打开的荷叶无法成长为一片好的荷叶，上升到对人成长过程的思考，"太早的炫耀、太急切的追求"导致一个人短促的陶醉和虚幻，无法真正成长为合格人才。

（二）论题随笔法

论题随笔法就是在一个论题下，用散文笔调稍微系统地论说自己的见识和见解的写法。对所要议论的论题需要作者知识积累多一些，资料搜集多一些，问题思考多一些，论述侧面也多一些。常常是古今中外理论实践汇在议题之下，融于一文之中。这种写法需要知识面广、思考透彻、见解深刻，思想的深度成了衡量论题随笔散文的主要标准。

林语堂和钱钟书都是学者，林语堂的《论东西思想法之不同》《论东西文化的幽默》《论幽默》，梁实秋的《男人》《女人》《谈话的艺术》，张爱玲的《更衣记》，钱钟书的《论交友》《论文人》《论快乐》，都是有分量的论题随笔散文。用散文笔调无须充塞抽象的逻辑推理和严谨的论证，而更强调具体的事例、形象的材料，侧重于论说个人的感悟、理解、想法。文笔自由活泼，意到笔随，潇洒而富有文采。

例如张爱玲的《更衣记》（片段）：

对于细节的过分的注意，为这一时期的服装的要点。现代西方的时装，不必要的点缀品未尝不花样多端，但是都有个目的——把眼睛的蓝色发扬光大起来，补助不发达的胸部，使人看上去高些或矮些，集中注意力在腰肢上，消灭臀部过度的曲线——古中国衣衫上的点缀品却是完全无意义的，若说它是纯粹装饰性质的罢，为什么连鞋底上也满布着繁缛的图案呢？鞋的本身就很少在人前露脸的机会，别说鞋底了，高低的边缘也充塞着密密的花纹。

袄子有"三镶三滚"，"五镶五滚"，"七镶七滚"之别，镶滚之外，下摆与大襟上还闪烁着水钻盘的梅花、菊花。袖上另钉着名唤"阑干"的丝质花边，宽约七寸，挖空镂出福寿字样。

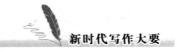

这样聚集了无数小小的有趣之点。这样不停地另生枝节，放恣，不讲理，在不相干的事物上浪费了精力，正是中国有闲阶级一贯的态度。唯有世界上最清闲的国家里最闲的人，方才能够领略到这些细节的妙处。制造一百种相仿而不犯重的图案，固然需要艺术与时间；欣赏它，也同样地烦难。

古中国的时装设计家似乎不知道，一个女人到底不是大观园。太多的堆砌使兴趣不能集中。我们的时装的历史，一言以蔽之，就是这些点缀品的逐渐减去。

例如钱钟书的《论快乐》（片段）：

发现了快乐由精神来决定，人类文化又进一步。发现这个道理，和发现是非善恶取决于公理而不取决于暴力，一样重要。公理发现以后，从此世界上没有可被武力完全屈服的人。发现了精神是一切快乐的根据，从此痛苦失掉它们的可怕，肉体减少了专制。精神的炼金术能使肉体痛苦都变成快乐的资料。于是，烧了房子，有庆贺的人；一箪食，一瓢饮，有不改其乐的人；千灾百毒，有谈笑自若的人。所以我们前面说，人生虽不快乐，而仍能乐观。譬如从写《先知书》的所罗门直到做《海风》诗的马拉梅（Mallarme），都觉得文明人的痛苦，是身体困倦。但是偏有人能苦中作乐，从病痛里滤出快活来，使健康的消失有种赔偿。苏东坡诗就说："因病得闲殊不恶，安心是药更无方。"王丹麓《今世说》也记毛稚黄善病，人以为忧，毛曰："病味亦佳，第不堪为燥热人道耳！"在着重体育的西洋，我们也可以找着同样达观的人。工愁善病的诺凡利斯（Novalis）在《碎金集》里建立一种病的哲学，说病是"教人学会休息的女教师"。罗登巴煕（Rodenbach）的诗集里有专咏病味的一卷，说病是"灵魂的洗涤"。身体结实、喜欢活动的人采用了这个观点，就对病痛也感到另有风味。顽健粗壮的18世纪德国诗人白洛柯斯（B.H.Brockes）第一次害病，觉得是一个"可惊异的大发现"。对于这种人，人生还有什么威胁？这种快乐，把忍受变为享受，是精神对于物质的最大胜利。灵魂可以自主——同时也许是自欺。能一贯抱这种态度的人，当然是大哲学家，但是谁知道他不也是个大傻子？

是的，这有点矛盾。矛盾是智慧的代价。这是人生对于人生观开的玩笑。

四、其他散文写作方法

散文写法是不一而足的，除了基本的写作方法外，作家不断尝试新的创作方法，散文的风格更是呈现出前所未有的丰富多彩。

例如荒诞变形写法，就是对描述对象进行变形处理。在强烈的思想意念与情感体验驱使下，形象的描述发生变形，呈怪异感，寓实于玄。波德莱尔的《每个人的怪兽》，便是一幅荒诞畸形的场景，一系列在作者沉重感受下挤压变形的意向——人人背上驮着一只怪兽在尘土飞扬的大漠中盲目地行走，弥散出充满力度的诗意。

被当代评论家们誉为"最能深化人们心灵"的葡萄牙作家费尔南多·佩索阿的《我是无》则是一篇"把自己逼向终极性绝境，以亲证人类心灵自我粉碎和自我重建的可能性"的怪异惊心之作。

我是无（节选）

我是某座不曾存在的城镇的荒郊，某本不曾动笔的著作的冗长序言。我是无，是无。

……我总是思考，总是感受，但我的思想全无缘故，感觉全无根由。我正一脚踩空，毫无方向地空空跌落，通过无垠之城而落入无限。我的灵魂是一个黑色的大漩涡，一团正在旋搅出真空状态的大疯狂，巨大的水流旋出中心的空洞，而水流，比水流更加回旋湍急的，是我在人世间所见所闻的一切意象汹涌而来：房子、面孔、书本、垃圾桶、音乐片段以及声音碎片，所有的这一切被拽入一个不详的无底洞。

……我，我自己，是井壁坍塌残浆仅存的一口井。我是被巨大空无所包围的一切的中心。仿佛地狱正在我体内大笑……是僵死世界的狂嚷，是

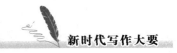

物态领域诸多尸物的环绕，还有整个世界在空虚、畸形、时代错误中每况愈下的终结。

　　只有我尚能思考！只有我尚能感受！

　　　　　　　　　　　　　　　（费尔南多·佩索阿《惶然录》）

　　在上述文段中，作家心灵的狂风暴雨化作了触目惊心的审美视像，酷烈、疯狂、绝望恍惚的灵魂绝唱，是无数自我拷问灵魂的华彩乐段。有些散文是在片段中穿插了怪异的细节、场景，虚实相映，别有一番深意，如杨绛的《林奶奶》也做了这样的尝试。

　　还有意识流写法，即将时序颠倒、融合，众多印象瞬间高频率跳跃穿插，或进行多层次的意识独白。当代作家如杨永康、格致、房子、庄辜笑声等一批作者都进行了意识流散文写作试验。散文作家王克楠的"意识流"散文相对较为突出，他将物象、生活事件的"现实"与有机联系的超现实进行有机结合，贴近生活的真实和心理的真实，综合运用反讽、暗喻、象征和黑色幽默等西方现代派写作手段，创造了陌生化的艺术审美效果。

　　李敬泽的《鹦鹉》①是一篇运用意识流写法的散文作品，下面是节选片段：

　　……

　　像一只怒气冲冲的巨鸟。

　　他在台下的人群里看见了他。他不认识他，但他坐在那里，你没办法不看他——"夺人眼球"，媒体时代猴急的汉语。他想起他刚刚终止了一项购置瞳孔识别的打卡机的计划，那个单位已经陷入隐秘的恐慌，据说如果你每天早晨都把眼睛对准那只阴险的镜头，你的瞳孔迟早会散掉。像一粒散了黄儿的鸟蛋。对机器的恐惧和对身体管制的焦虑。他想，他们倒是不担心灵魂，按照传统的想象，灵魂藏在瞳孔深处，随时可能被吸走，就像插一支吸管，吸干瓶底的果汁。

---

　　① 《十月》2016年第4期。

他想起玛格丽特·阿特伍德。是的，他正在这儿谈论网络文学，而阿特伍德阴魂不散。这个严厉、尖刻的女巨人，据说身高一米八以上，他正在读她的《别名格蕾丝》，但是，他还没有读完，等到这儿完了事，他得赶到附近的一家书店，当着另外一群人，谈论这个加拿大小说家。

问题是，关于阿特伍德他并没有什么话说。现在，看着台下那个家伙，他的心情更糟，他不明白这货为什么要把头发搞成这个鸟样，两鬓推上去，然后雪白的、显然是焗染出来的一大撮头发在头顶上兀然耸立。

的确像一只巨大的鸟。

但问题是，究竟是什么鸟？

…………

● 经典案例一

趣说散文

冯骥才

一位年轻朋友问我，何谓散文？怎样区分散文与小说和诗歌？我开玩笑，打比方说：

一个人平平常常走在路上——就像散文。

一个人忽然被推到水里——就成了小说。

一个人给大地弹射到月亮里——那是诗歌。

散文，就是写平常生活中那些最值得写下来的东西。不使劲，不刻意，不矫情，不营造，更无须"绞尽脑汁"。散文最终只是写一点感觉、一点情境、一点滋味罢了。当然这"一点"往往令人深切难忘。

在艺术中，深刻的都不是制造出来的。

散文生发出来时，也挺特别的，也不像小说和诗歌。小说是想出来的，诗歌是蹦出来的；小说是大脑紧张劳作的结果，诗歌却好似根本没用大脑，那些千古绝句，都如天外来客，不期而至地撞上心头。

那么散文呢？它好像天上的云，不知由何而来，不知何时生成。你的

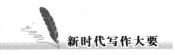

生活，你的心，如同澄澈的蓝天。你一仰头，呵呵，一些散文片段仿佛片片白云，已然浮现出来了。

我喜欢这样的散文：它是悟出来的。

▌分析：

作家冯骥才和青年朋友谈创作体验时，对散文、小说和诗歌的文体特点进行了形象化区分，并表明个人的创作经验，即写散文不能刻意不能造作，要追求自然、自由和感悟。这篇议论散文文字简洁流畅，短小精悍。

● 经典案例二

狗这一辈子

刘亮程

一条狗能活到老，真是件不容易的事。太厉害不行，太懦弱不行，不解人意、善解人意了均不行。总之，稍一马虎便会被人剥了皮炖了肉。狗本是看家守院的，更多时候却连自己都看守不住。

活到一把子年纪，狗命便相对安全了。倒不是狗活出了什么经验。尽管一条老狗的见识，肯定会让一个走遍天下的人吃惊。狗却不会像人，年轻时咬出点名气，老了便可坐享其成。狗一老，再无人谋它脱毛的皮，更无人敢问津它多病的肉体，这时的狗很像一位历经沧桑的老人，世界已拿它没有办法，只好撒手，交给时间和命。

一条熬出来的狗，熬到拴它的铁链朽了，不挣而断。养它的主人也入暮年，明知这条狗再走不到哪里，就随它去吧。狗摇摇晃晃走出院门，四下里望望，是不是以前的村庄已看不清楚。狗在早年捡到过一根干骨头的沙沟梁转转；在早年恋过一条母狗的乱草滩转转；遇到早年咬过的人，远远避开，一副内疚的样子。其实人早好了伤疤忘了疼。有头脑的人大都不跟狗计较，有句俗话：狗咬了你你还能去咬狗吗？与狗相咬，除了啃一嘴狗毛你又能占到啥便宜。被狗咬过的人，大都把仇恨记在主人身上，而主人又一股脑把责任全推到狗身上。一条狗随时都必须准备承受一切。

在乡下，家家门口拴一条狗，目的很明确：把门。人的门被狗把持，仿佛狗的家。来人并非找狗，却先要与狗较量一阵，等到终于见了主人，来时的心境已落了大半，想好的话语也吓得忘掉大半。狗的影子始终在眼前窜悠，答问间时间狗吠，令来人惊魂不定。主人则可从容不迫，坐察其来意。这叫未与人来先与狗往。

有经验的主人听到狗叫，先不忙着出来，开个门缝往外瞧瞧。若是不想见的人，比如来借钱的，讨债的，寻仇的……便装个没听见。狗自然咬得更起劲。来人朝院子里喊两声，自愧不如狗的嗓门大，也就不喊了。狠狠踢一脚院门，骂声"狗日的"，走了。

若是非见不可的贵人，主人一趟子跑出来，打开狗，骂一句"瞎了狗眼了"，狗自会没趣地躲开。稍慢一步又会挨棒子。狗挨打挨骂是常有的事，一条狗若因主人错怪便赌气不咬人，睁一眼闭一眼，那它的狗命也就不长了。

一条称职的好狗，不得与其他任何一个外人混熟。在它的狗眼里，除主人之外的任何面孔都必须是陌生的、危险的。更不得与邻居家的狗相往来。需要交配时，两家狗主自会商量好了，公母牵到一起，主人在一旁监督着。事情完了就完了。万不可藕断丝连，弄出感情，那样狗主人会嫉妒。人养了狗，狗就必须把所有爱和忠诚奉献给人，而不应该给另一条狗。

狗这一辈子像梦一样飘忽，没人知道狗是带着什么使命来到人世。

人一睡着，村庄便成了狗的世界，喧嚣一天的人再无话可说，土地和人都乏了。此时狗语大作，狗的声音在夜空飘来荡去，将远远近近的村庄连在一起。那是人之外的另一种声音，飘忽、神秘。莽原之上，明月之下，人们熟睡的躯体是听者，土墙和土墙的影子是听者，路是听者。年代久远的狗吠融入空气中，已经成寂静的一部分。

在这众狗狺狺的夜晚，肯定有一条老狗，默不作声。它是黑夜的一部分，它在一个村庄转悠到老，是村庄的一部分，它再无人可咬，因而也是人的一部分。这是条终于可以冥然入睡的狗，在人们久不再去的僻远路

途，废弃多年的荒宅旧院，这条狗来回地走动，眼中满是人们多年前的陈事旧影。

（选自《一个人的村庄》）

▋**分析：**

全文不仅生动描述了狗的生存际遇，更使狗性和人性、狗生与人生相互映衬，令人回味无穷。在作者笔下，人畜无主客体之分，共同构成一个村庄、一个世界，凸显出人与物相契相交平等的生命意识。作者对平凡卑微的自然万物作深刻思考，表达对故乡与死亡/生命的情感体验，以及心中的那份悲凉。

一、思考题。

1. 散文写人与小说写人有哪些不同？请列举出你熟悉的篇目进行比较。

2. 散文文体特征是什么？

3. 如何理解散文诗、诗化散文和小说化散文？

4. 结合具体实例谈谈散文写法自由的特点。

5. 你认为散文的文体是否有边界？

二、写作题。

自由选材，题目自拟，灵活运用散文写法完成一篇散文，字数不少于1000字。

第四章

小说

》 第一节
概述

一、小说的概念

小说是一种叙事性的文学体裁。小说以塑造人物形象为中心，具有较完整的故事情节和特定的具体环境，能反映广阔的社会生活，具有很强的审美娱乐功能，并在其中蕴含着丰富的认识和教育意义。所谓小说，就是一种综合运用语言艺术的各种表现方法，塑造人物形象，描绘生活事件，表达作者思想感情，从而反映和表现社会生活目的的文学体裁。

二、小说的分类

小说按篇幅分类有微型小说、短篇小说、中篇小说和长篇小说。

微型小说也称为小小说，篇幅应在两千字以下。中篇小说是介于长篇小说和短篇小说之间，具有中等规模，2万至10万字。长篇小说的篇幅长，容量大，一般10万字以上会被划归长篇小说。

此外，小说按题材可分为历史小说、现代小说、科幻小说、推理小说、神魔小说、言情小说、侦探小说、武侠小说等；按表现手法可分为现实主义小说、浪漫主义小说等；按叙事模式和审美意趣的不同，可分为情节小说、性格小说、心理小说、诗化小说、象征小说。另外，随着电子化阅读的日益兴盛，小说还可按照传播介质分为纸质小说和网络小说。网络小说按题材可分为仙侠、奇幻、武侠、玄幻、科幻、灵异、同人等类型。

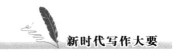
所有这些划分都是相对性的划分，是切入角度的一种选择。

》 第二节

小说的特征

一、真实可信的叙事虚构

虚构是小说的本质特征。小说不可能复制生活，而必须走向虚构。

小说的目的不是实录、还原生活或历史，而是更高地观照、解释、引导生活，作家借助虚构超越生活、概括生活、选择生活，对生活进行提纯，展开想象，表达理想。虚构是小说魅力的原因之一。

小说的故事是虚构的，并非真实发生或存在的。作家可以凭借自己的想象力和创作才能，虚构出各种离奇曲折、离奇古怪的故事情节，使读者产生共鸣和情感共振；小说中的人物也是虚构的，并非真实存在的人物。作家可以根据故事情节的需要，虚构出各种人物形象，包括外貌、性格、经历、行为等等，使读者产生代入感和认同感；小说中的环境也是虚构的，并非真实存在的环境。作家可以根据故事情节的需要，虚构出各种环境场景，增强读者的感官感受和情感体验。小说的虚构性是其独有的特征之一，它使得小说这种文学形式在表现人类思维、情感和社会生活的多样性方面具有极大的灵活性和创造性。

塞万提斯曾说："虚构愈切近真实就愈妙，情节愈逼真愈有可能使读者喜欢。"事实上每个作家都在努力地寻找真实的通往虚构的道路。现实主义小说常常依托现实社会或者历史上真实存在的一些人、事、环境来给读者以真实感，比如《三国演义》的人物和事件大多取材于三国时代的历史事实。但小说表达的是艺术的真实，它不等同于生活的真实。艺术源于生活，却高于生活，是对生活的虚构和艺术概括。虚构可以让小说更加生动、形象、有趣，更加符合情节的逻辑和艺术的规律。

小说的虚构可以通过多种手法来实现，如隐喻、暗示、反讽、夸张、象征、变形等。这些手法可以让小说更加真实可信，让读者更加深入地理解小说中的情节、人物和主题，增加小说的感染力和共鸣感。《百年孤独》就是马尔克斯用一个具有魔幻色彩的故事隐喻拉丁美洲的社会问题。门多萨曾询问马尔克斯："布恩迪亚家族的历史可以看成是拉丁美洲历史的翻版？"马尔克斯给予了肯定的回答。19世纪末20世纪初的哥伦比亚以及整个拉丁美洲的社会发展，正是《百年孤独》中马孔多的历史，它们都是停滞不前且孤独的，是一种过去、现在与未来的循环往复。漫长的战争、无休止的党派间争斗、残酷的资本主义入侵与封建统治下的专制愚昧，这些构成了二十多个国家的百年沧桑。小说虚构出来的世界有现实的影子又和现实各自独立。艺术真实是对生活真实的超越。这种真实超越了我们所能耳闻目睹的事实，让我们得以了解事件背后的真相，看到人物的命运，看清一个时代的面目，看见人类内心的隐秘，从而抵达艺术真实。

二、完整复杂的情节构造

小说通常有一个完整的故事情节，完整的小说情节一般呈现出"开端、发展、高潮、结局"这样一个动态过程，从开始到结束，环环相扣、有头有尾，让读者能够随着主人公的遭遇和命运，一起感受喜怒哀乐，读者能够获得一个清晰而完整的故事体验。

情节是与人物密切相关的，是人物性格发展的历史。情节能描绘多方面的社会生活，反映多种多样的矛盾冲突，并在生活事件的发展过程中刻画人物性格。但是情节并不是单纯的故事，而是按照因果逻辑组织起来的一系列复杂的事件，并在事件中表现出人物行为的矛盾冲突，由此揭示人物命运的变化过程。小说中的人物关系也是复杂多样的，他们之间的情感交流、矛盾冲突、互助等都构成了小说的重要元素。而且，小说通常会通过描绘人物的性格、习惯、家庭背景、社会地位等方面，

使其具有真实感和立体感，让读者能够深入了解人物内心的情感和思考。《红楼梦》是一部章回体长篇小说，作者曹雪芹在书中描写了贾、史、王、薛四大家族荣辱兴衰的历史，以贾宝玉、林黛玉的爱情悲剧为主线，揭露了封建统治阶级荒淫腐败的生活，反映了封建婚姻制度的罪恶。书中描写的情节复杂，人物众多，反映了封建社会的各种矛盾和冲突，体现了人性的深刻探讨。

可以说，小说具有完整复杂的情节构造的特点，就是通过完整而复杂的情节构造和人物设计，展现出人类生活的丰富多样性，让读者在阅读过程中享受到丰富的情感体验和思考启示。

三、个性鲜明的人物描写

鲜活的人物，是小说的旗帜和名片。描写人物，是小说的显著特点。小说中的人物通常是具有独特个性和鲜明形象的，作者通过细腻的描写和刻画，使人物形象更加生动、立体，读者也可以从中感受到人物之间的复杂关系和情感交流，更好地理解人物的行为和决策，并与人物产生共鸣。

小说中的人物描写通常包括人物的外貌、性格、行为、语言等方面。通过对外貌的描绘，读者可以感受到人物的形象和气质；通过对性格和行为的描绘，读者可以深入了解人物内心的情感和思考；通过对语言的描绘，读者可以感受到人物的语言和表达方式的特点。此外，小说中的人物描写通常带有作者的主观色彩，渗透着作者对人物的认知和评价，读者也可以从中感受到作者的思想和情感倾向。因此，小说中的人物描写不仅具有艺术性，也具有思想性和社会性，是小说价值的多样性的体现。

古今中外的文学史上，个性鲜明的人物形象有很多，比如《红楼梦》中"行为癖性乖张"具有封建叛逆精神的贾宝玉，《阿Q正传》中愚昧、麻木、自轻自贱、自欺自慰的阿Q，《欧也妮·葛朗台》中贪婪的吝啬鬼葛朗台，正是作家刻画了这些个性鲜明的人物，这些作品才具有认识价值和审美价值，给人以启迪和震撼。

四、具体典型的环境描写

小说中的环境描写通常非常具体典型，小说中的人物的活动和时间的发生发展都不能脱离一定的社会环境、自然环境和心理环境等。社会环境描写了人物生活的历史背景和社会风貌，以及人物在这个环境中的行为和命运。自然环境描写了人物生活中的自然环境和自然景观，以及人物与自然的关系和感受。心理环境则描写了人物内心的情感和思想，以及人物与自己内心的关系和冲突。

具体典型的环境描写对小说的意义重大，它不仅是小说情节的背景，也是人物活动的舞台。《红楼梦》中，作者利用大量的天上的、人间的，室内的、室外的，自然的、铺设的，远观的、近摹的等等环境描写，实现交代背景、刻画人物、烘托气氛、推动情节的种种妙用。

具体典型的环境描写不仅影响人物的性格和情感，而且还可以影响读者的感受和情感。《水浒传》中"林冲风雪山神庙"。这是林冲被贬到沧州后发生的故事，作者通过对风雪的生动描写，使人物的活动处在风雪的背景中，渲染了严冬极其凄冷苦寒的悲凉氛围，用风雪极好地烘托了遭遇不幸的英雄落难落魄的形象，从而具有了一种浓重的悲剧和悲壮的氛围。同时，将落魄的英雄独自一人置身于茫茫天地之间，更能激发读者的同情之心，使人物形象更鲜明。

此外，环境描写也可以奠定作品的情感基调，具有象征等功能。沈从文笔下的湘西世界，是优美、健康、自然的人性生长之地，是沈从文理想中的桃花源，是他为仍然保留了原始野性的湘西世界赋予的象征意义。在沈从文的作品里，湘西世界并不是一个具体存在的物理空间，而是以现实中的湘西为原型的、具有象征意义的世外桃源。湘西的象征意义是多维的，它既代表了一种原始的生命力和道德观念，也代表了一种独特的文化形态和生命方式。

第三节

小说的写作

一、如何塑造人物

小说反映社会生活的主要手段是塑造人物形象。它可以凭借各种艺术手段，从各个角度对人物进行描写，既能展现人物音容笑貌、言谈举止和衣着服饰等外在形态，也能呈现人物心理和思想感情等内在活动，还能完整地展现人物与环境相互作用的关系。从物质生活到精神领域，从个人性情到社会关系，作家都可以按照需要加以具体细致地刻画。

1. 人物描写刻画形象

人物描写可分为外貌描写、行动描写、语言描写和心理描写。

外貌描写通过对人物的外貌、特征进行准确、生动、形象的描绘，可以向人们展示出人物的思想品质、精神风貌和性格特征。外貌描写不一定要描写出所有的细节，勾画出人物的整体全貌，更重要的是要突出人物具体的个性特点。例如，鲁迅在《孔乙己》中这样描写孔乙己的外貌："孔乙己是站着喝酒而穿长衫的唯一的人。他身材很高大；青白脸色，皱纹间时常夹些伤痕；一部乱蓬蓬的花白的胡子。穿的虽然是长衫，可是又脏又破，似乎十多年没有补，也没有洗。"

行动描写通过描绘人物的行为和动作，使读者能够更好地理解人物的性格、心理和情绪。一般行动描写可以通过人物的说话方式、行动举止、外部特征以及人物的习惯和爱好来描写人物。例如晴雯撕扇这个动作描写出自《红楼梦》第三十一回，晴雯不小心跌坏了宝玉的扇子，宝玉见状便要她撕扇子来取乐。晴雯撕扇的动作描写生动地表现了晴雯直率、泼辣和任性的性格特点。

　　语言描写通过描绘人物的对话和语言特点，使读者能够更好地理解人物的性格、思想和情感。语言描写要求个性化，人物间的对话要刻画出人物的深层性格。如鲁迅在《孔乙己》中写到的经典之语"窃书不能算偷……窃书！……读书人的事，能算偷么？"生动形象地刻画出孔乙己这个深受封建思想毒害而至死不悟、迂腐可笑的下层知识分子的复杂性格。

　　心理描写通过描绘人物的心理过程和内心感受，使读者能够更好地理解人物的性格、思想和情感。《红楼梦》中林黛玉有着敏感娇弱、多愁善感的性格，她的心理描写也呈现出了她的细心敏感、脱俗孤傲、抑郁忧伤、聪明灵动等等，体现其性格的丰富性、复杂性和深刻性。心理描写是展现性格特征的重要手段之一。

　　2.　典型性格塑造人物

　　塑造人物形象，同时也要塑造人物性格的典型化，塑造人物性格的共性和个性。鲁迅说，作家的取人为模特儿，有两法。一是专用一人；二是杂取种种人，合成一个。第一种，以生活中的某一个原型为主，加以概括、想象和虚构，从而创造出典型人物。这种方法可以使小说中的人物形象更加真实可信，让读者产生共鸣。但是，由于作者在创作中完全参照现实人物，可能会限制小说中人物形象的发展和表现力。第二种，在广泛地集中、概括众多人物的根底上塑造出典型人物。是指作者在小说中融合多个不同人物的言行举止、性格特征等，将它们组合成一个全新的人物形象。这种方法可以使小说中的人物形象更加丰富多彩，具有更强的表现力和深度。但是，由于作者将不同人物的特性组合在一起，可能会导致小说中的人物形象不够真实可信，让读者感到离地。巴尔扎克在谈人物塑造时也指出："为了塑造一个美丽的形象，就取这个模特儿的手，取另一个模特儿的脚，取这个的胸，取那个的骨。艺术家的使命就是把生命灌注到所塑造的人体里去，把描绘变成现实。如果他只是想去临摹一个现实的女人，那么他的作品就不能引起人们的兴趣，读者干脆就会把这未加修饰的真实扔到一边去。"说的就是第二种方法。

　　通常情况下，作者会根据小说的主题、情节等因素来决定采用哪种方

法来塑造人物形象。有些小说可能需要更真实可信的人物形象，而有些小说可能需要更富有想象力和表现力的人物形象。在不同的创作情况下，作者需要根据具体情况来选择最合适的方法。

3. 环境描写刻画人物

人在一定环境中生存、活动，事件也总在一定环境里发生、发展。所以小说通常通过典型环境的具体描写刻画人物形象。

小说可以通过对自然环境的描写，烘托人物性格，这种自然环境可以由作者来描写，也可以通过小说中人物的眼睛去观察。例如，描写一个破败的场景，可以展现人物的绝望和无助；而描写一个宁静的场景，则可以展现人物的平静和深沉。如鲁迅的《故乡》开头对故乡萧条景象的描写，就能衬托出"我"的悲凉心情。

小说通过对社会环境的描写显示人与人之间的关系。通过对社会环境的描写来展示人际关系和历史背景，从而反映小说的主题和思想。如老舍的《骆驼祥子》通过描写祥子在旧社会里的凄惨遭遇，反映了旧社会广大劳动人民生活的苦难，揭露和批判了旧社会的黑暗。茅盾的《子夜》通过描写上海金融界的种种矛盾和斗争，揭示了旧社会资产阶级内部的关系和矛盾。

总而言之，小说塑造人物形象的方法不是孤立的，而是密切联系的，各种方法要综合运用，相得益彰，才能收到完美的效果。如莫泊桑的《米龙老爹》在刻画米龙老爹的形象时，先用特写镜头凸现其肖像，接着通过与普军团长的对话，呈现出米龙老爹志气高尚的气度和杀敌前后的心理变化，然后在环境的变换中描写他杀敌的机智行为，最后仍以肖像描写表现他敢作敢为、视死如归的气概。各个角度的细致描写，各种方法的交叉作用，使"米龙老爹"这一爱国英雄的形象跃然纸上。

二、如何构思情节

情节是小说三要素之一，是指小说中体现矛盾冲突、表现人物关系、展示人物性格的一系列生活事件。它是从大量的日常生活事件中提炼出来，由人物与人物、人物与环境之间形成的具体事件和矛盾冲突所构成，借以展示人物的性格和表现作品的主题。"情节是性格的历史"（高尔基），或者说情节是性格的基础。我们读一部小说，作品中人物的遭遇引起我们的同情或憎恶，他们的品质引起我们的景仰或鄙视，他们的命运激起我们情感上的巨大波澜，这一切都是由于作品中的人物各自的行为和人物之间的矛盾冲突所造成。人物的行为及其矛盾冲突，构成了情节的主要内容。

小说情节构造的方法有很多，其中悬念、意外、巧合、伏笔、照应、省略、延宕、过渡、抑扬、对比、衬托、铺垫、点题等。

1. 伏笔和照应

伏笔是指作者在文章中为后文的发展预先埋下的线索或暗示。这些伏笔可以是言语、行动、心理、环境等细节，但必须是不易被读者察觉的，这样才能产生出乎意料的效果。伏笔的运用要注意奇巧周严，"伏"得没有痕迹，"应"得恰在火候，曲折有致，圆通浑然。

照应是指文章中前后呼应、关联照应的情节或细节。照应的作用是为了让故事情节更加圆融、逻辑更加严密。通过照应，作者可以将文章中的各个部分有机地联系起来，使故事情节更加连贯、深入人心。照应的运用必须自然妥帖，巧妙周严。

俄国作家契诃夫对伏笔的解说特别形象："例如在前面写到客厅的墙上挂着一支猎枪，那么这支猎枪在最后一定要射出子弹。""墙上挂着一支猎枪"就是最后猎枪射出子弹的伏笔；而最后猎枪射出子弹，是对"墙上挂着一支猎枪"的照应。也就是说，前有伏笔，后文必须有照应，使用伏笔应做到有伏必应，伏笔是为了照应，照应则是为了改平铺直叙而设悬释悬，以期获得震惊效应。

曹雪芹是用伏笔的高手，《红楼梦》中的重要人物在书中都有伏笔。比如第五回中的判词。第一首是"霁月难逢，彩云易散，心比天高，身为下贱，风流灵巧招人怨，寿夭多因毁谤生，多情公子空牵念"，这里就为第七十八回晴雯的死埋下了伏笔，晴雯的死因是毁谤，为什么有人毁谤？

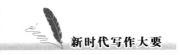
是因为"风流灵巧招人怨"。《百年孤独》是哥伦比亚作家加西亚·马尔克斯的经典小说，其中也运用了大量的伏笔和照应。例如，在小说中，作者通过描写布恩迪亚家族的历史和命运，为后来的故事情节做了铺垫。同时，作者还在小说中运用了轮回的方式来对照小说的情节和人物形象，增加了故事的深度和复杂性。

2. 省略与延宕

省略是指作者在叙述故事时，故意不交代某些情节或细节，让读者自己去想象或理解。例如，在某些小说中，作者可能会省略人物之间的某些对话或行动，让读者自己去理解和推断人物之间的关系和心理变化。这种省略的方式可以增加故事的神秘感和可读性，引起读者的兴趣和好奇心。

延宕则是指作者通过拖延故事情节的发展节奏，或者在故事情节的关键时刻戛然而止，来引起读者的兴趣和好奇心。例如，在某些小说中，作者可能会延宕某些关键情节的发展，让读者自己去想象或推断故事的发展方向。这种延宕的方式可以增加故事的吸引力，使读者更加深入地投入故事情节中去。

《麦田里的守望者》是美国作家J. D. 塞林格的经典小说，其中运用了大量的省略和延宕技巧。例如，在小说的结尾，主人公霍尔顿·考尔菲尔德离开学校后，没有交代他的具体去向和命运，让读者自己去想象。同时，作者还在小说中拖延了情节的发展，例如在主人公与妹妹外出游玩时，作者省略了他们之间的对话和行动，增强了故事的神秘感。

总的来说，小说的省略和延宕是作者常用的技巧之一，可以增加故事的悬念和吸引力，读者可以更加深入地理解人物和情节。

3. 意外与巧合

所谓意外，也称之为突变，是指小说情节在进展过程中，发生出乎读者意料之外的转折，致使人物的命运、事件的结局随之发生重大的影响。这样的情节，在小说作品中经常可以看到，是小说情节艺术引人入胜的主要因素之一。

在小说中，情节的重大突变，常常在情节的高潮部分出现，而把此前的部分，表现为事件量变的过程，因此在描写上应有充分的显示、暗示或伏笔，避免完全写成"喜从天来"或"祸从天降"，妨碍情节的真实可信性。小说情节千变万化，有时没有任何预示的意外、突变，只要是符合生活的情理，符合情节本身发展的逻辑，符合艺术的可信性，也是可以的。例如美国作家欧·亨利的短篇小说，几乎篇篇结尾处都出人意料，但细想又都在情理之中，所以他的小说故事性极强，读来非常有趣。

小说中的巧合是指意外碰见或意外发生的事件。所谓"巧"，是指情节结构的巧妙和完美。它既要出人意料，引人入胜；又要合乎情理，做到巧在理中。这个理，从大处说，即偶然性与必然性是相互联系的，是矛盾的统一体，偶然性的背后往往隐藏着必然性。莫泊桑的《我的叔叔于勒》中，菲利普一家去英国哲尔赛岛旅行，恰巧在同一艘船上遇到了于勒在卖牡蛎，见他穷困潦倒的样子，就视而不认，一家人乱作一团，像躲瘟神一样。

巧合可以增加故事的紧张气氛和不可预测性，从而增强故事的可读性和吸引力。曹禺的《雷雨》中，鲁侍萍领取女儿四凤回家，恰巧是在三十年前帮工的周公馆里巧遇赶走自己的周朴园。闹罢工的工人领袖鲁大海，是周朴园和鲁侍萍亲生的儿子，而鲁大海刚生下来就被周朴园遗弃了，可是鲁大海自己却不知道这回事。

情节巧合是为了真实地反映社会矛盾，生动地刻画人物性格，鲜明地揭示主题思想，因此决不能脱离现实生活的基础而主观臆造，更不能为了哗众取宠、故作新奇而故意胡编。

三、如何写好细节

人物和情节是小说的内容，结构是小说的骨骼，而细节则是小说的血肉，没有丰满、生动的细节描写，一篇小说是无法成形的。

细节是情节的基本组成单位，是作者从统一的艺术构思出发，对具体的描写对象（人物形象、事件发展、社会环境、自然景物等）所做的细微的、真实的、具体的、形象的、精确的描绘。

巴尔扎克说过，才能最明显的标志，无疑就是想象的能力，但是在当

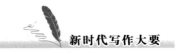

一切可能的结局都已经准备就绪，一切情节都已加工过，一切不可能的都已试过，这时，作者坚信，再进一步，唯有细节将组成作品的价值。这也就是说，当作家的总体构思、人物设计、情节安排皆已就绪之后，作品艺术价值的关键就在于细节描写了。

小说细节可分为肖像细节、行动细节、语言细节、心理细节及场景细节等，细节的作用是多方面的，可以突出人物性格，推动情节发展，深化作品主题以及表现生活环境等。

1. 突出人物性格，即通过描述人物的言行、动作、神态等细节描写来塑造人物形象，使人物更加立体化。细节表现人物性格，与情节相比，有它的独特之处。情节往往是连贯性的完整的事件，它要完成的是性格的整体。而细节则可以深入一点，着重表现性格的某一个局部的特征，某一个侧面，做细致的描绘，从而使性格整体更有血肉，更有立体感。例如《祝福》中写沦为乞丐而不忘魂灵有无的祥林嫂的神态细节："头发全白了，脸上瘦削不堪，黄中带黑，而且消尽了先前悲哀的神色，仿佛木刻似的；只有那眼珠间或一轮，还可以表示她是一个活物。""全白"的头发写出未老先衰；"木刻"的神色写出她精神上的麻木；"间或一轮"写出她思绪的凝聚，凝聚在思索灵魂的有无上。十来个字的细节描写就把祥林嫂那种呆滞、麻木的"活死人"的神情刻画得淋漓尽致。

2. 推动情节发展，即通过描写人物的行为、对话等细节描写来推动故事情节。细节是情节的基本单位，小说中的事件发展，都是由一个又一个细节描写组成。孙犁的小说《荷花淀》"话别"这一情节里，有一个细节，当水生嫂听到丈夫说"明天我就要到大队上去"时，"女人的手指震动了一下，想是叫苇眉子划破了手，她把一个手指放在嘴里吮了一下"。作者用"放""吮"这一动作表现了水生嫂当时复杂的心情，也正是由于这么细小的一个动作，水生没有察觉，那么他才会把下文要去参军打仗的事情说出来，虽然是支支吾吾，但有了下文的奋勇杀敌，夫妻抗敌的精彩情节。试想一下，如果当时水生嫂被划破手指后，就在不停地擦，不停地吸，甚至大叫一声"哎哟"，那么回家时就已经涨红了脸，不停气喘的水生就可能由于心虚，而且想到自己还没有说女人就有这么大的反应了，也许就不会把自己参军抗敌的打算和盘托出，那么小说的情节就会向另外一个方向发展了。

3. 深化作品主题，即通过一些精心选择的细节，直接、间接或辅助性地揭示作品的题旨。特别在小说结尾的细节，常常能让作品具有意味深长的艺术效果。如迟子建的《亲亲土豆》的结尾："当李爱杰最后一个离开坟茔时，坟顶上一只又圆又胖的土豆坠了下来，一直滚到李爱杰的脚边，在她的鞋前停了下来，仿佛一个受宠惯了的小孩在乞求母亲那至爱的亲昵。李爱杰怜爱地轻轻嗔怪了一句：'还跟着我的脚呀？'"这个结尾描述了李爱杰用五麻袋土豆为爱人秦山堆起了一个丰满充盈的坟，而最后在她的脚边滚下来一只又圆又胖的土豆，象征着秦山生命的丰盈和丰满之爱。这个结尾深化了作品主题，表达出生命的美好和珍贵。

4. 表现生活环境，即通过对场景、天气、地点等环境的描写来为读者营造氛围，让读者更好地进入故事情境。在《祝福》一文的前两段中，从"四叔大骂新党但骂的不是我"这一细节描写中，可以了解到鲁镇是一个很封闭、很落后的地方，因为辛亥革命都已结束，而四叔眼中的新党还是维新变法时的康有为。从"女人们准备福礼，女人的胳膊都在水里浸得通红，而祭祀的只限于男人"这一细节描写中，可以了解到这里是一个"男尊女卑"的社会，等级意识非常强。通过对文本中细节描写的分析，我们可以概括出了鲁镇的社会背景——这是一个封闭的、落后的、封建的、等级意识很强的小镇。

此外，小说中的细节描写还有着渲染时代气氛和地方特色、暗示和影射等重要作用。优秀的作家在创作中会精心运用各种细节描写，来达成自己的创作意图和艺术效果，使读者更好地理解小说的意义和价值。

需要注意的是，在写作时，应该注意把握好细节的度，不要过分追求细节而使故事变得烦琐冗长，也不要忽略关键细节而导致故事不连贯或逻辑不清。最终，要让读者在阅读过程中感受到你的故事世界是真实而立体的，实现情感共鸣。

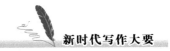
● 经典案例一

润物细无声

白小易

她对自己说，再看一页吧，这一天太不像样子了。做到之后她悉心玩味一下那份小小的自我满足。然后顺手拈起搁在桌上的一支没扣笔帽的钢笔，手伸得很直，差不多一直伸到桌角了，她的尖下巴杵在这条胳膊上。因而她漫不经心地写那几个字的时候很有那么点儿想入非非的模样儿。她歪着头看了它们好一会儿，然后收好钢笔，直起身来。

这时她发觉有人在看她，这使她没把那本书忘在桌上。书是图书馆的，丢了要按五倍价钱赔，她在心里对那目光支付了一定的报酬之后，明白了这并非那目光的本意，那就这样吧。她走出教室时心里很舒坦。她可没有回头看一眼。

留在教室里的人读着，写着。系里的十几个教室是各年级混用的。在自习时间坐在教室里的人大多都不熟悉，因而很少有人相互打招呼。

快到吃晚饭的时间了。大家纷纷离席，抖擞精神准备去食堂争食了。坐在后排的一个男生最后离开教室，他是在那个马尾辫女生收起笔走开时就打定了这主意的。

桌角上的那几个字是——"广场见。"

他的心狂跳着。他在桌边站了一会儿，然后迟迟疑疑地用右手的中指蹭掉了那几个字。

这次他在食堂里显得挺斯文。他远远地站着，等别人把米饭和好菜抢光之后才去打了两个馒头和一饭盒白菜汤。他一小块一小块地揪着馒头慢慢往嘴里塞，等到明显噎住了才捧起饭盒猛喝几口。不过他这会儿已经不那么激动了。因为他想起那几个字并不是写给他的。那么她要去广场见谁？也许是随便写写？他心里这会儿沉重极了。他不想让自己低三下四地跑到主楼前的广场上东瞅西瞧。吃到再也吃不下去的时候，他闷坐了一会儿，从床上拿起

114

英语教材出了门。他决定到主楼前的广场上去背英文单词。

上了楼梯，她顺着敞开的门往301教室望了一眼，见里边有许多空座，就走了进去。她还是像她喜欢的那样在头一排找了个座位。刚刚坐下，她瞥见抽斗里有一个花布书袋。她犹豫了一会儿，终于不打算离开了，那个书袋的女性气息很浓。如果不是这样，她会马上走开的。她就是不愿意对那些爱占座位的女生让步。

她拿出那本晚饭前没读完的书，翻到折起的那一页。但是她忘记自己读到哪一行了，只好从这页开头读起，读到大约三分之一处主人公的一句话——"广场见。"——她想起来了。不过她可没想起她还把这几个字写在另一间教室的课桌上了。

这时一个披肩发女生走进教室。她走了好几步才发觉那个位置上坐着一个人。披肩发不认识她，也没有认识她的欲望。她这会儿应该走过去说声对不起，然后从抽斗里取出她的花布书袋，找个空座坐下来。但她有点儿窝火，既然有这么多地方，你干吗偏要拣有人占着的座位？披肩发一赌气转身走出了教室。

天色渐渐暗了。广场上还挺热闹。披肩发走到这儿，心情刚刚开始变好一点儿。一个突然飞来的排球使她惊慌之下碰掉了路边一位男生手中的英语课本。她说着对不起，屈身去捡那本书，不想正好和弯下腰的他碰了头。结果他俩都不去捡那本书，面对面笑了起来。一问才知道他们还是一个系的……

到了不得不回各自的宿舍时，他们都觉得这是个几近完美的晚上。她答应明天晚上还在这儿见。

教室里的学生纷纷离席了。她打了个哈欠，合上书，手举到脑后摸了摸那把漂亮的马尾辫儿，起身走出教室。这一晚上她没往任何地方写一个字。其实往桌上写字本不是她的习惯，她很爱清洁。

走在路上，她意识到这一天又要过去了，心里腾起一股莫名的怅惘。她觉得这一天太无聊了，至少是内容不多。脚下的地球也太缺少弹性，连自己的足音也听不见。

（选自白小易著《客厅里的爆炸》，四川文艺出版社，2012年）

▌分析：

因为巧合和误会，最终成就了一段缘分。不过，作者讲述这个故事的重点并不是在这段缘分，而是成就这个缘分的"她"。"她"是个爱读书的人，这一天读书读到爱不释手时，在桌子上写下书中提到的"广场见"三个字，本是偶尔为之，却被"他"误会。接着，她晚上去教室看书，坐在另外一个女孩用花布书袋占好的座位上，气走了这个披肩发女孩，然后"他"和披肩发女孩却因此巧遇在广场，开始了奇妙而浪漫的缘分。

小说结尾一段非常精妙，"她"以为的无聊一天其实是另外两个人浪漫的一天，她以为的平淡生活其实已经无意开启了他人的奇遇人生。也就是说，她是制造这段缘分的始作俑者，但是她一无所知，她本该用三个字为自己的人生埋下一些伏笔，岂料却是因为误会成就他人，而这也是真实的现实，看似"无聊"实则奇妙的现实人生。

● 经典案例二

北京折叠（节选）

郝景芳

折叠城市分三层空间。大地的一面是第一空间，五百万人口，生存时间是从清晨六点到第二天清晨六点。空间休眠，大地翻转。翻转后的另一面是第二空间和第三空间。第二空间生活着两千五百万人口，从次日清晨六点到夜晚十点，第三空间生活着五千万人，从十点到清晨六点，然后回到第一空间。时间经过了精心规划和最优分配，小心翼翼隔离，五百万人享用二十四小时，七千五百万人享用另外二十四小时。

……………

夜晚十点到了。他回到他的世界，回去上班。

█ 分析：

　　《北京折叠》荣获2016年雨果奖最佳中短篇小说奖，这是继2015年刘慈欣《三体》获奖之后，中国作家再一次获得雨果奖。郝景芳在获奖感言里说："科幻作家很喜欢把所有的可能性都考虑到，不管好坏，是幸运还是不幸。他们会讨论采取什么战略应对外星人等等这样的问题。基本上可以说，他们生活在无数平行宇宙之间。在《北京折叠》这部小说中，我提出了未来的一种可能性，面对着自动化、技术进步、失业、经济停滞等各方面的问题。同时，我也提出了一种解决方案，有一些黑暗，显然并非最好的结果，但也并非最坏的：人们没有活活饿死，年轻人没有被大批送上战场，就像现实中经常发生的那样。我个人不希望我的小说成真，我真诚地希望未来会更加光明。"

　　《北京折叠》的情节并不复杂：北京存在三个互相折叠的生活空间，每个空间里的人们独立生活着，却又因为各种原因有了一些交集。第三空间是处理垃圾的工人，第二空间是中产阶级，第一空间则是当权者。每48小时作为一个周期，按照不同比例分配不同空间，上等人不仅有更优越的生活，轮换周期也更长。小说讲述身处第三空间的主人公老刀，为了给捡来的孩子糖糖交幼儿园学费，冒险去其他空间送信，在三个空间来回走一趟。在穿越过程中，老刀经历的一件件平凡小事，刻画出不同空间里人们截然不同的生态。

　　《北京折叠》既隐喻了当前社会不同阶层，也描绘了未来人类社会发展的组织架构。小说通篇都没有详细描绘技术层面的细节，而是着重讨论一些经济学家关心的问题：就业，通胀，收入差距，产业结构以至于官僚体制。一方面，郝景芳意识到随着科学技术的发展，技术对人的控制将更全面、系统，并覆盖"全人类"的（而不只是针对某个特定阶级的）；但另一方面，这批知识精英并没有真正反思折叠北京所赖以成立的不平等根源，因而只能维持这一机制并让这套机制运行得更好，而不是寻找彻底颠覆、变革，建立新的基于平等原则的新体制。也正因为这样，郝景芳的

立场显得保守而非激进：她承认社会分层和区隔，但不强调阶级统治与对抗；她强调价值共识和认同，但更鼓励勤奋努力。

一、思考题。

1. 简述小说的真实和虚构的关系。

2. 小说文体特征是什么？

3. 结合具体实例谈谈小说如何塑造人物。

4. 结合具体实例谈谈小说如何构思情节。

5. 结合具体实例谈谈小说如何写好细节。

二、阅读下面这篇微型小说，结合小说文体特征进行赏析。

客厅里的爆炸

白小易

主人沏好茶，把茶碗放在客人面前的小几上，盖上盖儿。当然还带着那甜脆的碰击声。接着，主人又想起了什么，随手把暖瓶往地上一搁。他匆匆进了里屋。而且马上传出开柜门和翻东西的声响。

做客的父女俩待在客厅里。十岁的女儿站在窗户那儿看花。父亲的手指刚刚触到茶碗那细细的把儿——忽然，叭的一声，跟着是绝望的碎裂声。

——地板上的暖瓶倒了。女孩也吓了一跳，猛地回过头来。事情尽管极简单，但这近乎是一个奇迹：父女俩一点儿也没碰它。的的确确没碰它。而主人把它放在那儿时，虽然有点摇晃，可是并没有马上就倒哇。

暖瓶的爆炸声把主人从里屋揪了出来。他的手里攥着一盒方糖。一进客厅，主人下意识地瞅着热气腾腾的地板，脱口说了声：

"没关系！没关系！"

那父亲似乎马上要做出什么表示，但他控制住了。

　　"太对不起了，"他说。"我把它碰了。"

　　"没关系。"主人又一次表示这无所谓。

　　从主人家出来，女儿问："爸，是你碰的吗？"

　　"……我离得最近。"爸爸说。

　　"可你没碰！那会儿我刚巧在瞧你玻璃上的影儿，你一动也没动。"

　　爸爸笑了："那你说怎么办？"

　　"暖瓶是自己倒的！地板不平。李叔叔放下时就晃，晃来晃去就倒了。爸，你为啥说是你……"

　　"这，你李叔叔怎么能看见？"

　　"可以告诉他呀。"

　　"不行啊，孩子。"爸爸说，"还是说我碰的，听起来更顺溜些。有时候，你简直不明白是怎么回事，你说得越是真的，也越像假的，越让人不能相信。"

　　女儿沉默了许久。"只能这样吗？"

　　"只好这样。"

（选自《小说选刊》1985年第7期）

　　三、写作题。

　　自由选材，题目自拟，运用意外和巧合的情节技巧完成一篇小说，字数不少于1000字。

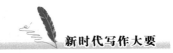

第五章

戏剧文学

》

第一节

概述

戏剧文学也就是剧本，它和戏剧是两个概念。戏剧是演员在舞台上扮演给观众看的，一个已经做过专门安排的故事。它有四个必不可少的条件：（1）要有扮演人物的演员；（2）要有表演的舞台；（3）要有观众；（4）要有专门安排的故事情节。这第四个条件，就是根据戏剧的特殊要求编写的剧本。

剧本是构成戏剧的条件之一。没有完整的剧本，戏剧艺术就难以得到发展。

剧本的出现提高了戏剧艺术的价值，加强了戏剧的效果，为演技提供了丰富的思想内容。戏剧史上曾经出现过的即兴表演和文明戏为什么经不起时间的考验，原因就在于它没有剧本，因此它也无法流传下来。戏剧艺术的基础是剧本创作，没有剧本创作，舞台上其他的一切艺术创造都将失去依据。所以说"剧本是一剧之本"。

戏剧是一种受着时间、空间严格限制的艺术。戏剧演出于舞台，舞台再高再大总要受到一定的面积、体积的限制，即使为了特殊原因，演出出现在广场、街头，那也只能占据一定的空间。戏剧演出，演员和观众还有舞台工作者，都要付出一定的劳动、精力，这就必须有个时间的限制。因此，剧作家在进行剧本创作的时候，首先遇到的就是这两方面的限制。为了解决时间的限制，剧本就必须采用精练的对话与富有表现力的动作安排相结合的方式，在集中传达故事情节的过程中塑造人物。为了解决空间时间的限制，剧作家就采取了分幕分场、换地换景等办法来进行剧本创作。但是，限制是不可能消失的。剧本创作，总是受一定的时间、一定的空间限制。譬如说，独幕剧的篇幅一般在一万字左右，演出时间一般在一小时以内。多幕剧的篇幅一般也不会超过五万字，演出时间则在两个小时到三个小时。不管剧中表现的情节的时间跨度有多大、多长，也必须在三小时内完成。因为演出时间一长，再好的戏也会使观众疲劳。三小时的演出时间，就限制了剧本的长度。同样，用了分幕分场、换地换景等办法，也还不能完全解决空间受到的限制，并且事实上也不能每一场都换景换地点。再者，舞台上换景是要时间的，增加了舞台布景迁换的时间，势必要影响剧情发展的时间，这就造成了剧本创作处理时间与空间两个限制之间的矛盾。所以，剧作家既没有小说那样不受时间、空间限制的自由，也没有电影剧本那样不受空间限制的自由。供剧作家使用的，永远是有限的舞台空间和有限的演出时间。他要考虑的是如何在这有限的空间和有限的时间内，写出千变万化的人物命运，写出出色的情节发展，创造典型形象，反映生活本质。

在西方，戏剧即指话剧。在我国，戏剧是戏曲、话剧、歌剧的总称。本章主要讨论话剧。

在古希腊，亚里士多德在谈到戏剧的分类时，提出了"悲剧"与"喜剧"。18世纪，狄德罗又提出第三种戏剧体裁"严肃喜剧"。后来有人将它称为"悲喜剧"，也就是我们所说的"正剧"。

戏剧按题材划分：有神话剧、历史剧、传奇剧、市民剧、社会剧、家庭剧等；按容量大小划分：有多幕剧、独幕剧和戏剧小品。

第二节

戏剧文学的文体特征

一、戏剧艺术的特征

剧本，对文学艺术来说已是个成品，作为文学作品，它也可以供阅读。优秀的剧本，都具有相当高的美学价值。但对戏剧艺术来说，剧本又只是构成戏剧的条件之一。因为，戏剧艺术的创作成品是戏剧的演出。剧本创作的最终目的，是为了当着观众把它演出来。也就是说，有了剧本，还要经过一系列的艺术创作，才能成为戏剧。所以，剧本创作，只是戏剧艺术创作的开始。戏剧艺术创作，在剧作家的创作之后，还要有以演员表演为中心的一系列的艺术创作，要经过导演、演员、舞台美术工作者，乃至观众的共同创作，才能最后完成。

戏剧艺术特征之一是创作上的集体性。在戏剧艺术的创作集体中，剧本创作无论在思想上以及艺术上都具有主导作用，但是，戏剧艺术的成就却又在于演出。演出，才是戏剧艺术的成品。它是以演员的表演为中心，舞台美术工作以及音乐工作起着辅助作用，整个演出创造过程，是在导演负责下组织进行，他要创造性地组成演出中思想性和艺术性的体现的完整与统一。在剧本创作之后，为了演出，还有一系列的艺术创作，但都是以剧本为依据。所以，剧作家应该熟悉舞台演出，应该懂得戏剧艺术的特点。对剧本整个故事情节的构思，对人物的塑造，都要从舞台动作、从适合于演员的表演上去考虑。

戏剧艺术的另一特征，就是艺术上的综合性。所谓综合性，实际上是指戏剧艺术拥有丰富的表现手段，它是综合了文学、音乐、舞蹈、绘画、雕刻、建筑等各种艺术表现手段来塑造舞台形象的艺术。

戏剧艺术的综合性，是与创作上的集体性相互密切联系的。首先，创作集体的参加者必须与戏剧艺术中的各个艺术部门的需要相适应，否则就参加不进去。再就是创作集体中产生了导演，它是与艺术上的综合性联系着的。由于戏剧艺术是综合性艺术，它就必须有一个掌握整体与全局的人来作为演出创造的负责者与组织者，这就是导演。

在"艺术上的综合性"这个特征里，特别需要注意的一点是：各种艺术，综合到了戏剧艺术里之后，它们必须从属于演员的表演，从属于舞台形象的塑造，这就必须改变它原有的作为独立艺术的表现手法。综合不是混合，同时，它也必须就各自的特长来发挥作用，不允许用间接表达的方法，不允许侵犯别部门擅长的表现手段。剧本，作为文学的艺术成品参加戏剧艺术里，它也是和其他艺术参加进来一样，是改变了它自己的表现手法的。它改变了叙事性文学如小说、诗歌、散文的叙述的特点，而变成人物自己的语言和行动，使之适应戏剧艺术的综合性，首先适应于演员的表演。

二、戏剧文学的特征

（一）戏剧文学的语言特征

文学是语言的艺术。文学作品的第一要素是语言。剧本是文学作品的样式之一，它的基本构成因素也是语言。打开一部话剧剧本，绝大部分篇幅都是人物的对话。各种不同的文学样式虽然都是语言的艺术，但是，剧本和小说、散文、诗歌等相比，又有其特殊性。这种特殊性，首先就是对语言的特殊要求。

剧本对语言的特殊要求，一般体现在两个方面：

第一，在剧本中，塑造人物的基本手段，仅仅是依据人物自身的台词，而不能像在小说中那样，可以由作者用叙述、议论的语言，暗示读者应该怎样理解人物，甚至给读者解释人物隐秘的思想活动和行为动机。

曹禺的四幕话剧《家》，是根据巴金的同名小说改编的。把剧本的某些场面和小说中相应的章节对比，可以更清楚地理解小说语言和戏剧语言的不同。小说写陈姨太借口所谓的"血光之灾"要瑞珏迁到城外去分娩，在场诸人有的随声附和，有的虽不以为然，也只好同意。这一段用的都是叙述性的语言。接下去是写觉新和瑞珏的态度：

他们要觉新马上照办，他们说祖父的利益高于一切。这些话对觉新虽然是一个晴天霹雳，但是他和平地接受了。他没有说一句反抗的话。他一生就没有对谁说过十句反抗的话。无论他受到怎样不公道的待遇，他宁可哭在心里，气在心里，苦在心里，在人前他绝不反抗。他忍受一切。他甚至不去考虑这样的忍受是否会损害别人的幸福。

觉新回到房里，把这件事情告诉了瑞珏，瑞珏也不说一句抱怨的话。她只是哭。她的哭声就是她的反抗的表示。但是这也没有用，因为她没有力量保护自己，觉新也没有力量保护她。她只好让人摆布。

以上是小说作家出面的叙述和议论。

下面来看剧本第三幕的结尾处，陈姨太提出这个残酷的要求时，瑞珏是在场的。在场人物的态度，都是在对话（人物自身的语言）中表现出来的。最后，轮到觉新、瑞珏表态：

陈（阴沉）大少爷？

新（望一望低着头的瑞珏，转对克明，痛苦地）三爸，您看（克明毫无勇气地低下头来。新转对周）母亲，您（周氏用手帕擦着眼角。新缓缓转头哀视着瑞珏）

珏（哀痛中抚慰着觉新）不要着急，明轩。（对陈姨太，沉静地）我就搬。（转对周氏）城外总可以找……找着房子的。

在这里，同样表现了瑞珏和觉新在事变关头复杂的内心活动但却不是描述，而是人物自身的语言，括弧中的"舞台指示"，也是人物自身动作的说明。

第二，剧本的语言要更富有动作性。小说中人物的语言，也应该有动作性。比较起来，对语言的这种要求在戏剧中要重要得多。可以说它是戏剧语言首要的、基本的特性。

鲁迅曾经说过"剧本虽有放在书桌上的和演在舞台上的两种，但究以后一种为好"。不能拿到舞台上演出的剧本是不成功的。恩格斯曾批评拉萨尔的历史剧《弗兰茨·冯·济金根》说，由于道白很长，根本不能上演，在做这些长道白时，只有一个演员做戏，其余的人为了不动而作为不讲话的配角尽站在那里，只好三番五次地尽量做各种表情。恩格斯在谈到塑造人物形象问题时告诫拉萨尔：要使人物的"动机""更多地通过剧情本身的进程""生动地、积极地，也就是说自然而然地表现出来，而相反地，要使那些论证性的辩论……逐渐成为不必要的东西"。恩格斯指出："这个标准是区分舞台剧和文学剧的界限。"为了使剧本能够成为适合剧场上演的舞台剧，我们应该研究这种区分的标准。

在文学作品中，表现人物性格最有力的手段是动作，戏剧如此，电影如此，小说也是如此。尽管小说也用动作表现人物的性格，却往往是对动作的叙述、描写来表达，读者通过这些叙述、描写的文字，通过自己的想象，在眼前浮现出人物的动作。而戏剧把动作作为表现人物性格的基本手段，指的则是人物自身的动作，是人物动作在舞台上的直观再现。一位优秀的小说家，熟练地掌握了文学语言，对人物动作的描写、叙述，可能达到绘声绘色的境界；尽管如此，它给读者的感受也不像戏剧的直观体现那样具体，那样直接。通过演员的表演，把人物的动作在舞台上直观地再现出来，使观众获得直接、具体的感受，这正是戏剧区别于小说的一个最根本的界限。

（二）戏剧文学的题材特征

1. 社会性

题材要具有一定的社会意义，而且尽可能挖掘得深一点。要注意把个人的思想、感情等精神生活和周围的社会生活联系起来。观众对剧中人物的关心正是因为作为社会成员之一的观众，和同样是社会成员之一的剧中人有着一定的联系，剧中人的生活对观众总有某些引起联想的东西。在选择题材时，首先要着眼于一定的社会意义，要能引起人们的高尚情操或引

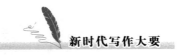

导人们思考某些问题。

有社会意义的题材，并非一定要正面表现社会斗争，许多优秀的剧作都说明这一点。从侧面反映，以小见大，都可以反映有意义的生活，起到反映社会生活本质的作用。作者总是要通过许多具体的事件表现戏剧冲突的，那些重大事件中的严酷斗争固然意义深刻，那些规模不大，在日常生活中选择出来的事件，同样也可以表现深刻的意义。

2. 传奇性

有社会意义的思想内容，必须蕴藏在一个生动的故事里。其他文学形式并不都要求有故事，诗歌、散文可以完全没有故事；小说虽有故事，却不一定完整，情节性可以不强；有的小说故事也不曲折动人，而由于性格的描写与心灵的倾诉而感人至深。但戏剧必定有一个故事，而且是一个完整的过程，有着前因后果，有着开端、发展、高潮和结局的完整的过程，即便是独幕剧，也不是一幅风景图的描述，而是一个引人注意的故事。这个故事或是扣人心弦的，或是富有趣味的，或是曲折巧妙的。

3. 冲突性

戏剧文学是写人与人之间的关系的，主人公和他对立面之间的矛盾冲突和命运，构成一个运动变化过程，这个变化不是逐渐变化的延伸，而是必然在短时间内发生急剧的变化，这个变化以戏剧冲突的形式出现在舞台上，这才是吸引着作者的题材。一个动作的完整事件（或环节），就是构成戏剧题材需要的材料。戏剧的材料同时可以作为小说的材料，而小说的材料却不一定能作为戏剧的材料。

此外，选取戏剧题材还要考虑省人、省景、省时。要节省演员，尽量使台上人物人人有戏。要省景，不要换景太多，不要布景太大、太华丽。要考虑到剧作家笔下几行字，可能要增加设计师、绘景师、制作人员不少工夫。演出时间不能太长，不能使观众感到太疲劳。

第三节

戏剧结构

戏剧结构一般由开端、进展、高潮、结尾四部分组成。

一、开端

开端极为重要。因为它是戏剧情节的基础，基础打不好，后面的戏就很难顺理成章地发展下去。

（一）开端的任务

开端这段戏要完成四个任务：

第一，用简练、鲜明的手段，迅速地反映出剧情发生的历史背景、时代特点、时间、地点等等。特别是历史背景和时代的特点，必须交代清楚，因为它是发生戏剧冲突的依据。它不能完全由布景灯光表现出来，更要在人物的动作和台词中体现出来。

《茶馆》里唐铁嘴一出场就拉住王利发，他说，"（惨笑）王掌柜，捧捧唐铁嘴吧！（不容分说拉过王利发的手来）今年是光绪二十四年，您贵庚是……"开头这样一段台词，就把清末以及政变的时刻点明在观众面前。

第二，交代人物和人物关系，这是非常重要的一环。开戏不久，就要让观众知道台上有些什么人，谁是主要人物，他们之间是什么关系。不能看完一场戏，还不知道谁是主要人物。有时主要人物并没有出场，而谁是主要人物观众已经清楚。

第三，开端要向观众交代先行事件。不管哪种结构，总是在开幕之前要交代已经发生过的一些事情。

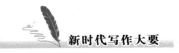

第四，开端要组成矛盾纠葛，形成悬念，使观众明确剧情的发展方向。戏剧冲突要在开端部分形成，在开端的最后部分提出矛盾，开端的任务也就完成了。开端就是从开场到矛盾纠葛形成的一段戏。纠葛形不成，开端部分结束不了，开端太长，容易使观众厌烦，也使下面的戏无法进展。有的戏开端时的冲突并不那么尖锐激烈，它预示着将要出现的矛盾是尖锐的，矛盾性质是严重的，不可调和的，也可以激发观众的情绪和兴趣。

（二）开端的形式

开场如何写好，可以概括为以下三点；

第一，要新颖、吸引人，使观众产生兴趣。观众从喧嚣的街道进入剧场，如何使他们静下来，让他们欣赏舞台上另一种生活，并对它感兴趣，想探索它的内幕，无论喧闹开场还是安静开场都要达到这个目的，作者务必使开头有自己的特点，不一般化，新颖、诱人。

第二，开端要清楚、明白。这部分戏要向观众说明很多内容，如时代氛围、历史特点、人物面貌、人物关系，人物的基本性格特点，以及他们之间的冲突。而且开端是短促的，越短越好，要在这短短时间内，用最简练的语言和最鲜明的动作，清楚和明白地说明这一切。

第三，要进戏快，快速地引起观众的兴趣，产生戏剧纠葛，形成戏剧悬念。开端不能太长，太长会使全剧比例失调，头重脚轻，且观众长时间不能进戏，会失去兴趣。要把交代时代特点、介绍人物和组成矛盾结合起来，尽快展开矛盾冲突。

二、进展

开端以后直至高潮之前这一段戏都叫作进展阶段。在进展阶段里，有各种力量的积累、发展和变化，主人公面临一个又一个困难，经历一场又一场考验，它是人物性格形成发展的主要阶段，是事件演变的主要过程。

（一）进展的任务

进展的任务从戏剧冲突来说大致可有以下三个任务，即戏剧冲突的上升、深入、激化。

第一，冲突的上升。即不断地提高观众的兴趣，不断地推进戏剧冲突。法国浪漫主义作家大仲马说的第一幕要清楚，最后一幕要简短，整个戏要生动有趣。在戏的进展部分就要保持生动有趣。而生动有趣的剧情不能保持在同一水平上，它必须不断地推进，不断地出现新情况，使情节逐渐紧张起来，整个冲突和情节的发展，必须保持上升的形势。

第二，冲突的深入。开端时矛盾就已经初步显示出它的含义，交代出冲突的对手。如果此后的矛盾的内容，不能再进一步发掘它的深刻含义，冲突双方的性格也不能发展，同样是不行的。整个戏都是表现主题思想的过程，思想的深入，是和冲突的深入相联系的。

第三，冲突的激化。进展过程中，冲突的上升、深度的发掘和强度的加剧是联系着的，强度的加剧，是显示深度的必要形式。整个进展阶段，情节必须一步步走向尖锐、紧张和激化。虽然情节也有起伏跌宕的变化，但总的趋势必须是冲突逐渐激化，向高潮推进。

（二）进展的层次

戏剧在两个多小时内，要反映一个完整的故事，人物要经过若干个回合的反复较量，它就构成了戏剧情节的层次。

最明显的戏剧层次就是分幕分场，它把戏剧分成几个大段落，同时，每幕戏同样具有起承转合，具有若干互相联系、互相推动的层次。把剧情组织得层次清楚，相互推动，逐渐紧张，而且起伏有致，变化无穷，那将对观众具有更大的吸引力。

安排层次要注意各段之间的联系，要浑然一体。层次要合乎逻辑，人物上下场要有根据，自然合理。

（三）戏剧场面

场面是作者创作灵感的最初形式，场面常常出现在剧本构思之前，作者在生活中遇到某种情况，看到某一事件，捕捉到某一人物形象，它们与一个生动的场面常常是联系着或重叠在一起的。

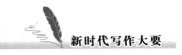

在创作构思中，戏剧场面又是戏剧情节的基本单位。只有舞台上不断出现生动的戏剧场面，才能使一个故事成为一台戏。这样动作性强的场面越多越好。好的戏剧能够做到每段戏都为了构成某个特定的戏剧场面而设计，不断有动人的场面出现。当观众对前一个戏剧场面引起的情感和兴趣还没有低落，一个新的别具特点的场面又在孕育中。

戏剧场面常见的有这么几种：交代场面、重点场面、紧张场面、必需场面等等。

交代场面，是开幕不久的一段时间或一幕戏的开头，要交代和说明的场面。《雷雨》第一幕开端鲁贵和四凤的一大段戏，就是交代场面。

重点场面可以是热闹场面，也可以不是热闹场面，关键在于人物的内心动作强烈表现，在于人物与所处的特定情境的尖锐和复杂的关系。《罗密欧与朱丽叶》里开始的大械斗是个热闹的重点场面，但只是一个交代场面。而罗密欧到朱丽叶的花园里，在黑影中听朱丽叶悄悄独语，那才是真正的重点场面。虽然这段戏不热闹，它却表现出一对青年男女，毅然向自由爱情的冲刺。

紧张场面，可以理解为此刻舞台上出现对主要人物的严重威胁，形成了重大的危机或者要进行一场生死存亡的斗争。但也不全然如此，紧张场面不一定都在人物命运中形成危机。好的剧本不仅注意了情节的紧张之处，也注意了情感的紧张时刻。

《雷雨》的第二幕，侍萍在周家客厅里见到周萍，周萍不知道这个女佣似的妇女就是自己的生身母亲，也不知道鲁大海就是四凤的哥哥，当他打了鲁大海两个耳光，侍萍忍不住走到周萍面前，"你是萍——凭——凭什么打我的儿子？"她呆呆地看着周萍的脸，哭出声来，这是多么激动人心的场面。

第三幕，四凤被母亲逼着在隆隆的雷声中发誓不见周家的人，也是这样的紧张场面。

紧张场面里人物面临严峻的考验，这考验并非只是人物处境危险，而是人物面临尖锐的冲突。这冲突有时是内在的，有时是外在的，有时是两者都有的。它是最能表现性格力量的地方，是在尖锐的冲突中表现深刻思想的地方。因此，紧张场面不是仅仅在情节上制造一些惊险场面，而是以性格的力量紧紧抓住观众，它应该是性格在事件中发展的必然结果。

紧张场面的效果是观众在主人公命运未卜，或如何抉择不得而知的情况下，让观众感到情绪紧张。所以紧张是对观众而言。戏的风格不同，有的戏就没有什么紧张场面。曹禺的《北京人》是没有紧张的地方，仍不失为优秀剧作。

再说"必需场面"，当剧中人物之间产生了矛盾和冲突，人物下决心从事某种事情的时候，观众总是期待着某一场面出现。这一场面，要能回答人物前面行动提出的问题，显示出人物行动的后果，满足观众期待的心情，这样的场面就是必需场面。当观众期待之情很迫切，期待的时候长了，而这种必需的场面仍不出现，使观众的期待落空，这就是戏剧情绪的中断、降落。

必需场面是观众期待和热烈要求出现的场面，观众曾经以为自己的想象是必需出现的，但是后来发现作者比自己更了解什么是必需的。这种超出观众想象，出奇制胜而又使观众满足的场面，是真正好的必需场面。

三、高潮

高潮是一出戏中最重要的部分。戏剧高潮是全剧一系列不断发展的动作的最终趋向，是全剧动作的顶点，它表达了全剧中最强烈的感情。通过冲突的解决，最深刻地体现着作者的思想意图。

高潮是戏剧动作中必然出现的，是戏剧的矛盾发展的必然结果。一切舞台动作都要为高潮的出现做准备，都要成为向高潮推动的一个组成部分。

第一，高潮是动作的顶点。高潮不可能没有动作，否则不能体现作品的思想或人物的性格。

第二，高潮是全剧总悬念的解决。各个部分的戏剧情节都使观众产生不同的关切、期待和兴趣。但这一切在高潮之前已经逐个解决了。在高潮

中，不能再有许多头绪，而是要集中在关键的一点上。

第三，高潮的形成，往往具有某种突然性。突然的转变，能加强高潮的力度。形势骤然紧张，人物面临危境，是很吸引人的高潮场面。

《雷雨》第四幕中，周萍和四凤决定出走时，鲁妈和大海以及繁漪带着周冲连续出现，拦住了他们。最后，周萍带着四凤第三次想冲出门去，周朴园又从书房出来，而且让周萍认自己的亲生母亲。这一切突然性使危机上升到了顶点。以后的四凤、周冲触电，大海出走，周萍自杀，都似乎是必然的，这是一个典型的戏剧性高潮。

四、结尾

戏剧的结尾在于告诉观众事情的结果，或事情最后形态。它与前面的情节相呼应，它最终解答了开端时提出的问题，解开了一切前面还没解开的纽结。

写好结尾要注意三点：

第一，结尾要干净利落，不要拖拉。话剧的结尾尤其要短促。一般话剧的结尾和高潮紧紧相连，高潮过去了，戏剧所要集中表现的内容已经基本完成，戏份就可以结束了。

《汉姆莱特》在斗剑和复仇情节之后，戏份已经基本结束了，只有霍拉旭对汉姆莱特一段简短的赞颂。《罗密欧与朱丽叶》在两个人双双死在坟窟中之后，只有大公命令两家家长和好的一段。《雷雨》的结局和高潮是连在一起的，高潮过后，戏份也就戛然而止。

第二，结尾要有寓意，要含蓄，不要给人一种把话说尽了的感觉。结局只是这一戏剧事件的结束，这一矛盾的解决，绝不意味着运动的停止。剧本的结局，要能使观众思考，联系自己的生活，想到实际生活中更多的东西。

第三，结尾形式要新颖。一出戏不论有多少精彩之处，如果结局不精彩，不新颖，就会减色不少。

》第四节

情节与悬念

一、戏剧情节

从人物出发，戏剧情节才会有生命。决不能单纯追求情节的离奇曲折，以写好情节为目标，而把人物淹没在情节之中。同时也不能忽视情节对表现性格、塑造人物的积极作用。

情节动人与否，常常在于有情或无情。人物之间应该展开尖锐的冲突，形成人物感情的运动变化。

（一）情节的集中精练

第一，戏剧的艺术概括力量，不在于表现得很全，而在于表现得很深，集中概括并不一定是在短促的时间里向观众介绍大量的前因后果，而是表现那最有艺术感染力的性格和行动。

第二，应详略结合，不能因为强调集中，就把所有的情节都搞得很简略；也不能面面俱到，平均使用力量。略的地方一笔带过，详的地方精雕细刻。在详和略的辩证关系中，"详"是主要方面，是关键。在重要的情节中，细致地刻画人物性格，充分挖掘场面中的动作细节，真正把该细写的地方写好，才可能省略大量的舞台动作。

《雷雨》中喝药的一场戏：繁漪在周家过的是压抑、郁闷，能把好人逼疯的生活，在这个家里一切都要听从周朴园的主意，其他人不许有思想，不许有意志，任何自由思想都会被当作神经病被扼杀，而繁漪是首当其冲地被侮辱和被伤害的人。在喝药这件小事上，就把繁漪二十年来的日子是怎么过的告知观众了，周朴园先让四凤送药给繁漪，再让周冲劝母亲

133

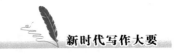

喝药，让周冲给母亲跪下，最后还让周萍给继母跪下，即使周萍和繁漪没有暧昧关系，这也是难以忍受的。这是一种不打不骂的折磨，正是在周朴园这样残酷的压制下，繁漪才被当成歇斯底里症患者，它概括了近二十年的生活，繁漪在第二幕里对周萍说："我希望你明白方才的情形，这不是一天里的事情。"

第三，偶然巧合的运用。

情节中的巧合，可以把生活中那些渐变的、表面的过程省略掉，直接暴露出事件内在的冲突，反映出矛盾的本质，它并不违反生活的真实，而是用可能性反映现实性。

在《雷雨》中，可以说是充满了偶然性的因素。一对恋人原来是同母异父的兄妹，带头闹罢工的原来是资本家的亲生儿子，来看望女儿的鲁侍萍忽然和三十年前遗弃自己的周朴园不期而遇……曹禺正是运用这许多偶然性的因素，把两代人之间交错复杂的冲突，在一天之内充分展开。还有，一根电线断了，没来得及修理，最后它竟然使两个人丧生；父亲刚把手枪交给儿子，嘱咐他只能用它防身，转眼间，儿子却拿着它自杀了……此类偶然性的"巧合"在剧本中更是比比皆是。没有这些偶然性的因素，冲突就不会如此集中，情节就不会这样一环扣一环地迅速推进。

（二）情节的出新与意外

恩格斯说过："我觉得一个人的性格不仅表现在他做什么，而且表现在他怎样做。"在"做什么"上人们常常是了解个大概，但在"怎样做"上却是千差万别的。

情节上的出新不仅在整个情节上要有新颖独到之处，在具体的情境处理上也要产生"出乎意料之外，寓于情理之中"的舞台效果。当舞台上出现某种戏剧情境的时候，必然出现一种信号，预示着舞台还要出现某种新情况，它引起观众的预测和猜想。但是，随后舞台上出现的事件和人物行动，却是观众没有想到的，它使观众先是感到新鲜，甚至惊讶，又感到真实、合理。

（三）预示与期待

在戏剧情节中，对观众保密，想仅仅依靠观众的好奇吸引观众是不明智的，给观众真正的暗示，在观众情感运动的途径中间放置一个以至若干个指路标，使观众产生期待的心情，这期待的焦点集中在作者精心安排的事件中，这才是观众产生兴趣的所在。在保密的情况下，观众的期待是好奇的，而向观众预示的情况下观众的期待是有情感的，有倾向的。

要预示，不要预述，不要开门见底，一览无余。预示要靠人物的行动，给观众以启发、暗示，透露出人物的内心世界。一般说人物的面目是可以预示的，人物的行动目标是可以预示的，下面将出现什么事情是可以预示的；但是人物怎样达到自己的目的是不能预示的。可以让人物说出他想怎样达到目的，而下面情节的进展，却往往和他说的不一样；后面的事件以什么形式出现是不能预示的。它们在无数个可能性中转悠，当作者把观众最难以想象的生活形式选择出来，把一种可能性变成现实性时，使观众感到惊奇，满足了他们的期待，又推动他们的期待有进一步的要求。

预示人物的面目有各种形式。《雷雨》中周朴园对死去的前妻是十分怀念的，经常告诉儿子，要记住母亲，对得起生身母亲。连家具的摆法都按照前妻在时的样子。但当他发现面前就是他认为已死去三十年的侍萍时，他厉声问："你来干什么？"后来索性说："好！痛痛快快的！你现在要多少钱吧！"赤裸裸地表现出伪善的面目和冷酷的心肠。他这样露骨的表现使观众意外，而他是这样的性格却是合理的，因为前面已有若干暗示。从他对工人的态度，对现在的妻子和儿子的态度，观众感到他对活人的冷酷和对死者的虔诚之间存在着矛盾，而周朴园现在的行动，证实着观众的预感，预示使周朴园前后矛盾的性格统一起来。

（四）伏笔与照应

小仲马说："戏剧艺术是准备的艺术。"伏笔就是为下一个情节做准备的方法之一。好的伏笔在情节中自然巧妙，它有自己存在的意义，又有为后面的重要情节做准备的作用，它们是不露痕迹的，否则就不是伏笔而

是露笔。

重要的情节的出现，有没有伏笔是不同的，一般都有伏笔或其他的暗示为它的出现做准备。

《雷雨》中，繁漪辞退了四凤，问："你家住在什么地方？"四凤说："杏花巷十号。"过了不久繁漪又说："你不要难过，没事可以常来找我。东西，我回头叫人送到你那里去，是杏花巷十号吧！"繁漪有什么理由要知道这个地址呢？因为她听周萍说晚上要到四凤家里去，她才急切地想知道这个地址，这是繁漪后面行动的一个准备，它却又是那么平常的一句话，观众丝毫不感到诧异。

这段戏预示着繁漪要用无情的手段打击周萍和四凤，周萍也自暴自弃地等待着在任何打击中毁灭，但是观众还没有想到下面将出现什么情况。直到第三幕周萍到四凤的房里，一声霹雳，一道蓝森森的闪电光，窗子被打开，照见繁漪一张惨白的脸，像个死人，她伸手把窗子关上。由于前面有问"杏花巷十号"的重复，有她对周萍的威胁，这位太太摸到下人住的贫民窟来才真实可信，不会引起观众的怀疑。

运用了伏笔，后面必然要出现结果与之照应，如果照应出现得恰当有力，伏笔可能不被观众想起，因为他们之间被人物性格联系在一起。如果前面有伏笔后面没有结果，这"伏笔"就是多余的，但有繁漪在四凤窗外出现的情节，前面她重问"杏花巷十号"就是巧妙的一笔。相反，没有后面的情节，前面的追问就不仅是多余，而且是不符合繁漪的性格和身份的。伏笔要轻，照应要重；伏笔要隐，照应要显；伏笔要淡，照应要浓；如果一个情节前面一再强调，好像有重要事情出现，结果并无下文，或仅出了一点小事，就是本末倒置，头重脚轻。

（五）发现与突转

剧本中新的情况，新的人物关系，人物面貌的新发展，常常引起情节的急剧变化——突转。这种情况下产生的戏剧情节，是扣人心弦的或具有艺术魅力的。发现和突转是联系的，但并非每个发现都能引起突转。戏里离不开发现，发现能使观众认识剧中的人和物，了解戏剧故事。这里所说的发现，是指对主要人物的命运前途和成败有关键作用的突然发现，它能引起情节大幅度的急剧变化。

《雷雨》第一幕鲁贵讲房子闹鬼的故事，四凤发现周萍和繁漪有乱伦的暧昧关系，她也发现自己所处的地位是极为复杂的和危险的；后面繁漪对四凤察言观色的盘诘中，发现周萍和四凤处在爱情关系中，自己又被抛弃了。但是她又吃惊地发现周冲也爱着四凤，这一幕戏的一连串发现，就使繁漪和四凤都处在复杂的处境、复杂的心情和复杂的人物关系之中。

有人以为情节性强或浪漫主义色彩浓的戏剧作品可以较多地使用发现和突转的手法，而那些比较生活化的现实主义作品这种手法就运用得少。其实任何剧本都不能排斥这个规律。

易卜生的《玩偶之家》也有若干情节运用着发现和突转的规律。原来海尔茂和娜拉都以为彼此是相爱的，海尔茂把娜拉当玩偶，娜拉把海尔茂当敬畏的长者，最后他们互相发现了对方，原来不是自己想象中的样子。海尔茂发现娜拉不是他的"小鸟儿、小松鼠"，居然是威胁他高升和发迹的"坏东西"，这一切使娜拉也有了最重要的发现，就是海尔茂并不爱她，只爱自己，她不过是玩偶而已。这个发现造成剧情的一大突转，娜拉冷静地抛弃了自杀的念头，离家出走了……

发现和突转在戏剧情节中的出现，不仅是作者为了吸引观众而制造的悬念。它是生活现象由渐变到突变的形式，是事物本质在摆脱众多表象之后的暴露。它必须是有生活依据的、合乎性格逻辑且入情入理的。

二、戏剧悬念

戏剧中一些有戏剧性的情节、场面和动作，使观众产生想看下去的情绪，这个神秘地吸引着观众的力量就是"戏剧悬念"。在戏剧冲突中，观众同情的人物或处于不利的处境，或要取得成功还要经过困难的过程，胜负未定，结局未知——这就是产生戏剧悬念的情境。

悬念的出现一般是越早越好，也就是进戏要快。进戏最早的莫如果戈里的《钦差大臣》，它开头一句台词就是市长说："我请诸位来，告诉你们一件极不愉快的新闻；钦差大臣快到我们城里来了。"悬念就产生了，但是悬念的内容和强度观众并不了解。只有在市长逐个把慈善机构管理员、学校视察员、法官、警长以及邮政局长申斥一番，要他们别把市镇弄得乱七八糟的时候，观众才进一步了解到这个城市的官吏们多么腐败，因此钦差大臣的到来使他们怕得要命，这个悬念的内在含义才完整了，悬念也进一步加强和明确了。当观众发现赫列斯塔夫并不是钦差大臣，只是一个纨绔子弟和彼得堡的小官吏时，就期待着更有趣的事件出现，这个戏的悬念就更加强了。

一出戏不是只产生一次悬念，或只有一个悬念，在若干戏剧情节的变化中，会出现许多细小的悬念，或者叫"小悬念"，推动着剧情的发展，牵动着观众的感情，形成全剧的总悬念。但是，总悬念不是听任自然出现的，它是主题所决定的，是作者构思中已经明确的目标，它吸引着许多情节向它奔去。无论多少小悬念，都是为了形成全剧总悬念，推动和发展总悬念所需要的，"总悬念"与"小悬念"的关系可由两方面来分析：

第一，悬念在观众感受中是具体的、感性的、感情的，任何理智的探讨都不能形成悬念。因此，总悬念是由许多小悬念形成的，形成后，它又继续体现为许多具体的和感性的小悬念。

第二，总悬念出现后，仍然要向前发展，要依靠一系列生动的情节来发展，仍然需要许多具体的悬念来丰富，直到戏剧高潮的出现才最后完成和解决。总悬念的出现只是告诉观众路程的目的地，观众还不知道路是怎样走的，只有走完全过程，总悬念才算完成。总悬念的出现说明了"做什么"，至于"怎样做"的过程还是漫长的。

悬念之所以有力量，还在于观众情感鲜明的倾向性。

悬念最后发展到接近高潮的时候，不像进展部分那样，产生许多大大小小的悬念。这时最好都集中在一个焦点上，集中体现在观众最关心的一件事物上，维系着主要人物的胜负和安危。观众迫切想知道那一时刻到来时的情景，担心那一时刻会给人物带来如何的打击。

《哈姆雷特》最后一场斗剑中，克劳迪斯准备了一杯毒酒，并在杯中放下一颗大珍珠做诱饵，想引诱哈姆雷特在斗剑休息时喝下去，哈姆雷特举起杯子又放下，说打完这个回合再喝，王后在观看斗剑的紧张兴奋中，把毒酒喝了下去，这杯毒酒就成为这场戏中观众最关心的一个事物。

悬念一出现就不能让它中断，不能让戏剧情绪跌落下来，这是一般原则。但是，这并不是说剧情一直要紧锣密鼓，不给观众休息的片刻，当舞台上出现紧张的悬念时，观众眼看戏剧危机将爆发出吓人的结果，而作者用新情况把它岔开，把紧张的情节暂时搁置起来，向后推移，表面上看来情绪气氛暂时松弛下来，但它又不是问题的真正解决，是为更紧张的场面的到来做准备，准备更丰富的内容、更充足的力量、更强烈的冲突，这种处理叫作"悬念的搁置"，简称"悬置"。当哈姆雷特把毒酒拿到手，观众的心都提了起来，他又放下了，悬念被搁置在那里，危机依然存在，紧张程度并不削弱。

悬念的一般情况是要在一场戏的结尾处形成一个紧张场面，在悬念中落幕。下一场的开始并不是前一场戏的直接继续，却从另一个情节开始。舞台上出现的不是观众期待的场面，似乎把观众引向一个新的目标，这时剧本要尽快地出现新的矛盾，产生新的更强烈的悬念，这个悬念的严重性和急迫性要压倒前场戏结束时出现的悬念。

紧张中的停顿，不是紧张的中断和消失，而是为更紧张的情节出现的准备。

》 第五节

戏剧冲突

一、戏剧冲突的含义与种类

戏剧冲突就是剧中人物之间的抵触、矛盾和斗争。人物性格和事件的

典型性，剧中内容的深刻与否，都与戏剧冲突有密切关系。

有人说，《罗密欧与朱丽叶》中，花园里凉台相会一场，两个人情投意合，互相倾诉爱慕情感的他们之间没有什么冲突，同样是一场好戏。以此证明，戏剧的动力不是冲突，而是动作和感情。这不足说明戏剧的特点，如果这是一对普通的恋人约会，观众的兴趣就不会那么强烈，而因为他们是蒙太古和凯普莱特两个仇家的儿女，才会产生强烈的戏剧性，他们的相爱将不被环境所容，这环境会给他们的爱情带来不幸与磨难，他们的行动就是对封建宗族割据的冲击，对破坏青年人幸福的封建势力的反抗。这仍然反映着人与人之间的矛盾和冲突，酝酿着危机。

在一出戏剧里，也常常出现人物内心的冲突，它同样是戏剧性的。例如哈姆雷特著名的独白："生存还是毁灭，这是一个值得考虑的问题，是忍受命运暴虐的毒箭，或是挺身反抗人世无涯的苦难，在奋斗中扫清那一切，这两种行为，哪一种更高贵的？……"显然，这时的戏剧冲突发自人物激烈的内心动作。

戏剧冲突一般有三种情况：不同人物之间的抵触、矛盾和冲突，人物与环境（社会的和自然的）之间的冲突，人物自身内心的冲突。一出戏里往往是这三种戏剧冲突都存在，其中不同人物之间的抵触、矛盾和冲突，在任何戏里都应该是主要的。环境对人的压力，人物自身内心的冲突，都从属于人物之间的对立和冲突。当然，也不能忽视描写人物与环境之间的冲突和人物内心的冲突。

二、性格冲突与戏剧情境

戏剧艺术要反映生活，主要是要写出人物来，写出人与人之间的关系和斗争，这种人与人之间的关系不是通过理论上的阐述与论证，而是通过生动的性格之间的差异、抵触、矛盾和对立，不同性格在特定的戏剧情境中相互发生撞击，才构成戏剧冲突，这性格冲突的表现形式是具体的、感性的和个性的。

要写出真实生动的性格冲突，一定要把性格看作一个复杂的社会现象加以分析。成功的作品中，主要人物的性格，都不是那么的单一，只有写出复杂的、社会的人，才能写出真实的和有特色的戏剧冲突。曹禺笔下的周朴园、繁漪、鲁侍萍都有复杂的性格。周朴园诚然是虚伪的，他纪念侍萍的一些做法却出于真诚，这使他相信自己是对得起死者的，当之无愧的正人君子，这些复杂的性格之间形成的冲突，是真实可信的。人物性格的一般化，必然导致冲突的一般化。反之，戏剧冲突写得典型、生动和真实，也有助于人物性格的塑造，但根本的条件，还要在塑造人物上下功夫，作者头脑中的形象必须是鲜明的、行动于冲突之中的性格。

戏剧冲突要赋予具体的、感性的、外部的形式，但不是外部冲突激烈、争吵、打斗、骚乱，戏剧冲突才尖锐和深刻。强调性格冲突，就要在性格之间的差异、抵触和矛盾中，发现和选择那深刻的戏剧动作，有力地体现性格之间的戏剧冲突。《雷雨》里周朴园逼着繁漪喝药的一场戏，有多么尖锐的戏剧冲突。

在戏剧冲突中，性格的矛盾和冲突是根本，戏剧情境是条件，没有性格差异和矛盾，戏剧冲突就没有依据，没有生动的戏剧情境，戏剧冲突也无从展开，戏剧性也就无从出现。

三、戏剧冲突与戏剧行动

好的剧本同样是文学作品，读起来十分感人。但是戏剧创作的过程直到搬到舞台上演出才算完成，它的成功与否不仅在于读者的评价，更主要的是在于观众的评定。因此戏剧创作必须考虑它的演出形式。戏剧动作在戏剧冲突中的作用概括地说有以下两点：

第一，戏剧冲突必须用具体的舞台动作表现出来，舞台动作是戏剧冲突的表现形式，对立的双方在特定的戏剧情境中积极地行动，构成贯串全剧的戏剧动作，它就是戏剧冲突在舞台上的具体体现。有时虽然没有台词，也仍有人物的动作和情感的交流，"静场"和"停顿"也并非真正的静止，而是前面戏剧动作的结果和延伸，是人物强烈内心动作的反映，仍然是人物以自己的舞台动作和戏剧形象创造出来的某种意境。

第二，舞台上的戏剧冲突，是不同性格的人物之间的冲突，观众要了解这一冲突的内容和意义，只能通过对人物的了解。作者必须让观众了解和熟悉剧中人物，对他们产生热爱、同情或憎恶，这就要把人物置于戏剧冲突之中，把人物在冲突中的行动表现在观众面前，他在干什么，想什么，怎样做，都让观众了解到，这样情感的倾向才能产生。

戏剧动作包括外部动作和内心动作，凡是人物的形体动作和语言动作都属于外部动作，它是观众通过自己的感官（视觉和听觉）能感觉得到的东西，观众通过它认识人物、了解剧情。没有个性化和精练的戏剧台词，没有形体动作，剧本的内容再好也是空谈。同时人物的外部动作如果没有充实的内心活动为内容，也只是一些空洞的形式。

准确而生动的形体动作，包含着丰富的潜台词，有时比直接用语言表达具有更大的魅力，说白了反而没有意思。同时好的台词又有很强的动作性，表现人物内心深刻的运动，推动剧情急剧地发展，因此要写出会说话的动作和会动作的台词。

作者必须熟悉把生活素材变成舞台动作的诀窍，要善于让舞台上发生富于动作的事件。不但贯串全剧的基本冲突是尖锐的，而且在它的各个环节上，都有一些包含着矛盾和冲突的戏剧动作。让人物在动作中斗争、行动，表现自己的性格。有的戏基本的冲突是很尖锐的，而中间缺乏表现这一冲突的丰富的动作，使人看来单调乏味。而有经验的作家，能在舞台上组织起具有不同色彩、从各个角度表现冲突的舞台动作，使全剧生活气息浓郁，观众的兴趣始终不衰。

如何选择生动的戏剧动作，哪些是必要的，哪些是可以去掉的，如何把它们组织起来，串联起来，就要研究一下贯串动作的问题。贯串动作是全部人物为了达到自己的目的，采取一系列大大小小的行动奔向一个集中的目标，贯串整个剧本，这样一条动作线像一根链条，把所有的人物行动以及这些行动构成的事件串联起来，成为一个有机的统一的整体。贯串动作包括动作和反动作，它们是对立统一的整体，不可缺一，但是贯串动作中，要串着主要人物的意向，以主要人物的动作线作为贯串动作线中的主线，这样才能达到作者塑造典型、表现主题的目的。作者要明确通过贯串动作、围绕贯串动作来刻画人物和安排情节。这便于使剧本的结构统一。

人物塑造

一、人物塑造是戏剧创作的核心

剧本创作中的情节固然重要，如将它与人物相比较，还得从属于人物。高尔基曾经说过，情节是"某种性格、典型的成长和构成的历史"。这说明情节是由人物的活动所构成的，是围绕着人物性格的发展而展开的。可以说没有人物也就没有情节。

对人物不熟悉，就立即动手去写，那样写出来的戏尽管也有人物形象，但是人物不是生动的，而是干瘪的。观众看了这种戏，只能模模糊糊地记住个故事梗概，不易记住人物，自然更难谈得上受人物和故事的感染，得到什么教育了。当然，不是说情节对于人物的关系完全是被动的。人物要是脱离巧妙、丰富的情节，同样不会是活生生的。可以说，没有了情节，也就没有了人物。两者应是统一的整体，不过人物在其中占据着主导地位。

二、人物形象的塑造

戏剧文学创作中究竟怎样才能塑造好人物形象？

首先要着力刻画出人物的性格特征。尽管这也是一切叙事文学共同的要求，但是戏剧创作对这方面的要求更为强烈。

要写出鲜明的人物性格特征，必须充分地表现人物的个性。在实际生活中，有的人个性表现得十分明显，有的人则表现得不太明显，但个性完

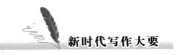

全相同的人却是找不到的。我们写戏就是要在实际生活的基础上，写出各种各样的、活生生的、个性不同的人物来。

人物性格的另一面，即共性。因为每个人虽然都有自己特定的出身、经历、教养，但任何人又绝不可能超乎社会而独立，他总是在一定的社会中生活，他的思想性格必然会被打上社会的烙印。这就决定了独特的个性总是体现着一类人的共性。

在人物性格的刻画上还要注意三个问题：

一是要努力写出人物性格的丰富性。

第一，实际生活中的人，他们的性格往往不是单一的，既有最主要的方面，又有许多其他的方面。

第二，人物性格是在发展成长之中的。

第三，人物性格是存在着矛盾斗争的。

这三个特点不会平均地存在于每个戏剧人物的性格之中，他们可能这方面多些，也可能那方面多些，作者可以表现他性格中主要的方面。

二是要注意塑造典型性格，把个性和共性有机地统一在人物身上。

在具体描写人物的时候，不应当区分哪一笔是写共性的，哪一笔是写个性的，而是要在每一笔中都渗透着共性和个性两个方面。

典型性格是反映和概括一定社会生活某些本质方面，具有鲜明个性特征的艺术形象。

第一，典型性格是指人物必须是一定社会集团、社会力量的代表。

第二，典型性格必须是具有鲜明个性的艺术形象，任何事物都是通过个别反映一般，生活中的人物是各不相同的。人物有内心世界和外部形象两个方面，它们是相互影响又相互区别的。性格主要指人物的内心世界。

第三，要使所有人物的性格台词和动作，都有强烈的时代感，浓厚的生活气息，真实地再现历史和社会的生活面貌。

第四，性格是个积极因素，它不仅受环境的制约，而且还以自身积极的行动，推动着环境的变化，创造着新的环境和条件。因此要以人物关系构成的戏剧冲突为典型环境发展变化的基本内容，使人物的行动成为典型环境发展变化的动力，把人物的行动和环境的发展浑然一体地结合起来。

不只主要人物是典型的，其他重要和次要人物也应该是不同程度的典型人物：

第一，使每个人物都有自己的任务、意向和行动。要使不同的人物，从不同的角度、不同的侧面去共同表达统一的意图。写得好的剧本中每个人物都是不可少的，有的人物不居于冲突的中心，离开了他，戏也可以进行，情节不会中断，却感到少了很多光彩，主题思想的阐发也会被削弱。

第二，注意反面人物的塑造。

第三，注意人物群体的塑造。

三是要写好人物活动的典型环境。

戏剧作品中的人物同实际生活中的人一样，他们都是在一定历史环境和社会关系中活动着的。他们的思想、感情、意志、愿望和他们的一切行动，都要受到历史和社会环境的制约。 什么是典型环境？所谓典型环境就是恩格斯所说的"环绕着这些人物并促使他们行动的环境"，具体来说它包括整个时代、社会、人与人的关系、物质条件和自然条件等因素。在戏剧中，典型环境主要体现在时代背景、规定情境和一定的人物关系中。例如俄国作家果戈理在喜剧《钦差大臣》中所描写的环境就是一个典型环境。

戏剧中典型环境的意义与作用，大体有以下三个方面：

第一，典型环境是产生典型人物的社会的、历史的、政治的客观条件。要想使人物性格生动，形象鲜明，就要求作者对作品所表现的社会和历史的特点了解得深入细致。对社会和历史的本质、主流把握得准确，能为人物设计出具有鲜明历史特点的社会环境，创造出展开人物行动、刻画性格的有利条件。

第二，典型环境是剧中人物在其中生活和斗争的具体环境。这个具体环境包括：时代特点的具体性、人物关系的具体性、戏剧冲突的具体性，这些因素都不能是抽象的、笼统的和模糊不清的。特别是围绕着主要人物展开的，具有深刻的思想意义的戏剧冲突必须是具体的。

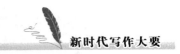

第三，典型环境还表现在舞台美术上的景色、布置所形成的舞台气氛上。布景、灯光、道具、服装、音响等等，所有舞台上的物质设置，都能体现时代的气氛，为表现环境和塑造人物形象服务。

要精心写好人物的语言和行动。在戏剧中，人物的性格特征、心理活动等只有通过他们在舞台上的行动和语言来表现，观众也只能通过舞台上人物的行动和语言来理解人物。

语言实际上可看作人物行动的一种表现形态，当戏剧人物为了做什么而说什么的时候，语言就成了整个行动的一部分。戏剧人物的语言如果是富于行动性的语言，那就是有利于刻画人物思想性格的语言，这样的语言与行动具有同样重要的意义。行动和语言是戏剧塑造人物既有区别又有联系的两种不可缺少的手段。

剧本还要通过戏剧的矛盾冲突来刻画人物。矛盾冲突是构成戏剧的基础，一个剧本的社会意义，也是由戏剧的矛盾冲突的性质所决定的。人物的行动和语言只有在一定的矛盾冲突之中，才会有根据，才能显示出它们特定的意义。人物的思想性格只有在矛盾冲突中才能得到最深刻、最清晰的刻画。

三、人物的设置

人物设置中的几个问题：

第一，就是人物多少的设计。人物要尽量少些，这样介绍人物关系、交代人物历史、经历的戏就会少些，戏份可以更集中精练。

第二，人物关系的设计。它可以使戏剧冲突更强烈，也可以为表现人物性格创造有利条件。常见的人物关系的设计中，一种情况是人之间血缘关系的突显，一种是在平常的人物关系中，由于人物的尖锐冲突，构成特殊的关系。前者不是每个戏里都有的，后者是任何一出戏也脱离不了的。

第三，人物外形的设计。人物外形在作者头脑中应该是具体的、生动而真实的形象，应从外表上可以看到人物的精神面貌。

» 第七节

戏剧语言

剧本中的语言有两种："舞台指示"和"台词"。

"舞台指示"是作者为了把剧本搬上舞台而写的一些文字参考材料，包括时间地点的说明，场景的规定与转换环境气氛的渲染，服饰装扮以及对演出节奏和表演幅度等的希望和要求。

"台词"在话剧中主要表现为人物的"对话"。有时为了揭示出剧本的特定环境和刻画人物性格的需要，剧作者还采用了"画外音""旁白""独白"等语言手段。

一、戏剧文学语言的特点

剧本的语言和小说散文的语言有所不同：

第一，小说允许作者以叙述的方式介绍情况，刻画人物，描绘人物……甚至作者可以直接发表议论。剧本就不行，它的语言只限于台词，也就是人物的语言（对话、独白、旁白等），作者不能直接出来说话。剧本中写的舞台指示观众是看不到的。

第二，小说可以不受篇幅的限制，戏剧受演出时间的限制，篇幅不能过长，一部六七万字的剧本就是多幕剧了。

第三，小说是读的，看不明白可以翻过来再看，戏剧是演的，看不明白不能倒回来再看，这一特点，自然也反映在对台词的要求上，台词要清楚、明白，不含糊。

戏剧对语言艺术的基本要求，归纳起来，主要有三条，即戏剧语言的动作性、性格化和口语化。

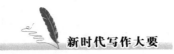

（一）台词要富有动作性

戏剧艺术的表现力主要是利用语言和动作来完成的。在舞台上，动作和语言是相辅相成的，把行动化为语言，同时又把语言化为行动。

台词的动作性究竟包括哪些方面呢？

1. 台词应能推动剧情的发展，深入展开剧中人物之间的矛盾冲突。剧本是供舞台演出用的，因此不允许剧情停滞。它要求剧本通过人物的语言和行动很好地揭示矛盾、展开矛盾、激化矛盾，从而使戏剧进入高潮。尽管戏剧语言还有介绍、交代、叙述等任务，但这种叙述性台词，既要用得合乎人物思想性格，又要符合特定人物的行动目的，也要考虑到和后面情节的衔接。这就要求台词能够推动剧情发展，动作性要强。

2. 要善于展示出人物的内心活动。这是运用语言艺术刻画戏剧人物的有力手段。

3. 要与表演艺术相结合，为演员在创造角色时留有广阔的天地。台词的写作就应当考虑到表演，要同表演艺术结合起来。

《日出》的最后，写到女主人公陈白露的毁灭时，仅仅用了不到十句台词：

　　[陈白露把酒喝尽，放下酒杯。走到中桌前慢慢翻着账条，看完了一张就扔在地下，桌前满铺着乱账条。

　　陈白露：（嘘出一口气）嗯。

　　[她由桌上拿起安眠药瓶，走到窗前的沙发，拔开塞，一片两片地倒出来。她不由自主地停住了，她颓然跌坐在沙发上，愣愣地坐着。她抬头。在沙发左边一个立柜的穿衣镜里发现了自己，立起来，走到镜子前。]

　　陈白露：[将左右前后看了看，里面一个美丽的妇人。又慢慢正对着镜子，摇摇头，叹气，凄然地]生得不算太难看吧。（停一下）人不算得太老吧。可是……（很悠长地虚出一口气。她不忍再看了，她慢慢又踱到桌前，一片一片由药瓶数出来，脸上带着微笑，极甜蜜地而又极凄楚地怜惜着自己）一片，两片，三片，四片，……十片。（她紧紧地握着那十片东西，剩下的空瓶当啷一声丢在痰盂里。她把胳膊平放桌面，长长伸出去，望着前面，微微点着头，哀伤地）这一么一年一轻，这一么一美，这一么一（眼泪悄然流下来。她振起精神，立起来，拿起茶杯，背过脸。一口，两口，把药很爽快地咽下去）〔这时阳光渐渐射过来，照在什物狼藉的地板上，天空非常明亮，外面打地基的小工们早聚集在一起，迎着阳光由远处"哼哼唷，哼哼唷"地又以整齐严肃的步伐迈到楼前。〕……

陈白露：（扔下杯子，凝听外面的木夯声，她挺起胸走到窗前，拉开帘幕，阳光照着她的脸。她望着外面，低声地）太阳升起来了，黑暗留在后面。（吸进一口凉气，打了个寒战，回转头来）但是太阳不是我们的，我们要睡了。……

还有一种语言手法叫"潜台词"。"潜台词"原是戏剧表演技巧中的一个术语，它被运用到剧本创作中就是指那些"意在言外"的双关性台词。因为这些台词所蕴含的内容是潜藏于人物内部的一种心理活动，它能唤起观众的想象，凭借自己的生活经验，从那有限的台词里领会它那"无限"的生活内容。而具有不同艺术素养的演员又可对"潜台词"作出独特的理解，强调表现某一个侧面，从而形成自己独有的表演风格。

（二）台词要性格化

台词性格化要注意以下几点：

1. 要时时把握人物的社会职业以及性别、年龄、文化修养等不同情况。

2. 要熟悉自己的人物，不仅要熟悉人物的思想感情，而且还要熟悉人物的声音、语调、习惯用语和说话的神态、手势。

3. 在产生冲突的地方，往往是人物以不同的形式处理矛盾的地方，也往往是台词显露个性的地方。使观众了解人物的历史是必要的，它是人物性格的一部分。在人物扯些家长里短的时候，把人物的过去介绍出来这种方法不能把历史和现实沟通起来。最好的办法还是在矛盾冲突中介绍人物。

4. 要留有余地。一是留给其他舞台手段。戏剧并不只有台词一种手

段，还有动作、表情、道具、气氛以及周围人物的反应等等。台词应该和其他艺术手段相结合，为其他艺术手段的发挥创造条件，而不是代替这些艺术手段，应该充分发挥其他艺术手段的作用，用很少的台词表现极为丰富的内容。

二是留给观众的想象和思考。要相信观众。要把观众当作作者的知己，当作人物的朋友，相信他们是可以理解人物那些简练、含蓄的语言的，只要这些语言是真实地反映出人物此时此刻的内心活动的。观众暂时不理解也是允许的、必要的，观众会从这些人物的行动中，他们之间的交往中，逐渐地认识这些人物的面目，他们舞台行动的目的和含义。

三是留给后来的事件发展。不要让人物一上场不久，就把他要干的事，他对事件意义的了解，全说得那么透彻。有的人物一开头就觉悟很高，说的都是有觉悟的、有理论的、有决心的话，往后发展，不过是重复这样一些名词、概念，唤不起观众新鲜的感觉，越看越没味。

（三）台词要口语化

台词在舞台上往往只说一遍，要让台下的观众一听就明白，对台词提出了口语化的要求。口语化的台词也是要经过作者精心提炼的。

台词口语化，首先要注意语言的简练，多用短句。运用口语化的台词主要为了反映生活的真实。必要的长台词，也要尽可能地穿插、分切。除了一个人在台上独白之外，一般人的长段谈话，中间总有别人的插话、辩驳、支持和反对，这样长话才不显得呆板。而且各种人物对这段台词的反映，也显示了人物各自的性格，同时也从不同角度反映着这段台词的深刻之处。

要会用符合人物心理状态的断续句、半句、破折号等等，用不完整的语言，表现人物激烈的内心活动。有些话是不合语法、不合逻辑的，甚至是混乱的。但有时需要这种语言，因为这种语言是符合人物此时的心理状态的。

但是，舞台上的语言毕竟不是自然形态中的语言。为了使观众明白易懂，口语化的台词还应该注意形象化，多运用比喻手法的形象化的语言，不但可以帮助观众理解台词的内涵，同时，可以加深观众对剧中人物的认识和印象。

口语化的台词还要具有感情色彩。这是因为戏剧语言是从带有情绪的人物在戏剧冲突中自然地生发出来的。人物在充满着感情时说的话是毫无拘束、有声有色的，人物越是激动，他的台词就越是简短、尖锐、生动。

以上三者之间应该有机地结合起来。一句好的台词往往能同时起好几个作用，既能揭示人物性格，又可推动剧情发展，既通俗易懂，又表达了强烈的思想感情。

思考题：

1. 戏剧文学的文体特征是什么？

2. 什么是戏剧悬念？戏剧总悬念与小悬念的关系是怎样的？

3. 什么是戏剧冲突？戏剧冲突一般有哪几种？

4. 为什么说人物塑造是戏剧创作的核心？

5. 戏剧文学创作中究竟怎样才能塑造好人物形象？

6. 戏剧文学的语言有什么特点？

下 编

实用写作板块

第六章

消息

》第一节

概述

新闻是对用于报道新近发生的、为人们所普遍关心的和重要事实的一大类文章体裁的总称。消息是新闻的一种，它是传播数量最大、受众最多、影响最广泛的新闻体裁。因此，我们在说到新闻的时候，其实常常指的是消息。而消息，一般也可看作狭义的新闻。

要了解消息，我们有必要先了解新闻体裁的文体特性。

1. 事实性

新闻是事实的报道，事实是新闻的基础，这是新闻本质的规定性。离开了事实，新闻就失去了存在的基础，成了空中楼阁，无源之水，无本之木，也就没有新闻。"事实胜于雄辩"。事实最有力量，用事实说话，是新闻的本质特点和写作要求，也是新闻的生命之根和优势所在。

2. 真实性

真实就是新闻的生命。新闻报道必须真实准确地反映客观事实。江泽民同志1989年11月28日在新闻工作研讨班上所作的《关于党的新闻工作的几个问题》中指出："新闻的真实性，就是要在新闻工作中坚持党的一切从实际出发、实事求是的思想路线。我们坦率地指出新闻工作的阶级性和党性原则，因为我们新闻工作的阶级性和党性同新闻的真实性是一致的。"

新闻真实包括：事实本身完全真实，引用各种材料要真实可靠，反映角度的真实。

3. 时效性

新闻对变动中的客观现实反应迅速，能及时报道新近发生或发现的事实，向读者提供多方面的新信息。迅速及时，讲究时效，这是广大受众对新闻的迫切需要。如果反应不迅速，不讲求时效，没有新鲜事实，新闻也就不成为新闻了。所以，一些重大事件，不但要发今日新闻，甚至几分钟之内就要抢发新闻。

4. 简短性

短是新闻的鲜明的特色。篇幅短了，在有限的版面和有限的时间里，可以多发新闻，传递更多的信息，可以扩大报道领域，丰富报道内容，更好地发挥新闻的作用。同时，短也有助于快。新闻写得冗长，需花费较多的时间，自然也就快不了。

消息作为新闻体裁的一种，它的本质特性当然也与"事实""真实""新近发生的""时效""简短""报道"密切相关。消息甚至还有"捉活鱼"的说法——在时效性和简短性的要求上，是所有新闻体裁中最严格的。因此，综上，我们可以将消息的定义概括为：消息是以简要的文字迅速及时报道新闻事实的一种新闻体裁。

根据写作特点，消息可以分为动态消息、综合消息、述评消息、特写消息、人物消息等。

一、动态消息

动态消息是报道事实最新发展状态的消息。动态消息所报道的多是一个人、一件事、一个点，尤其是突出"何事"，主要是告诉读者发生了什么事。动态消息属于传播发展变动中的事实"动态"的浅层次报道。但是，它能及时地反映国内外重大事件及社会生活中的新情况、新变化、新成就、新动向等等。动态消息写作时以叙述为主，概述事实是其基本特色。一般文字简短，常常只有三五百字，内容集中单一，表述直接朴实，

语言简洁明快，信息性强。

二、综合消息

综合消息是把一个时期内发生在不同地区或单位的具有类似性质又各具特点的新闻事实组合起来，让它们从不同侧面去阐明一个共同的主题，反映全局性的情况、成就、趋势或问题的消息。综合消息纵览全局，报道面广，它既有"面"的情况的概括，又有"点"的典型材料的叙述，点面结合，能给人较为完整的印象。

综合消息具有宏观性和综合性。它通过对诸多事实的综合报道体现事物的发展规律和本质特征，所以也称"组织性新闻"。

三、述评消息

述评消息，也叫记者述评或新闻分析，是对新闻事实发表适当议论的消息。常用以分析形势，或针对某种思想倾向，或针对实际工作中具有普遍意义的问题，发表意见和看法。一般来说，述评消息都以报道事实为主，但又以评述事实为最终目的。它基于新闻事实向读者传递"观点信息"，从文字篇幅上看，往往述多于评；从内容分量上看，则是评重于述。

述评消息从内容上常见的有形势述评、思想评述、事态述评、工作述评四种。

四、特写消息

特写消息往往用简笔勾勒的方式描述某一重大事件中某个富有特征的片段，或某些重要和精彩的场面，集中突出地放大新闻要素中的"亮点"，类似电影、电视中的"特写镜头"。它注重形象或细节的特写。近几年来我国新闻界提倡的现场短新闻、目击式新闻、视觉新闻等，大部分属于特写消息。

五、人物消息

人物消息是报道显著性人物的事迹或状态的消息。目前它在报纸上运用得比较广泛。人物消息所写的事实必须有一定的典型性和新闻价值、宣传价值，一般以报道正面人物为主，如黄继光、雷锋以及孔繁森、徐虎等英雄人物或先进人物，最初都是通过人物消息报道出去的。

》 第二节

消息的文体特征

在新闻体裁中，消息的文体特征比较突出。表现在：

一、消息可以采用多行标题

标题是消息的"眼睛"，也是消息的"窗口"。它在报刊上通常以醒目的形式刊出，它揭示着消息的内容，概括消息的精华，反映消息的信息，揭示事实的本质，是报纸吸引读者、引导读者的重要手段。消息的标题可以包括主题、副题、肩题，它们以不同的配置组合形式，承担着"传"消息之"神"的功能。

（一）消息标题的种类

1. 正题。也叫主标、主题，是标题的主要部分，是最引人注目的。正题一般用以点明新闻中的主要事实和思想。

2. 肩题。又称引题或眉题，位于正题的上面或前面，是正题的前导，与正题搭配才能存在。常用于揭示意义、交代背景、说明原因、烘托气氛。

3. 副题。又称子题、辅题或下副题，位于正题的下面或后面，是正题的后续，用于补充、解释正题，或补充交代新闻中的次要事实、具体细节

等，说明正题的依据、结果或其中的某些新闻要素，起印证正题的作用。较之引题，副题呈现的事实比较具体实在，着眼细节。

（二）消息标题的配置方式

1. 完全式标题

这类标题，既有主标题，又有肩题和副题。这种配置多用于报道重大事件，重要因素较多的消息。例如：

（肩题）习近平给中国农业大学科技小院的学生回信强调

（正题）厚植爱农情怀练就兴农本领　在乡村振兴的大舞台上建功立业

（副题）在五四青年节到来之际向全国广大青年致以节日的祝贺

2. 主肩式标题或主副式标题

主肩式标题由主题和肩题构成。例如：

（肩题）北京首个宅基地改革试点项目开始交付

（正题）800余户村民实现"安居梦"

主副式标题由主标题和副标题构成。例如：

（正题）环北部湾广东水资源配置工程全线施工

（副题）建成后将系统性解决粤西四市水资源短缺问题

3. 单行标题

即只有一个主标题。例如：

告别"同命不同价"！

一个好的消息标题不仅要揭示新闻事实的内容，还必须有很强的表现力、感染力。为此，在标题制作时，应注意准确地概括消息的内容，简洁明了地传达消息的内涵，运用各种表现手法、修辞手法，把标题写得生动些、形象些。

二、消息一般都有消息头

刊登在报纸上的消息，开头一般会冠以"本报讯"或"××社××地×月×日电"的字样。这就是消息头。它是消息这一文体的标志，有"讯头"与"电头"两种。

标有"本报讯"这类字样的，即讯头。它表明消息是通过邮寄或书面递交的形式向报社传递的。报社通过自身的新闻渠道所获得的消息，一般都标明"本报讯"。

标有"××社××地×月×日电"字样的，即电头。它表明消息是通过电报、电传或电话等渠道向报社传递的。如"新华社北京4月7日电"。电头由发布新闻单位的简称、发布新闻的地点和发布新闻的时间三要素构成。其顺序不可颠倒，要素不可缺少。

三、消息有相对稳定的、独特的结构成分

（一）消息的导语

消息导语，即消息的开头部分。一般是指开头部分的头一句或几句话，或第一个自然段。所有文章都有开头，也都叫"开头"，而消息的开头称为导语，这是一个专业名词，它体现了消息作为一种独特的文体，其开头的一些特殊的要求。

导语在消息的写作中是非常重要的，重视并研究消息导语的写作，历来是新闻工作者的一个重要任务。导语的撰写能力通常作为考查记者的主要标准之一。一般来说，一条优秀的新闻导语主要具备下列要素，一是开启全篇，能吸引读者；二是能抓住事物的本质，包含并突出新闻中最有新闻价值的内容。

下面介绍几种常见导语：

1. 叙述式导语

叙述式导语，就是用叙述的方法，或概括叙述新闻的整体事实，或直接简要叙述新闻中最重要的事实要素。叙述式导语与新闻用事实说话的要求相适应，简练、明白，与新闻全文的文字也容易协调一致，是目前最常用的写法。

概括叙述新闻的整体事实，往往简明扼要，综合概括整体事实，让受众对所报道的内容先有个大概的了解。如2023年5月4日《中国青年报》刊登的新华社消息《厚植爱农情怀练就兴农本领　在乡村振兴的大舞台上建功立业》，其导语是：

中共中央总书记、国家主席、中央军委主席习近平近日给中国农业大学科技小院的同学们回信，提出殷切期望，并在五四青年节到来之际，向全国广大青年致以节日的祝贺。

直接简要叙述新闻中最重要的事实要素，往往直截了当，摄取重要的、具体的事实要素，用语简练明快。多用于事件性消息和内容单一的非事件性消息。比如，消息《环北部湾广东水资源配置工程全线施工》的导语：

记者从水利部获悉：截至目前，环北部湾广东水资源配置工程沿线已开工建设的工区达48个，工程设计、监理、施工、管材生产、检测等43家参建单位全面进场，约3000人、460多台大型机械设备进场作业，工程进入全线施工阶段。

2. 描述式导语

描述式导语，就是在导语中运用白描的手法，以简练形象的语言，将消息中富于典型性的细节、突出的现场情景加以再现，使导语生动、形象，增加现场感。

描述式导语所呈现的不一定是新闻事实的主体，很可能只是主体事实的一个有力的侧面，但它能够将读者引入消息的主体，并对消息主体起到印证、支持的作用。例如《新线上的新乘客》（新华社1956年8月4日讯）的导语：

福建邵武县城丰农业生产合作社的社员李恒金最近第一次坐火车到邻县光泽去。他带着卖了一头大肥猪的钱，在那里买回了两头小猪和一些农药，还给老婆孩子们买了一些花布。这些东西的价钱，都比通火车以前便宜了。

导语给读者很强的现场感，以一"图"窥全貌，为报道的主要内容埋下了重要伏笔。也有描写生动传神的典型情节和特写镜头的，例如：

本报讯 多么威武神气的猫头鹰！一对大眼睛正在扫射着什么，翅膀微微耸起，看来它准备振翼飞扑过去，抓住那狡猾的大田鼠。这只用棕榈树桩因材施艺而雕琢成的猫头鹰，最近飞越太平洋，在美国旧金山"中国上海民间艺术展览"上栖息。

上述这条导语以特写手法突出了展览中最易引起读者兴趣的一个镜头，写出了作者对猫头鹰的观感，化静为动，虽只集中描绘了一件展品，却有力地透露了整个展览的精湛丰美。

3. 评论式导语

评论式导语是对消息所报道的主要事实进行简要评论，揭示其内涵和重要意义，增强宣传效果。这类导语夹叙夹议的写法对所报道的新闻事实进行评论，说明其意，能突出新闻事实的意义，凝练和升华新闻的主题，从而充分发挥新闻的指导作用。

如2023年6月12日《哈尔滨日报》第4版刊登的《善用"加减"法保护

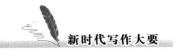

黑土地》的导语：

　　本报讯　（兰雪迪　记者　张大星）近年来，延寿县坚持因地制宜、多措并举保护黑土地，不仅实现了粮食稳产增产，农民稳定增收，还走出了一条循环农业可持续发展的新路。

　　要注意的是，消息是要用事实说话，不宜滥发议论，要充分相信受众的理解力和认识水平。只有当一些新闻事实的深刻含义远非广大受众所能一下子领悟时，才有必要采用评论式导语，运用时要避免记者直接公开地发表议论，而力求让消息中的人物出面说话。这样，既可体现记者的观点或倾向性，其本身又是一种新闻事实，更符合新闻写作的规律。

（二）消息的主体

　　消息，除简讯之外，一般都有"躯干"，就是我们现在要介绍的主体，也可称它为消息的正文、消息的展开部分。

　　在消息中，导语把最重要、最新鲜、读者最感兴趣的事实概括了出来，但是就这条消息所要报道的整个新闻事实而言，导语的叙述只是提供了事实的轮廓或某个细节，这条消息所承担的报道新闻的任务，还要靠主体、结尾以及背景协力来完成。那么，主体在消息中起什么作用呢？

　　1. 注释导语，使消息清晰。导语引出主体，在主体中叙述更充分的、典型的、有说服力的事实，使导语所提供的事实轮廓或细节变得更加清楚、详细，以满足读者深入全面了解新闻事件的要求。

　　2. 补充导语，使消息完善。主体可以提供新的事实，对导语中未提到的新闻要素和有关材料加以交代，以保证新闻事实的完整性。

　　3. 较完整表现新闻主题思想。主体是进一步有层次地展开新闻事实，可以使新闻发挥出更好的报道效果，彰显主题。

　　4. 照应导语并为必要的结尾形成条件。

　　以上的主体功能中，最重要的是前两条，即注释导语和补充导语。一般情况，补充和注释作用交叉运用。

在一条消息中要更好地实现主体部分的作用，写主体部分要努力做到围绕一个主题取材，选材精当，剪裁合理；注意变换角度，切忌重复导语；层次分明，分段恰当。

（三）消息的背景

背景也是一种事实。在消息报道中，我们除了报道新闻事实本身外，还常常要涉及与新闻事实有关的某些事实。消息背景指的就是消息报道中与新闻事件发生密切相关的历史、环境、社会等相关因素。消息中的背景没有固定的位置，往往穿插于消息主体之中，大多数存在于导语后展开的段落中，也有的存在于导语与结尾中。

背景材料在消息中可以突出主题，可以说明原因，可以传播知识，可以借以摆出看法，表明观点等等。从功能上，消息中的背景可以分为对比性背景、说明性背景和注释性背景三大类。

1. 对比性背景——指能与新闻事实形成某种对比的材料，如拿过去和现在对比，正确和错误对比，先进与落后对比，这地与那地对比等，以突出新闻事实的意义，深化作品主题。

2. 说明性背景——是用来说明和解释新闻事实产生的原因、条件和环境，介绍政治背景、地理背景、历史演变以及人物活动等的背景材料。它能使新闻内容容易为读者所理解接受，使新闻的意义更加清楚突出。

3. 注释性背景——是用以帮助读者看懂新闻内容，增长知识和见闻的背景材料。它通常包括人物出身经历、性格特点，产品的性能、使用方法，名词术语，科技知识的解释等。

（四）消息的结尾

结尾是消息的有机组成部分。一条好消息，要有好的导语，好的主体，要很巧妙地交代背景，也要有一个好的结尾。

消息结尾的写法，比较常见的有以下几种：

1. 总结式——把新闻的内容作一个概括的小结，点明事实的意义，给受众一个完整、深刻的印象。如1983年11月13日《光明日报》消息《（引）

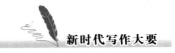

著名植物学家方文培教授考察查明（主）我国是杜鹃花的故乡　种类为世界之冠》，其结尾为：

这次考察的一个重大收获是：彻底改变了我国杜鹃花研究工作的落后面貌，进一步证实了中国杜鹃花在世界上占有特殊重要的位置。

2. 诘问式——报道完新闻事件后，对新闻事实所提出或揭示的问题，提出追问或反问，以引起注意，促使问题得到更好解决。比如，新华社1979年9月5日电讯稿《当官不与民做主，不如回家卖红薯》，这则消息报道豫剧《唐知县审诰命》在京演出获得成功，结尾处提出问题：

一些观众说，这出戏真好，给人以启发。我们一些在领导岗位上的同志，是不是可以向唐成学一点什么？

3. 展望式——写出当前事实的发展趋势，引起人们的关注。比如1988年5月9日《河南日报》刊登的《书记取消厂长预备党员资格　厂长又将书记夫妇辞退出厂》的结尾：

据悉，二内燃厂领导班子的问题已引起市委、市政府的高度重视，有关部门目前正在加紧着手解决该厂的问题。

这条消息曝光该厂的"窝里斗"，对这样的典型报道，广大受众必定关注，想知道其结果，因此，记者写了一个展望式的结尾，把事实的发展趋势告诉受众。

4. 评论式——在结尾中，对所报道的事实进行议论，说明实质，点出主题。1981年10月9日山东电台播出《17名企业领导干部参加考试获得好成绩》的结尾，通过记者对领导干部参加考试的议论，点出了这一举措的深刻意义。

这次考试比赛对企业领导干部搞好业务学习，提高管理水平，是一个很好的推动。

5. 描写式——在结尾时用描写手法，呈现一个场景或一幅画，使读者读完消息留下鲜明的形象，难以忘怀。如消息《美国大兵比卡尼克夫妇成了住房短缺的牺牲品》（合众国际社1936年2月3日华盛顿电），报道比卡尼克一家家境贫困，凑合着搭起来的房子被暴雨后的泥石流冲塌。结尾写道：

在被砸坏的床上，两个孩子并排睡在一起，男孩子用胳膊护着小妹妹。两个孩子头上盖着被单，看来他们在生命的最后一刻想用这床单挡住不断落下来的泥土。

四、消息有相对稳定的、独特的结构形式

（一）倒金字塔结构

所谓"倒金字塔"结构，就是把最重要、最新鲜、最精彩的新闻事实摆在最前面，稍次要的放在其后，按材料的主次排列。一般来说，就是把最重要、最新鲜、人们最关心的、最引人注目的新闻事实放在导语中，而在主体部分，各段内容也是根据重要性程度递减的顺序来安排，即较重要的往前放，较次要的往后靠，不大重要的放在最后面。如下面这条消息：

"零"的突破

新华社洛杉矶7月29日电　中国在奥运会历史上"零的纪录"的局面今天11时10分（北京时间7月30日2时10分）被中国射击选手许海峰突破。许海峰以566环的成绩获得男子自选手枪冠军，夺得了本届奥运会的第一块金牌。

中国体育代表团副团长陈先在许海峰获得金牌后对新华社记者发表谈

话说，这对中国运动员是极大的鼓舞。这是中国在奥运会上得到的第一块金牌，实现了"零"的突破，在中国体育史上具有深远的意义。他表示感谢运动员和教练员作出的努力。

许海峰今年27岁，是安徽省供销社职员。他在获得金牌后对新华社记者说，这不是他的最好成绩，只不过是正常发挥技术，他最好的成绩是583环。他表示要不骄不躁，继续努力，争取今后取得更大成绩。①

许海峰以566环的成绩获得男子自选手枪冠军，夺得本届奥运会第一块金牌，也是中国在奥运会历史上的第一块金牌，这一事实是这条消息里最核心、最重要的事实，放在第一自然段即导语的位置。

中国体育代表团副团长陈先的讲话，比夺得第一块金牌这一新闻事实次要，但比许海峰个人的讲话以及许海峰的出身、职业等情况重要，所以放在第二自然段。再次要的，但也是读者感兴趣的材料，依次排列，逐段叙述。

倒金字塔结构一般多用于动态消息，从19世纪末产生以来，一直是消息结构的主要形式。它的长处是：（1）便于记者组织材料，写起来方便顺手，只要分辨新闻事实材料的主次，其结构便可一蹴而就。（2）便于编辑快速选稿、分稿、组版、删节。如果版面不够，删减稿件内容，只要从最后一个自然段开始删去，不必调整段落，不会损害消息的完整性。（3）便于受众迅速掌握全篇的精华，自由选择所需要信息。

当然，倒金字塔结构的缺点也是明显的：（1）把最精彩的放在开头，后面的内容越来越寡淡，难以吸引人把稿件读完，影响读者获得完整的内容。（2）缺乏变化。读者看报，不仅要求新闻的内容新鲜有趣，而且希望形式新奇多变，总是按一个格式写作，总是老一套，也影响读者阅读兴趣。（3）容易造成标题和导语的重复，有些甚至造成标题、导语、主体的三重重复。（4）新闻事件的情节如果比较复杂曲折，读者不易看得明白。

---

① 《人民日报》1984年7月31日第1版。

（二）时间顺序式结构

这种结构也叫编年体结构，它是倒金字塔式结构产生以前各国记者运用最广泛的消息结构形式。它按事情发展的先后顺序，从头至尾写下去，事实的开头就是新闻的导语。事实的结果通常在最后，结果出来了，叙述也就完了。这一情况与倒金字塔式结构相反，故也被称为金字塔式结构。这种写法如同讲故事，它开头一般，随着事态发展，事件高潮逐渐出现，比较适合于故事性较强、以情节取胜的新闻。

时间顺序式结构的优点是线索清晰，与人们"从始到终""有头有尾"的认知次序相吻合。用这种写法，虽然不及倒金字塔式结构简明直截，读者不能一眼就从导语中看到新闻事实的高潮或亮点，但它充满生动性，能吸引读者的阅读兴趣。如消息《两名大学生玩命》：

北京晚报1月24日报道　1月22日下午7时，北大分校物理系18岁学生吴某，与3名女同学到学校附近的铁道边散步。

吴对女同学说，国外常有人趴在路轨中间，火车过后安然无恙。

这时一列火车正巧从西直门方向驶来，吴和一女同学欲亲身一试。他们迎着火车趴在路轨中间。

火车司机发现后，立即采取紧急制动措施。车头和一节车厢从他们上面驶过之后停了下来。

女同学从车下爬出，侥幸留下了性命。吴某却没出来。他的颅脑受到严重损伤，已经丧生。

编年体结构也有其缺点，即消息中最重要的部分难以让读者一目了然，它可能淹没在长篇叙述之中，读者非得耐心读完全文，才能了解事件真相。为此，作者在行文中一定要注意生动性，努力在一开头就吸引住读者。

（三）混合式结构

这在我国是用得最多的一种消息结构形式，就是把倒金字塔式与时间

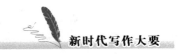

顺序式两种结构形式结合起来，又称双塔式消息结构，具体写法是：导语或开头部分往往用倒金字塔式，导语之后，主体和结尾部分，则用时间顺序式，完全按事情发展顺序来展开叙述。

用时间顺序式结构写消息，脉络清晰，条理分明，但导语难以开门见山。倒金字塔式的消息，导语直截了当，能吸引读者，但给人的印象是记者把整个新闻事件"打乱后"叙述的，读着总觉得不顺，读者要经过自己的脑子才能理出事件的头绪来。这种混合式结构的好处，就是"中西结合"，既可使人产生开门见山之感，又可使人有一种具体、细致、完整的印象。

>> 第三节

消息的写作技巧

一、一则消息一个焦点

人物新闻和人物通讯都要求见人见事，通过人物的行动表现人物，写出人物的思想和个性，表现出人物的精神面貌，但在材料的使用上，人物通讯是以丰富见长，人物新闻则是以精取胜。人物新闻必须简明短小，不能用丰富的细节和曲折的情节，在较深广的背景上充分地展示一个人物的品德和情操，它只能突出人物最有新闻价值的一件事情或一个行为、一个侧面，这样才能用很少的文字表现人物。请看下例：

一位99岁农村老奶奶的遗言

今年1月，新城子区新城子公社道树子大队99岁的傅永昌老奶奶病倒在炕上，经治疗不见好转，家里人忙着为她准备后事。这时，老奶奶反复对儿孙们说："人家大干部死了都火化，咱这普通老百姓怎么不能呢？我死后别埋土堆里了，火化吧。骨灰也别留着，撒在地里就得了，起坟占地碍事，有啥好处。"

老人家逝世后，家里按照她的遗嘱办了。村里人都称赞老奶奶是位开明的老人。[①]

这条100多字的消息，主要写了老奶奶临终前的几句话，便展示出了一个经历了几个时代的农村妇女的精神境界。这几句话既表现了她向先进学

---

① 《全国短新闻选》第251页。

习的觉悟，也表现了她为后人着想的襟怀，令人肃然起敬。

人物消息的写作，一定要选取人物、事迹中富有新意的、最精彩的一件或少量事例，如需要交代人物的背景材料，也是简单交代几笔。

二、事实结合介绍

人物消息要介绍人物于叙述事实之中，使人物介绍与事实融为一体。

人物消息往往需要简要地介绍人物的经历、文化、职务等等，因此有些人物消息就出现了"履历表"，大量堆积与主题或叙述事实无关的历史材料。人物消息中对人物某些方面的介绍要和叙述事实紧紧结合起来，不能为介绍而介绍。请看《光明日报》刊登的《杨善卿坚持10年办露天英语班》中，对人物杨善卿的介绍：

天色微明，凉亭旁的空地上，一个两鬓苍苍、精神矍铄的老叟正在高声朗读英语，同时做着形象化的动作。他的四周站着五六十个身倚自行车、手持课本的人……

这就是中国民主促进会会员、武汉第六中学老教师杨善卿开办的露天英语班。这个不收学费的英语班，已在这里经历了10个春秋，先后有400多人到此求学。

被人们誉为"社会园丁"的杨善卿，现年65岁。这个具有42年教龄的中学二级教师，现在还担负着3个高中班的英语课。他每天4点即起床，跑步四五华里到滨江公园，先练一套剑术，6点15分开始义务讲课。通常讲一个小时，节假日延长一倍。从1972年开始，他在这个露天课堂里，先后讲授了英国版"英语基础"1至4册、《英语会话九百句》、《美国故事一百篇》，以及大学英语专业教科书3至5册。

杨善卿40年代初毕业于四川大学外国文学系，他的文学素养和英语底子都很深厚，讲课生动有趣，富有魅力。然而，露天课堂10年不散的奥秘还在于他的诲人不倦。

以上对杨善卿的职务、年龄、经历、文化的介绍，和叙述新闻事实紧密结合，融为一体，没有给人为了介绍而介绍的感觉。

三、多用动词写动态

动词是传神写照、表情达意最重要的词汇，它能具体、准确、形象地描绘动态、传达信息。美联社在语法和用词的规定中，就要求记者们"牢记一个句子中至少有一个实体动词，这个词应该是句子中最重要的词"，并要求他们"尽量少用"形容词。

在汉语言里，意义相近的动词很多。但是，在一定的语境下，最准确、最达意的只有一个。在消息中，既要多用动词，更要精心选择准确的动词。唯其准确，才能传神，才能绘好动态。这里要注意的是，传神的动词，并不是什么玄妙生僻的词，恰恰相反，都是人们熟悉的现成词，关键在于是否运用得准确、恰当。比如下面这篇消息：

滕义智取刘南奎

1平，5平，9平，12平——这是滕义同刘南奎争夺男单前四名之战的开场。滕义久攻不下，比分拉不开，急得用球拍当扇子直扇风，静下心来，灵机一动，他改变了战术，狠逼反手。刘南奎不甘心只推不攻，连连侧身。滕义突然变线，扣杀正手。刘南奎奔跑扑救，放高球，滕义跳起来狠扣。一个放，一个扣，场面自然很精彩，可优势却暗暗转向了滕义一边。拿下一局，再拿下一局，第三局战到20比15时，滕义大吼一声，狠扣命中，终于把夺魁呼声最高的刘南奎淘汰出局。[①]

这条新闻不过100多字，但是整个比赛的进程，运动员心态的微妙变化，竞技动作的惊险激烈，通过"扇风""静下心""连连侧身""奔

---

① 转自姚里军《新闻写作艺术与技巧》，中国广播电视出版社1994年8月第1版，第138页。

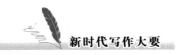

跑""放""扣""吼"等动词有声有色地表现了出来。

四、多用主动语态和进行时态

主动语态比被动语态动感强,还能够突出主要角色。比如"百万雄师横渡长江"这个标题,很有声势,极富动感,"横渡"一词表现了人民解放军所向无敌的英雄气概。如果写成"百万雄师已经渡过长江",不但动感减弱,而且让发出动作的主体——消息的主人公解放军的行为处在被动地位,其声势、气概就全然不见了。

进行时态也比过去时态动感强。进行时态给人以行进中的感觉。因此,当报道处于变动中的具有一定连续性的事件时,常常采取分阶段的报道,反映事件发展中某一阶段的情况。如《长江上游洪峰顺利通过葛洲坝水利枢纽》《长江洪峰顺利通过荆江河段 预计对武汉以下不构成威胁》,便是连续报道。

多用主动语态、进行时态并不是说不能用被动语态和过去时态,在具体写作中,究竟怎么用,要根据内容的需要。所谓多用,指的是凡能用主动语态、进行时态的,不要用被动语态、过去时态。

五、点面结合

消息概括色彩浓厚。但只概述,忽略具体情况的叙述,会使报道内容过于笼统,可读性不强,也难以反映出事实的面貌。所以,消息在写作上应当既勾出轮廓,有面上的概括性,又能具体叙述点上的情况,使读者对所报道的事实既有一个全盘的认识,又能留下具体、明确的印象。点面材料的安排,不拘一格,有的先点后面,有的先面后点,有的面点面,有的点面点,更多的是点面相互穿插。总的原则是结合自然,以深刻揭示主题。比如这篇新华社1984年11月27日消息《北京人的生活节奏在变快》:

近5年,全市新建住宅2100万平方米,相当于前30年所建住宅面积的一半,等于一个旧北京城。

这是面上的概括叙述，接下来马上就是具体事例：

新竣工的北京三元立交桥，是我国目前最大的公路立交桥。这项工程光挖填的土方就达71万立方米，原计划两年建成通车，实际上只花了九个半月。

再比如消息《中国农民的科技意识增强》，既有东北农民的具体情况和具体人的科技意识如何增强的实例，又有全国的情况，点面自然结合。消息先从一个有代表性的地区写起：

今年一入冬，收好粮食放下农具的中国东北农民，纷纷到各种农技培训班里学习科学文化知识，沿袭多年的"猫冬"现象不见了。

接下来又写个人的具体事例：

杨景芬每年都花几百元钱订阅十几种报刊，见到介绍农业先进技术的文章就剪下来，还不断在自己承包的土地上试用。经过多年的积累、试验，杨景芬掌握了十几种适用于当地农作物的栽培、管理及施用农药、化肥的新技术。在她的影响下，她居住的村80户人家，家家都掌握了几门新技术。

然后，通过农业部副部长在一次会上的介绍，很自然地交代了全国的整体情况：

中国目前已投入应用的农业新成果、新技术、新农药、新肥种，90％以上是通过农技推广部门推广到农村千家万户的。1991年，仅种植业方面就组织实施农技推广项目5530项，推广面积15.33亿亩次，增加产值327亿多元。这无疑增加了农民对科技的认识和信任度。

这条消息事例层次丰富，典型扎实，说服力强，能让受众全面、真切地感受到整个中国农村正在发生的这场科技兴农的深刻变化。

六、对比衬托

消息大多反映新动向、新成就、新变化、新形势，或者报道新问题、新经验。要反映新，必然要有旧，为了说明新事物在全局中的发展变化，就不能不采取对比的手法。这种对比，是多方面的，包括新与旧、好与坏、正与反、纵与横、主流与支流、成绩与缺点，等等。对比，就是把两种不同的同类事物或情形作对照，互相比较。

对比衬托能使消息的主题更加鲜明突出，增强消息的说服力。运用这种手法，一定要做深入调查，掌握事情发展的全过程，认真分析、研究，抓住新闻事实的特点，主题要明确集中，切忌贪大求全，面面俱到。选用材料时，既要注意交代过去的情况，又要突出最新事实；既要注意事实发展的连续性，又不能不分巨细地罗列过程。要紧紧围绕主题去选材和剪裁，要特别注意其新闻性，不能写成工作总结或工作报告。

七、夹叙夹议

所谓"综合"，就是要对事实进行概括和提炼，把许许多多的事实组织好，聚在一起。为了突出它们共同所表现的主题，必须对事实进行分析，在表达上就会有叙有议，叙议结合。消息中，叙是基础，是议的生发点；议是提出观点、说明意义、展示趋向等。议要紧扣新闻事实，由新闻事实直接引发出来，要精辟，做到一针见血。

消息不只是描述出事实与现象，更重要的是要透过现象看本质，准确把握生活所蕴含的意义。叙议结合，可以避免综合消息的概括只是停留在某一现象上。

八、富有表现力的细节和片段

好的细节往往诠释着表现对象的特征，是特写镜头所对准的焦点。抓住了这样的细节，记者对重大题材的把握仿佛举重若轻全不费工夫。特写新闻的强化和补足作用在很大程度上表现为能提供读者希望了解的细节。好的细节是最富表现力的。选准了这样的细节，恰如找到了关键的穴位，能于细微处见精神。哪怕是人物的举手投足，或是环境中的装饰陈设，只要能够在读者心中引发出主题性的认识，都可以成为特写性新闻中的一个亮点，增加新闻的可读性。

可见，好的细节所具有的凝聚力、穿透力是十分强大的。中新社播发的中国著名数学家华罗庚在日本讲学时突然发病逝世在讲台上的特写性消息《华罗庚的最后一天》，对他倒下前的情景，有这样一段较为详尽的描绘：

华罗庚教授先用国语讲，由译员译成日语。他感到经过翻译很费时，征得主人同意后，改用英语演讲。华罗庚教授脱下西装上衣，接着又解下领带，兴致勃勃地演讲。

演讲规定的时间已超过，华罗庚问会议主席："我可以延长几分钟吗？"主席点头同意。他圆满地结束了整个学术报告，历时65分钟。这时是东京时间17时16分。

华罗庚教授迎着热烈的掌声走下讲台，迈向轮椅。突然，他从轮椅上滑下来……

读着这段催人泪下的文字，我们像在看录像一样：75岁高龄，此前曾发生过两次心肌梗死的危险、腿疾十分严重的世界著名数学家华罗庚，是怎样在数学讲坛上走完他的生命之路的！他离开轮椅，自始至终站着讲演；他嫌翻译费时间，改用英语讲演；他要求延长时间，把要讲的内容全部讲完……而到这时，他的精力已全部耗尽，走下讲台便倒在了地上。这段用新闻特写极富表现力的细节描述，把华老献身事业、忘我工作的精神，活生生地展示在我们面前，谁读了都深深地被感动。

特写消息是将报道对象镜头化，将笔触集中于一点来刻画事物，因

此，在选材时，它往往不去选择那些时间跨度较大的内容，而是去截取一个生活片段加以表现。特写消息既然是通过一个镜头、一个画面来表现生活，同样得注意选好片段，通过对这一片段的再现，让人们了解事物发展的前前后后，了解更多的象外之旨、言外之意。富有特征的片段无疑是极具包容性的，也就是说它包含的信息量应尽可能地多，它所展示的画面是十分具有典型意义的。

富有特征的片段通常也是事物发展的高潮部分。因为事物发展的各种矛盾在高潮中会得到充分激化，事物的本质在高潮中会得到淋漓尽致的体现。如《羊城晚报》1984年新闻《女排奏捷　场面感人》当中国女排的张蓉芳最后一击，中国队以3比0将美国队打败后，在现场观战的中国代表团顾问荣高棠、路金栋、黄中以及香港知名人士霍英东先生都跳了起来，冲出贵宾席，向中国女排祝贺。中国女排姑娘们兴奋地互相拥抱。

荣高棠大声叫：郎平不要哭，要笑！荣高棠对记者说，相信全国十亿人都注视着这场比赛。女排姑娘们没有辜负祖国人民的期望，出色地完成了任务。霍英东先生说，中国女排太出色了。3比0直落取胜，是最大的光荣。这面金牌分量特别重。

这篇消息报道的不是奥运会上中美女排争夺金牌之战的全过程，构成消息主体的是这场比赛的一个最精彩的片段：在"张蓉芳最后一击"之后。比赛虽然结束了，但从场内的反应来看恰好进入高潮。从场内人们为女排祝捷的言行中，活灵活现了中国女排一球定乾坤之后在人们心中激起的欢快的波澜。它将中国女排的泪水与欢乐，国人与爱国人士的振奋等内容，都交织在这一动人的时刻。

九、白描性的语言风格

所谓白描，是指用简洁和朴实的文字勾勒出鲜明形象的方法。它每一个字都落在实处，很适合要求直截了当写人、简明扼要写事的人物新闻写作。例如《刘胡兰慷慨就义》，全篇紧紧围绕刘胡兰就义时的情景，对人物的动作、表情、问答的描写，干净利落，不枝不蔓。请看下面一段：

阎军问她是不是共产党员，她说："是。"又问："为什么参加共产党？""共产党为老百姓做事。""今后是否还给共产党办事？""只要有一口气活着，就要为人民干到底。"至此，阎军便抬出铡刀，在她面前铡死了70多岁的老人杨桂子等人，又对她说："只要今后不给八路军办事，就不杀你。"这位青年女英雄坚决回答："那是办不到的事！"阎军又说："你真的愿意死？""死有什么可怕。"刚毅的刘胡兰，从容地躺在铡刀下大声说："要杀由你吧，我再活17岁也是这个样子。"她慷慨就义了。

这里用了字字写实的白描手法，有声有色地再现了刘胡兰的英雄形象。

白描的长处是抓住报道对象的特点，如人物最动人、最典型的特征、动作、表情、语言，或人物出现的环境，寥寥数笔，不加烘托，不肆渲染，便活现出一个栩栩如生的人物。

再如消息《一天暴走25公里、逛10个景点　大学生迷上"特种兵式旅游"》，报道当前青年人中流行的"特种兵式旅游"，描述了多个大学生的"特种兵式旅游"的体验，事实丰富多样，但不渲染，不煽情，用笔直白简洁，生动明快。

"北固山去啦，满眼风光的北固楼登啦，英国领事馆旧址去啦，西津渡逛啦，金山也去啦。"趁着清明假期，在南京师范大学读书的田雨灵（非记者亲姐妹，纯属采访奇遇）和同学到江苏镇江游玩，体验了一把"特种兵式旅游"。清明节当天，田雨灵和同学早上8点从学校出发，9点左右到达镇江。

一下车，她们便直奔北固山，爬北固楼，登高眺远，下午打卡镇江博

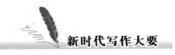

物馆、英国领事馆旧址、镇江商会旧址、西津渡、金山公园、芙蓉楼、江天禅寺等景点。"出发时目标是2万步，结果到下午发现已经超了，晚上到学校看手机发现走了3万多步，25公里。"

除了欣赏风景，田雨灵还品尝了很多镇江小吃：锅盖面、茉莉花味酸奶、芝士蛋黄肉松馅的超大烧卖、青团、烤鸭、炸串、地瓜条、热干面、菠萝、牛肉饼，"当时就觉得为什么我只有一个胃，每一种我都想尝一尝。"镇江的美食让田雨灵念念不忘。"饭饱酒足"之后，田雨灵和同学赶到镇江车站，九点多回到南京，"非常充实的一天，也不觉得累。"

实际上，这次的镇江行还是一场"说走就走的旅行"，出发的前一天晚上12点，田雨灵在社交媒体上看到镇江旅游攻略，看到镇江有《次北固山下》名篇里的北固山，还有白娘子水漫金山的金山寺，被这些景点的历史氛围感所打动，她叫上同学，说去就去，当即做好攻略并买好车票。

来到南京之前，田雨灵一直在四川长大、学习，她告诉浙江在线记者，受疫情影响近几年没有出去旅游过。"现在觉得应该趁着年轻多出去走走，还是学生又有时间，来一座城市不能只读书，要感受它的城市的风土人情和文化底蕴。"有了这一次的镇江游经验，田雨灵已经开始规划以后的出游行程，"打算去滁州，那里有《醉翁亭记》里的琅琊山，还打算去扬州看看大运河，去上海感受大都市的繁华，去杭州看看西湖。"

朴实真切的叙述，远比笼统抽象的概括要有感染力。消息用白描手法，在具体的事迹和人物的话语中，对事实进行简洁生动再现的同时，人物也写活了。

第四节

消息经典案例分析

经典案例一　消息如何用事实说话

17名教师同出一家　40年培养万名山娃

本报讯　（记者　范文龙　李彦水）　5月3日，记者赶到位于太行山深处的平山县卷掌村李书亭家时，这个"教师之家"正在编修特殊家谱——《李家教师谱》。改革开放40年来，老李家共出了17位教师，全部扎根深山，先后培育上万山里娃。

17位教师中，65岁的李书亭资格最老。"我从北冶中学毕业后有仨选择：到乡放映队当放映员，到县交通局当办事员，到乡中当老师。"在李书亭的记忆中，那时乡亲们日子都过得很苦，这让他深深感到"只有学到文化才能挖掉穷根"。于是，他毅然选择了当教师，一干就是40年。

卷掌村村民把孩子的教育看得很重，常说"嘴拱手扒也得供娃上学"。可是在解放前，经济落后，民不聊生，孩子们根本念不起书。解放后特别是改革开放后，乡亲们逐渐过上了好日子，娃们也高兴地背起书包走进学堂。村里尊师重教的氛围日益浓厚。该村150户先后走出35位教师，被誉为"教师村"。这35位教师中，李书亭这家子占了近一半。

记者走进李书亭家堂屋，当地党委、政府颁发的"教师之家"牌匾挂在最显眼处，一尘不染。李书亭说，他的爷爷、父亲、大伯都没文化，很羡慕有知识的人，发誓一定要让下一辈识文断字。孩子们也争气，长大都成了知识分子。他父亲这支，儿子辈出了2位教师，孙子辈出了10位教师。李书亭亲大伯家，儿子辈出了2位教师，孙子辈出了3位教师。17位教师

179

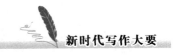
中，有5对夫妻，6位共产党员，5位校长。乡亲们都夸老李家"一代更比一代强"。

言传身教，耳濡目染。李书亭的儿子和女儿都当了教师，儿子李彦子现在是下口镇中心学校校长。"家有半斗粮，不当孩子王。"李彦子说，但那是老话了，"十年树木，百年树人"才是硬道理。他们粗略算了算，几十年来，全家17位教师共培育了上万名山里娃。

"我希望今年考上一个师范类大学。"李书亭五弟李春海的儿子李泱泱正在县里上高三，这个一脸稚气的高中生深受家人影响，希望做李家第18位教师，续写《李家教师谱》。

老李家几十年教书育人，成果不小。李玉法是李书亭教过的学生，当过记者，开过公司。两年前，他毅然回到卷掌村当了第一书记，带领乡亲们搞旅游开发、协调道路修建，昔日的贫困村发生了很大变化。像李玉法一样，受李家教师培养成才后又反哺家乡的不在少数。

今年，中共中央、国务院印发了《关于全面深化新时代教师队伍建设改革的意见》，提出"兴国必先强师"。在李书亭看来，这是教育领域改革的大事件。中央对教育越来越重视，教师地位不断提高，大家坚守三尺讲台、甘为人梯的心劲儿更足了。

▋分析：

我们常常说，用事实说话是新闻写作的基本方法，这里的"事实"指的是新闻事实和背景事实，"说话"指的是隐含在事实中的意见、观念，即指导性、导向性。一条消息为什么感人至深，就是因为切实地展示了事实，让事实在叙述中发挥作用，这就是事实的力量。

如何用事实说话，从这篇消息看：

第一是采编过程。《中共中央　国务院关于全面深化新时代教师队伍建设改革的意见》发布不久，记者深入深山这个教育之家，一一采访当事人、见证人、知情人，多方求证，迅速成文，抢先在一版首家、独家发表。

第二是选材典型。选取一个太行山深处的教师之家为范本，呈现"教师之家"坚持几十年培育上万山娃的感人故事，折射我国改革开放以来特别是党的十八大以来教育事业取得的重大成果，以一个"小家"反映一个国家，分量感、纵深感十足。

第三是手法多样。在呈现事实时，通过现场切入、背景穿插、实例感染、细节融合等手法，既勾勒出"教师之家"不畏艰苦、甘为人梯的历史轮廓，又增强了事实的翔实感和立体感，繁简得当，衔接自然。

第四是将最重要的事实提取出来，实事求是，以一行正题的形式推出，配合以对称、押韵等手法，画龙点睛。

第五是语言十分"接地气"。用乡亲们的语言，把"教师之家"的心声、40年教书育人的成果和党和政府的关怀都一一反映出来，与事实的叙述相映生辉，生动感人，鲜活有力。

● 经典案例二 消息的画面感、现场感，及观点点睛

甘地被刺："巴普（父亲）死了！"

合众国际社新德里1948年1月30日电 莫罕达斯·卡拉姆昌德·甘地今天被一名印度教极端分子行刺身死，噩耗使印度举国上下悲恸欲绝，惊恐不安。

甘地刚被刺，孟买就爆发了骚乱。

这位被人民尊奉为"印度的伟大灵魂"的领袖，于当日下午5时45分（即美国东部时间早上7时15分），在他16岁的孙女玛妮怀中死去，享年78岁。

就在半小时以前，一个名叫拉姆·纳脱拉姆的狂热的印度教徒用左轮手枪向甘地连开3枪，子弹射进了他那由于多年苦行和经常绝食而变得衰弱不堪的身躯。

甘地是在波拉宫的华丽花园中遇刺的。当时在场的有他的1000名追随者。他正带着这些人来到一座小型夏塔前，这里是他经常做晚祷的地方。

甘地穿着平日爱穿的口袋一般肥大的土布印度袍。他在离那座小塔几

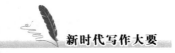

步远的地方遭到枪击。

甘地当即摔倒在地。他用印度教徒常用的双手加额表示宽恕凶手。3颗子弹在近距离射穿了他的身体，一颗命中右腿，一颗击穿腹部，第3颗则射透了胸膛。

死前，他没有说一句话。然而，就在他遭到枪击前的一刹那间，他说："你来晚了。"有的目击者认为，这句话是他说给凶手听的。

这名凶手一直站在花园小径旁，双手合十，做出印度教徒顶礼的样子。然而，他的手心中却藏着一支小口径左轮手枪。他向甘地连开3枪后，又开第4枪企图自杀。然而，这颗子弹只不过擦破了他的头皮。

枪声很像爆炸声响，片刻后，甘地的追随者才意识到发生了什么事情。他们立即像发了疯似的扑向凶手。如果不是警卫人员及时用步枪和刺刀把他们隔开，凶手早被撕成碎片了。后来，警方把凶手带到了保护性拘留的地方。

甘地迅即被抬回波拉宫，放在一张床上。他的头枕在孙女玛妮的双膝上。过了一会儿，她对悲痛的人群——其中有印度总理潘迪特·贾瓦哈拉尔·尼赫鲁——说："巴普（父亲）死了！"

这时，玛妮站立起来，又盘膝坐下去，坐在这位伟人的遗体旁——这位伟人为和平与人道的事业献出了自己的生命。玛妮念诵起流传两千年之久的印度教经文。

圣雄甘地被刺的消息有如春风野火，迅即传遍印度。消息传到了孟买，那里立即爆发了骚乱，印度教徒向穆斯林发动攻击。一位吓得惊慌失措的穆斯林妇人喊出了她的千百万同胞的心声："真主啊，拯救我们吧！"

在夜幕和迅速积聚的忧伤所笼罩的新德里，这个消息使人们走上街头。

他们缓缓地迈着步子走上大街，离开摩肩接踵的市场，在波拉宫会合了。成千上万的人站在那里，有的小声抽泣，有的号啕大哭。有人设法从高墙上爬过去，希望最后看一眼这位圣雄。大批军队也赶来维持秩序。

当晚，在人民群众的一再请求下，终于让他们瞻仰了甘地的遗体。

波拉宫阳台的窗子被打开了，有人把甘地的遗体抬了出来。当遗体被安放在椅子上，面对人群时，人们像潮水般涌向前去。明亮的探照灯光，照射着甘地满布皱纹的宁静的褐色面容。他那血迹斑斑的长袍，被人用一块白布遮盖起来。

在波拉宫内，悲痛和哀悼至少暂时弥合了印度各宗派间的分歧，悲伤把印度教徒、穆斯林和锡克族人融为一体。

然而，忧心忡忡的人们因孟买发生暴乱而更加恐惧。他们担心失去了圣雄，无人能控制民众的狂热，整个印度就会陷入混乱。

（詹姆士·马柯）

▌分析：

这是一篇叙述、描写、评论兼备的综合新闻。莫罕达斯·K. 甘地是印度民族运动的伟大领袖，一生主张博爱、人道和非暴力抵抗，提倡社会改良，被印度人民尊为"圣雄"。他的被刺，在印度人民中引起极大的震动。合众国际社记者詹姆士·马柯写的这篇综合新闻，把悲剧发生时笼罩在印度的悲痛和慌乱的气氛，相当成功地表现了出来。记者在运用概括性语言叙述新闻事实之外，还花了不少笔墨来描写人物形象。圣雄甘地是他着力刻画的主要对象。"一个名叫拉姆·纳脱拉姆的狂热的印度教徒用左轮手枪向甘地连开3枪，子弹射进了他那由于多年苦行和经常绝食而变得衰弱不堪的身躯"。这一句不但叙述了新闻事实，而且具有很强的修辞效果：3颗子弹射入的是一个如此衰弱的身躯！紧接着，消息描写了甘地被刺时的衣着和体态："甘地穿着平日爱穿的口袋一般肥大的土布印度袍。"在这里，消息进一步突出了甘地作为印度民族运动领袖，对自己所信奉、宣扬的哲学身体力行的形象。然后，消息描写了甘地被刺后的形象："甘地当即摔倒在地。他用印度教徒常用的双手加额表示宽恕凶手。"一个身中3弹的瘦弱老人倒地后的第一个举动，竟是以手加额宽恕敌人！然而，记者并没有到此为止，他对耀眼的聚光灯下的甘地遗容，又作了具体的描写："明亮的探照灯光，照射着甘地满布皱纹的宁静的褐色面容。他那血

迹斑斑的长袍，被人用一块白布遮盖起来。"记者正是通过对甘地被刺时、被刺后和死后的几种形象的描写，将一个伟大的捐躯者的形象呈现在读者面前，从而使这条消息产生了感人的力量。

记者在这篇综合新闻中，还运用叙述与描写相结合的手段，为读者提供一些其他的形象轮廓：狂怒地扑向刺客的甘地信徒们，吟诵印度教经文的甘地孙女玛妮，孟买惊恐的妇女的哭喊，新德里满含热泪的群众，波拉宫外试图最后看上圣雄一眼的攀墙者，等等，虽然着墨不多，但留在读者脑海里的印象却都是具体、生动的，而不仅仅是那些"悲痛""哀伤""恐慌"之类的抽象字眼。在这条消息中，还有记者对甘地的评论："这位伟人为和平与人道的事业献出了自己的生命。"也有对于他死后印度政局和各派势力的估计与预测。这是述评："在波拉宫内，悲痛和哀悼至少暂时弥合了印度各宗派间的分歧，悲伤把印度教徒、穆斯林和锡克族人融为一体。""然而，忧心忡忡的人们因孟买发生暴乱而更加恐惧。他们担心失去了圣雄，无人能控制民众的狂热，整个印度就会陷入混乱。"总之，这篇综合新闻，熔叙述、描写、评论于一炉，绘声绘色，情文并茂，感染力很强，给读者留下了深刻的印象。

》 第五节

小结

消息是新闻体裁中使用最广泛的文体。我们在说新闻的时候，很多时候指的其实就是消息。真实是新闻的生命，更是消息的生命。消息要在客观公正的立场上报道有新闻价值的事实，它不容虚构，也不容夸张粉饰，而且，它还必须快，要捉"活鱼"。为此，消息发展出了它独有的写作技巧和结构。比如直接概括事实的标题，比如导引全文内容及指向的导语，比如内容排列依重要性递减的倒金字塔式结构，等等。实践证明，这些消息写作中的经典手法和结构，确实很好地承担了消息迅速及时、客观精要地报道新闻事实的文体职责，是值得我们学习、坚持并发扬的。

一、辨析并解释下列概念。

新闻　消息　导语　主体　倒金字塔式结构　金字塔式结构

二、认真留意最近一周的校园生活，找寻有新闻价值的事实，自由选材，写一篇600字左右的消息。

三、案例分析。

阅读下面这篇消息，结合消息的文体特征进行赏析。

"复兴号"在西藏通车引起各族群众欢呼和赞誉
"这是我们新的团结线幸福路"

本报拉萨6月25日讯　（记者　王菲　张猛　王珊　胡文　常川　蒋翠莲　王莉）"复兴号"开进西藏了！全区各族人民欢喜、雀跃、沸腾，他们把通车的大新闻融进谈资里，晒在朋友圈，写进歌词中……在站台候车的人们，和"复兴号"亲密合影；在田间劳作的人们，向疾驰而过的"复兴号"挥手致敬……西藏进入动车时代，人们的幸福放在心里，写在脸上；党的光辉照边疆，也照映在人们的笑容里。

"你看，我水杯的水这么满都没洒出来，这还是一次性杯子哦，说明车辆运行很平稳。"首发列车上，藏族小伙琼达从拉萨坐到林芝，说着"复兴号"的初体验。记者抬头看了看，当时列车时速160千米，却平稳舒适。据了解，拉林铁路无缝线路焊接采用了国内先进的移动闪光焊技术，为每个焊接好的焊头建立起独有的"信息档案"。焊接好的钢轨，将通过应力放散锁定、大机精捣、线路精调等作业，最大限度提高行车面的平顺度。

"拉林铁路开通后，我回拉萨就方便了！"一大早，家住林芝市巴宜区的索朗群培就用手机浏览着林芝—拉萨的火车票信息。索朗群培

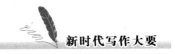

老家在拉萨市当雄县，以前回拉萨都是乘坐公共汽车，从林芝到拉萨要花5个多小时，再加上公共汽车有些拥挤，每次到拉萨都会有点头晕目眩。"动车开通了，从林芝到拉萨才3个多小时，不仅速度快而且舒适度高。"索朗群培乐呵呵地说道。

林芝市民卓玛爱好旅游，当通车的消息传来，卓玛就和朋友开始计划"动车之旅"了。"我和朋友们很喜欢到处旅游，如今拉林铁路开通，沿途有多个景点，我们计划一个个打卡，在西藏，坐着动车去旅游也会成为一种新时尚！"

"在山之南，在那藏之源，雅鲁藏布，奔腾在天边。一声汽笛响彻雅江两岸，川藏铁路穿越大美高原……"一曲优美的旋律为拉林铁路开通而吟唱。自治区歌舞团创研室主任、国家二级编剧、知名词作家刘一澜和团队创作的《边疆儿女心向党》歌曲在通车之际制作完成，以铭记这个伟大历史时刻。他说："我们用歌词抒写伟大的新时代，用歌曲讴歌伟大的党和伟大的祖国！"

林芝市委宣传部新闻科负责人吕金朝说："看着列车进站，我非常激动，林芝人民可以通过坐火车去外面看看了。我们的'工布文化''红色文化''茶文化'等，都可以通过铁路传播得更远更广，也可以吸引更多的游客来到林芝，群众增收致富的路也将进一步拓宽。"

"这是我们新的团结线、幸福路！"自治区社科院（联）一级巡视员程越表示，拉林铁路建成通车，不仅结束了藏东南不通铁路的历史，进一步完善了西藏的立体化交通网络，而且对于构建拉萨—林芝—山南经济圈，推动藏区长治久安和高质量发展都将产生深远影响。

第七章

公文写作

》第一节

公文写作概述

　　应用文是人类在长期的社会实践活动中形成的一种文章类型，一般来说，现代应用文是指现代社会中人们正在普遍使用的，用以处理各种公私事务、传递交流信息、解决实际问题所使用的具有实用价值和惯用体式的多种文体的统称。应用文涉及面广，使用频率高，实用价值大。当今时代信息传递方式和途径多样便捷，但应用文的写作与处理依然重要，应用文仍然是人类交往、处理事务、治理社会乃至管理国家的重要工具。我国著名作家和教育家叶圣陶曾经说过，大学毕业生不一定要能写小说诗歌，但一定要能写工作和生活中实用的文章，而且非写得既通顺又扎实不可。语言学家张志公同样认为："文艺创作的能力，不是人人都需要的，……可以说人人都得会写点应用性文章，绝少例外。所以，谈写作，应当以应用性文章（不是'应用文'）为主。"应用写作、计算机运用与英语水平被并称为21世纪的三大基本职业能力，其重要性已经受到人们的广泛重视。广义公文的概念可等同于现代应用文，狭义公文的概念指的是党政机关公文。

　　为适应中国共产党机关和国家行政机关工作需要，推进公文处理工作科学化、制度化、规范化，中共中央办公厅、国务院办公厅于2012年4月16日联合印发了《党政机关公文处理工作条例》。

一、党政机关公文的概念与文体特征

（一）党政机关公文的概念

根据《党政机关公文处理工作条例》的规定："党政机关公文是党政机关实施领导、履行职能、处理公务的具有特定效力和规范体式的文书，是传达贯彻党和国家方针政策，公布法规和规章，指导、布置和商洽工作，请示和答复问题，报告、通报和交流情况等的重要工具。"各级党政机关、社会团体、企事业单位是党政公文制发的主体。这些机关、团体及单位具有法人资格，因而具有法定的职权和地位，在特定的职权范围内具有制发公文的权力。个人不能制发党政机关公文，公文制发的目的在于行使职权和实施管理。

（二）党政机关公文的特点

党政机关公文是管理国家、治理社会、办理公务的重要工具。其文体特征表现为：

特定的内容：党政机关公文的内容主要以党政管理工作为主。党政机关公文是传达、贯彻党和国家的方针、政策，发布各种法律、法令、法规、规章，施行各种管理措施，请示和答复问题，指导和布置工作，报告情况、交流经验的重要工具，是典型的"遵命文章"。

规范的体式：党政机关公文格式有严格要求和规范，2012年《党政机关公文处理工作条例》明确规定："公文的版式按照《党政机关公文格式》国家标准执行。"现行党政机关公文格式标准适应了现代办公自动化的要求，既突出了公文庄重、醒目、实用的文面形态，又有利于电子公文的处理。

作者和读者的限定性：党政机关公文的作者是指依据宪法、法律、章程等具有法定职权和行文资格的党政机关、社会团体、企事业单位。党政机关公文的撰稿者一般都是上述部门中具有特定职务的文秘人员。公文从起草到定稿整个过程由有关的党政机关公务人员合作集体完成。公文的读者范围也是有限定的，必须依照发文机关的权限、公文的内容主旨、行文关系及秘密等级等确定。

法定的效用：党政机关公文是代表着党政机关立言，代表着制发机关的法定权威，公文的内容是各机关组织、开展工作的依据，公文颁布后要立即贯彻执行，因此，公文具有法定权威性和行政约束力。

规范的处理程序：公文的制发和办理都必须经过规定的处理程序，任何人不得违反公文办理程序擅自处理。这样，才能维护公文的严肃性与权威性，才能实现机关文书工作的规范化、科学化、制度化，提高办公效率。

二、党政机关公文的分类

按《党政机关公文处理工作条例》规定，现行党政机关公文主要包括15种：决议、决定、命令（令）、公报、公告、通告、意见、通知、通报、报告、请示、批复、议案、函、纪要。

按行文关系和行文方向划分，党政机关公文分为上行文、平行文和下行文。

下行文即上级机关向所属下级机关的行文，如决议、决定、命令（令）、公报、公告、通告、通知等。上行文是下级机关向上级机关行文，或职能部门向上级业务主管部门行文，如请示、报告。平行文即同级机关或不相隶属机关之间的行文，如函、意见。有些公文文种是可以适用于多种行文方向的。如"意见"既可以平行，也可以上行，还可以下行。"通知"主要用于下行，必要时也可以平行。

根据公文的秘密程度和阅读范围，党政机关公文分为秘密公文、普通公文和普发公文。《中华人民共和国保守国家秘密法》将公文密级分为"绝密""机密""秘密"三级。普通公文一般指限于主送机关和抄送机关阅读的公文。普发公文指向民众和国内外公开发布的公文。比如一些公报、公告、通告等，采用广播、电视播放、报刊登载、公开张贴等方式进行公布和传达。

根据公文办理的紧急程度，公文分为特急、加急公文。

根据公文的来源，分为内部公文和外部公文。

第二节

党政机关公文写作

党政机关公文文种不同，写法亦有所区别，本节选取使用频率较高的文种如决定、通告、通知、请示、函等为例予以说明。

一、决定

（一）决定的含义、种类及用法

决定适用于对重要事项作出决策和部署、奖惩有关单位和人员、变更或者撤销下级机关不适当的决定事项。决定的种类又可分为三大类：决策性决定、奖惩性决定和变更性决定。决定是权威性较强的文种，在发文机关的行政管辖范围内具有较强的约束力。

（二）决定的写法

标题。决定的标题与其他公文文种标题的格式相同，由"制发机关＋事由＋文种"三部分组成。如果是会议通过的决定，还要在标题的下方居中以括号注明批准、通过的会议名称和会议通过的日期。

正文。决定的内容一般分为决定缘由、决定事项、希望和要求三部分，写作时视情况不同有所侧重。决策告知型决定的事项较为单一明了，或是传达某次会议的重要决议，或是告知已经作出的某项决策等，这类决定多数情况下会对缘由作比较详尽的交代，充分铺陈作出该项决策的理由和意义，然后直接交代所决定的事项。决策部署型的决定的发文目的主要是部署有关执行事项，必须具备严格的政策规定性和指导性，内容相对复杂一些，所以缘由部分比较简洁，重点在事项部分，对事项的性质、安排、要求等一一作出详细的解说和规定。奖惩性决定一般先介绍被表彰或受处分对象的基本情况，再对所表彰或处分对象作出评价，写明依据，然后写表彰或处分的决定，并就此提出希望、要求或发出号召。变更性决定，一般会简要说明变更有关法规或撤销有关决定的理由，但也经常单刀直入地指出要变更的法规是什么，然后逐条分项说明变更的条款。决定后往往会附上变更后的法规文本。

结尾。决定结尾一般重申要求，明确工作步骤或申明要求并发出号召。

（三）决定的写作要求

缘由须阐述清楚，决定的缘由是作出决定的依据；决定事项要写得准确具体，具有可行性；语词坚决得体，决定具有较强的约束力，为维护决定的权威性，语气要坚决明确。

二、通告

（一）通告的含义、种类及用法

适用于公布社会各有关方面应当遵守或者周知的事项，属公布性、知照性公文，面向社会各有关方面公开发布。是各级党政机关、团体常用的具有一定约束力和知照性的下行文。使用比较宽泛，高级机关可以使用，一般党政机关、人民团体、企事业单位也可使用。根据适用范围，通告一般分为告知性通告和规定性通告两类，告知性通告主要用于告知某事项，比如因施工停水、交通管制等的通告，主要起通知事项的作用，没有强制性措施，属于知照性通告。规定性通告，具有特定的执行和遵守的要求。比如由公安部等法律执行机关发布的禁止携带易燃易爆物品搭乘公共交通工具的通告，具有规定上的强制性，但其管辖的范围相对较窄，时间也比较短。

（二）通告的写法

标题。采用"发文机关＋事由＋文种的标题"形式，如《广州市人民政府关于电动自行车通行管理措施的通告》。

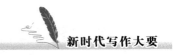
正文。通告的正文一般包括通告缘由、通告事项和通告结语三项内容。通告缘由主要用来表达发布通告的背景、根据、目的、意义等，一般为概述。缘由陈述完毕后，常用"现通告如下"过渡到具体的通告事项；通告事项是主体部分，应当直接指向某项具体的事务，简洁明了、条理清晰地将具体的事项要求和做法交代清楚；结语多采用"本通告自发布之日起实施"或"特此通告"。

（三）通告的写作要求

因为通告可以用来处理带有一定专业性的公务，难免会使用一些术语，但要注意尽量选择大多数人熟悉的行业用语。注意甄选适合使用通告的事项，区分通告与其他文种的差别。

（四）公告与通告的异同

公告与通告都是知照性、公布性的行政公文。它们的区别在于：

发文机关的级别限制不同。各级党政机关、企事业单位、人民团体都可以发布通告；公告要求级别较高的国家党政机关或权力机关发布。

发布的内容不同。通告发布的是应当遵守或周知的事项，内容多是业务性或事务性的要求，表达比较详细具体；公告发布的是具有重大影响的重要事项或法定事项，内容重要，但表达比较概括简要，告知性强。

发布的范围不同。通告只在国内或一定范围内发布；公告是向国内外发布。

发布方式不同。通告既可以以文件形式行文，也常用张贴或登报的形式发布；公告常用电视、广播等大众传播媒体发布，也用报纸刊登。

三、通知

（一）通知的含义、种类及用法

通知适用于发布、传达要求下级机关执行和有关单位周知或者执行的事项，批转、转发公文。通知可分为三种：一是发布性通知。上级机关制定的规章文，发给下级机关要求执行，或者是立法机构制定的法规或规章向社会公布。二是传达性通知。用于传达要求下级机关办理或需要有关部门周知及执行的事项。三是批转性通知。"批转"，指上级机关对下级机关的来文进行批示，转给下属各单位参考执行的发文形式。用这种形式的通知发文要注意把握好"批"的内容，"批"是职权的反映，因此，所批的内容应在权限范围内，不能超出权限。"转发"是指下级机关将上级机关的来文，再转发给隶属的下级机关、平级机关或不相隶属机关的发文形式。

从适用范围看，通知的适用范围广泛，大至国家要事，小至日常琐事，都可以用通知行文。因此，在党政机关管理工作中，通知的使用频率很高；从使用权限看，各级党政机关、企事业单位、人民团体及其部门都有权使用通知。从行文规则看，通知主要用于下行文，即发给下级机关或职能部门；通知必要时也可以用于平行文，即发给不相隶属的机关或部门。公文一般不发给个人，但通知必要时可发至个人，如会议通知。从行文的目的看，通知主要用于传达事项，行文具有告晓性。但有些通知，在传达要求下级机关或部门办理事项和执行事项时，不但具有告晓性，同时还具有规定性或指导性。

（二）通知的写法

标题。由"发文机关＋事由＋文种"三部分构成。如《国务院办公厅关于加强中小学收费管理工作的通知》。发文通知标题的基本格式是：发文机关＋关于发布（转发、批转）＋被发布（被转发、被批转）的公文标题＋文种。如《国务院关于发布〈国家行政机关公文处理办法〉的通知》。

由于标题中要标明发布形式（发布、转发、批转），还要嵌入被发的公文标题，因此，为了避免发文通知标题过长过繁，应进行必要的简化。其一，在"发布（转发、批转）"两字后面，直接引入被发公文的原标题。对于层层转发的文件标题，一般只保留原发文机关及当前发文机关的名称，省略中间的转发单位。其二，对发文通知标题进行必要的省略。如被发文件也是通知，可把被发文件的文种省略掉，以免出现"××××的

通知的通知"。另外，被发文件中事由部分的助词"的"一般也省略，以避免一条标题中出现两个"的"字。另外，发文通知标题中会出现两次甚至两次以上的"关于"，为求简洁，应只保留一个"关于"。其三，省略相应的发文机关。对发布性通知而言，通知的发文机关与原公文的发文机关相同时可省略原件的发文机关。对转发性、批转性的发文通知而言，通知的发文机关与被发的公文标题中的发文机关是不相同的，所以，一般不省略被发的公文标题中的发文机关。如《广东省人民政府转发国务院关于开展第一次全国污染源普查的通知》。

正文。通知的正文一般由通知缘由、通知事项、通知执行要求或通知结束语三部分组成。具体写法因通知的种类不同而有异。发布通知的正文一般包括三部分：一是标明将发布的文件或法规、规章，并表明发文的态度，说明该文件或法规、规章通过或施行的日期；二是写明与被发文件或法规相关的事项，如原有的相同内容的文件或法规如何处置，或本次所发公文的意义及需注意的事宜；三是提出执行希望和要求。这三项内容并不一定全部写进通知，可视需要省略第二或第三项内容。传达性通知的正文要写出通知缘由、具体事项、执行要求等。批转性通知一般先用一个独立段，说明转发或批转什么单位的什么文件，接下来再用一段或若干段说明转发单位的意见，内容多半是对转发文件作出评价，对受文单位贯彻转发文件提出要求。

结语。通知常用的结语有"特此通知""希周知""请按此执行""请贯彻执行"等，选用结语应注意与通知的内容相呼应。

（三）通知的写作要求

首先明确行文目的，通知的主要内容是什么，先分清是哪一类通知，然后才确定应该怎样写。其次要确定写作的范围和对象，有针对性地写好通知。另外，文字表述要准确。为使受文单位便于知晓、执行和操作，凡属应该说明的有关情况，应该执行的具体事项，以及相关的时间、地点、条件等，都应表述准确、清晰，以免贻误工作，造成损失。

四、请示

（一）请示的含义、种类及用法

请示适用于向上级机关请求指示、批准。请示可分为请求指示的请示和请求批准的请示。请求指示的请示一般是下级机关对某一政策、法规不太理解，或对某些重大原则问题无法自行处理，需请求上级机关明示时；或下级机关在具体工作中与其他机关产生意见分歧，无法一致执行有关措施、处理有关事项，需征求上级机关的协调或指示。请求批准的请示是下级机关碰到无权自行决定的事项，如人事编制、机构设置、外事活动、换届选举、追回经费等，需提请上级机关审核批准时使用；或是下级机关向上级机关寻求具体问题的解答或具体困难的帮助，比如请求上级机关在人、财、物等方面给予支持时使用。

各级党政机关、企事业单位、人民团体及其职能部门均可使用请示。请示作为一种报请性的上行公文，有明确的期复性。使用请示时，应严格遵守《党政机关公文处理工作条例》中规定的上行文规则。

（二）请示的写法

标题。由"发文机关＋事由＋文种"构成标题。要注意的是，对标题中事由的概括，不能在其中出现"申请""请求"之类的词语，否则会与"请示"本身所含有的请求之意相重复。另外，标题中的文种不能写成"请示报告"，这一文种混淆错误历经多年仍未彻底清除。

正文。请示的正文包括请示缘由、请示事项及规范化结语三项内容。请示缘由，是提出请求的具体原因，它是请求事项是否成立的关键因素，要写得恰当具体充分，有理有据。请示事项是陈述具体的请示要求。必须一文一事，明确具体。

结语。请示的结语有时表示的是下级机关提出请求的郑重态度，有时表示的是下级机关对回复的期盼，它是请示正文必不可少的内容，而不仅仅是一个仪式化的表达。常用的结语有"以上请示，请批复""以上意见当否，请指示""以上请示，请审批"等，要使用规范化结语，不可随意写结语。

（三）请示的写作要求

请示写作要做到缘由充分明确、请示事项具体、结语规范得体。

（四）请示与报告的异同

请示和报告都是上行文。区别在于，一是行文目不同。请示的内容是向上级机关请求批准和指示，具有请求性，上级须回复；报告的内容是向上级机关汇报工作，反映情况或回复询问，具有陈述性，上级无须回复。二是写作时间不同。请示必须事前行文，在上级机关答复后才能，同时也必须付诸实施；报告则是事后行文，有时也可在事中行文。

五、函

（一）函的含义、种类及用法

函适用于不相隶属机关之间商洽工作、询问和答复问题、请求批准和答复审批事项。函的种类包括商洽函、询答函、请批函、复批函、告知函5种。函主要用于具体的事务性或业务性的工作。从使用权限看，无论是高层领导机关还是基层单位，都可以使用函；从行文关系看，函可以适用于平级机关之间，不同系统不相隶属的机关之间，上级政府部门与下级政府之间。从特定格式看，函有特定的格式，区别于一般的文件格式。

（二）函的写法

标题。主要有"发文机关＋事由＋函（复函）""发文机关＋事由＋给收文机关＋复函"的标题形式。

正文。函的正文包括缘由、事项、结语三项内容。

发函缘由主要写明行文的目的，说明发函的根据、原因，或交代就某事进行商洽的背景，或某些具体问题进行询问的缘起，或提出就某事项的处理办法进行告知的原因等。复函缘由一般写明所收悉的文件，以使对方尽快明了复函所针对的是哪份文件，或哪一事项。缘由部分应简洁明了。

事项部分是函的主体。这部分主要陈述发文机关的意见或建议，表达对收函方的希望和要求等。如就某项工作展开商洽的具体事宜，就有关情况提出询问或作出答复，就有关事项提请批准，或告知具体事务的处理要求和方法，等等。

使用规范化结语。商洽函通常用"请予考虑""望予支持"。询答函常用"请予函复""盼复""敬请函复""特此函复"。请批函则用"请予批准""望予审批"。复批函用"特此函复""此复"。告知函用"特此函告""专此函达"。

（三）函的写作要求

一是内容切实。这是指函的务实性，直指相关事宜，表明意见，提出要求。二是短小精悍。要求字约意丰，表达应当尽量简洁、明快，可以适当使用一些文言词，以达到用语平和雅致而又言简义丰的效果。三是语气注意分寸恰当。

（四）请批函与请示的异同

请批函与请示都可以用于请求审批有关事项。它们的区别在于：一是文种性质不同。函是平行文，主要用于平级机关、不相隶属机关，以及上级政府部门和下级政府之间；请示是上行文，只适用于上下级之间行文。二是行文对象不同。函用于向业务上或区域事务上的主管部门请求批准有关业务或事务上的事项；请示用于向有隶属关系的上级机关请求。

党政机关公文15种文种在基本写作规范下又有具体的差别，写作者应在工作中弄清各自差异，揣摩经典案例，不断实践练笔，最终写出规范性的公文。

● **经典案例一**

关于轨道交通路网票制票价的通告

为充分发挥轨道交通在城市公共交通中的骨干作用，鼓励市民优先选择轨道交通出行，进一步缓解城市交通拥堵，提高城市公共服务和管理水平，本着实行公交优先、坚持低票价政策的原则，经市政府批准，北京市

轨道交通执行新的票制票价。现将有关事项通告如下：

一、自地铁5号线开通试运营之日起，北京市轨道交通全路网（不含机场轨道交通线）实行单一票制，票价为2元/人次，即乘客乘坐轨道交通一次出行，不论乘坐距离长短和换乘次数多少，使用一卡通卡或现金购票，均为2元/人次。同时取消地铁专用月票卡。

二、地铁专用月票卡过渡办法

（一）自通告发布之日起，停止地铁专用月票卡2007年11月的充次；自2007年10月25日起停止地铁专用月票卡2007年10月的充次。

（二）已完成2007年10月充次的地铁专用月票卡，可使用到2007年10月31日，11月1日起地铁专用月票卡月票功能停止使用。

（三）地铁专用月票卡月票功能停止使用后，可作为普通卡继续充值使用，不需退换。

特此通告。

（北京市发展和改革委员会印）

（北京市交通委员会印）

（北京市财政局印）

（北京市运输管理局印）

二〇〇七年九月三十日

▎分析：

本篇通告是告知北京市轨道交通路网票制票价的新政策，以及地铁专用月票卡的使用变动，关系到北京市民的日常出行和工作生活，非常重要。通告按照缘由、事项、结语的规范结构行文，缘由交代简洁庄重，事项部分采用"清单式"写法，按照"要事优先"原则，先告知新的票制票价规定，再说明地铁专用月票卡的过渡办法。全文思虑周密、逻辑清晰、语言精准，可作为通告的典范文本。

● 经典案例二

关于举办首届广东省大学生公文写作竞赛的通知

各本科、高职高专院校：

为使广大青年大学生充分认识到公文写作的重要性，激发大学生的写作热情，提高大学生的公文写作技能和就业竞争力，培养和发现青年写作人才，广东省写作学会定于2009年6月举办广东省大学生公文写作竞赛，现将相关事宜通知如下：

一、参赛对象

广东省高等院校在校本科学生和高职高专学生。

二、竞赛组织方式

竞赛设本科组和专科组；竞赛分初赛和决赛两个阶段。

初赛由各高校自行组织，自主命题。初赛后由各高校推荐5—10名学生，参加由广东省写作学会统一组织的决赛。

决赛由竞赛组委会组织专家命题。本科组决赛地点设在××师范学院，专科组决赛地点设在××职业学院。决赛的具体时间和具体地址另行通知。

三、报名要求

1．各高校于5月10日前初赛完毕，并推选5—10名学生参加决赛。

2．各校须指定一名联络人，统一为决赛选手填写《2009年首届广东省大学生公文写作竞赛报名表》的电子版，于5月15日前传到广东省写作学会秘书处电子邮箱：200708@qq.com。

3．决赛选手需交参赛费30元/人，由各校统一收齐。广东省写作学会秘书处将通知各校联络人统一缴费并领取决赛准考证。决赛凭准考证入场竞赛。

四、决赛方式、写作文种

1．决赛选手在2小时比赛时间内完成两道竞赛题：①按要求改写1篇病文；②根据所提供的情景或素材撰写1篇公文。

2．决赛命题的公文文种范围：决定、通知、通报、通告、报告、请

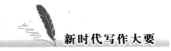

示、函、会议纪要等8个行政公文文种。

五、评比与奖励

1．由竞赛组委会组织专家对决赛的答卷进行匿名评卷。

2．本科组和专科组各设一等奖5名、二等奖10名、三等奖20名、优秀奖30名，由广东省写作学会颁发获奖证书。

3．本科组和专科组各设优秀组织奖3个。

广东省写作学会
二〇〇九年三月二十六日

▌分析：

作为开展大型活动的通知，活动主题、活动内容、活动流程等各项要素交代要具体明确。本文作为一项高校写作大赛赛事通知，参赛对象、组织方式、报名要求、竞赛流程、奖励办法等分条列项，一目了然，内容周全，事项具有极强的可操作性和指导性，语言表达严谨准确简洁，是传达性通知写作的优秀范例。

● 经典案例三

关于暂缓调高旅游专项资金在交通建设附加费中分配比例的请示

市人民政府：

今年4月7日，××市委、市政府《关于加快发展旅游业的决定》（×府〔××××〕8号），同意建立旅游建设发展专项资金，其部分资金来源于交通建设附加费的分配，并将此分配比例从原来的5%调高到10%。对此，我委认为该措施无疑有利于筹集资金，促进旅游业发展。但当初决定征收旅业交通建设附加费的目的，主要是筹集地铁资金，现要提高旅游专项资金往交通建设附加费中的分配比例，必然减少地铁资金的来源。地铁工程建设年度投资高达30亿元，筹资任务十分艰巨，而今年地铁资金缺口更大，需开拓更多的资金来源。因此，任何减少筹集地铁资金的做法都会导致工期拖长和投资增大，不利于工程建设。

鉴此，我委建议在地铁建设期内，暂缓调高旅游专项资金在交通建设附加费中的分配比例，仍执行旅游专项资金在交通建设附加费中占5％的分配比例不变。

专此请示，请批复。

（××市发展计划委员会印）

二○○三年九月十二日

分析：

请示缘由部分需要具体明确充分，本文首先肯定了市委、市政府的决定文件出台具有合理性，再指出此项决定对地铁工程建设的不利影响，语气委婉、理由充分。事项部分简洁明了提出建议和要求，态度明确。最后以请示专用语结束。全文符合请示内容结构要求，写法规范，值得学习和效仿。

课后练习

一、判断对错。

（一）每一份公文都应该编份数序号。（　　　）

（二）每一份正式公文，不管是一个机关单位发出的还是若干个机关单位联合发出的，都只有一个发文字号。（　　　）

（三）在一份公文中，抄送机关与主送机关可以同时省略。（　　　）

（四）联合发文，所有发文机关都应当加盖印章。（　　　）

（五）国家行政机关的隶属关系和职权范围主要是由《中华人民共和国宪法》规定的。（　　　）

（六）所谓不相隶属关系，就是指两个机关、部门、单位之间没有任何关系。（　　　）

（七）广东省公安厅与中山市人民政府可以联合行文。（　　　）

（八）公告和通告都不能用作秘密公文。（　　　）

（九）一般情况下不得以机关名义向上级机关负责人报送"报告"。（　　　）

（十）某一业务主管部门收到另一既无隶属关系又无业务指导关系的机关、单位送来的"请示"，可用"批复"直接作答。（　　　）

二、病文修改。

关于一卡通机房搬迁的公告（20180330）

尊敬的持卡人：

我公司于2018年3月30日晚上22：00到4月1日0：00机房搬迁，施工时间预计26小时。在此期间，校随行、圈存机、补登机、二维码扫码付款、共享商圈等所有业务暂停使用。

一卡通POS机（包括饭堂消费），一卡通商户银联POS消费不受影响。

在此期间对给大家带来不便，深感抱歉，敬请谅解。

感谢您对我公司工作的大力支持！

××大学城一卡通有限公司

×××商务有限公司

2018年3月30日

三、写作题。

（一）××大学医学院学生陈建，在××路偶遇一患急病老人，他不顾会被感染的风险毅然施救，老人经抢救最终脱离生命危险。请以××大学的名义写一份表彰决定。

（二）近年来每逢传统节日中秋节，××市民登山赏月蔚然成风，人数最多时高达十几万人，极易发生安全事故。请以××市政府的名义发布一份中秋赏月安全通告。

（三）草拟一份食品会议通知，会议议题、与会人员、会期等事项均自拟。

（四）××办公室需购进一批台式电脑、激光打印机、复印机等办公设备，请代其向上级机关拟写一份请示。

（五）××公司想向××大学招聘3名应届毕业生，请代该公司拟致××大学的函。

第八章

事务文书写作

>> **第一节**

事务文书概说

一、事务文书的概念

事务文书是机关、团体、企事业单位在处理日常事务时用来沟通信息、安排工作、处理问题的实用文体，是应用写作的重要组成部分。事务文书以实用、办事为目的，强调日常化。

二、事务文书的特点

事务文书的特点有以下几个方面：一是运用的广泛性。在工作和学习中我们可以运用事务文书制订科学的工作方法，辅助工作顺利开展，及时沟通信息，办事有章可循，有效规范行为等。二是格式的多样性。事务文书的写作格式较行政公文灵活多样，无严格固定格式，一般都是约定俗成的。三是材料的真实性。事务文书的材料来源强调真实性，是为解决实际问题而作，分析研究注重客观性。四是内容的公开性。事务文书必要时可面向全社会发布，交流经验，讨论得失，提供新闻线索（如调查报告、经验总结、简报等），通过传媒进行宣传（如讲话稿）等。五是语言的简明性。事务文书的语言要求简练、准确，便于信息的传递和提高办事效率。

三、事务文书的种类

事务文书常见的有计划、总结、调查报告、述职报告、讲话稿、邀请

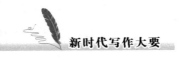

函、会议记录、海报、启事等等。由于这类管理类文体处理的日常事务亦为公务，所以事务文书属于广义的公文范畴。

》第二节

事务文书写作

一、计划

（一）计划的含义、特点与种类

计划是工作或行动以前预先拟定的具体内容和步骤的一种事务文书，具有前瞻性、科学性、指导性、创新性的特点。按不同的标准，可分为不同的类型。按时限分，可分为长期计划和短期计划；按主体分，可分为集体计划和个人计划；按内容分，可分为工作计划、生产计划、生活计划、学习计划、科研计划等；按种类分，可分为"规划""设想""安排""要点""方案""意见""打算"等。

（二）计划的写作

计划的内容要素包括标题、现状分析、目标、措施和希望要求。标题起到简明体现计划者、计划时限、计划内容等作用；现状分析是对计划产生的背景作一定的分析与说明，是确定计划目标的前提；目标是将计划的指标量化、具体化，应具体列明"做什么""做到什么程度""完成时限"三个要素；措施是为完成计划所设想的行动和步骤；希望要求是为使计划得以顺利完成所提出的期冀与要求。

基本结构模式：

标题。计划的标题一般直截了当地标明计划者、计划内容、计划时限和计划种类等，如《××省国民经济第××个五年规划》；也可以根据需要删去其中的某些要项，如《2022年××××工作安排》，这个标题省略了计划者；也可以采用党政机关公文的标题写法。

正文。计划正文较多采用条文式结构和表格式结构两种写法。

条文式结构是将正文内容分别用序码分条排列，以便一目了然。如《“十四五”文化发展规划》，分条排列：一、规划背景；二、总体要求；三、强化思想理论武装；四、加强新时代思想道德建设和群众性精神文明创建；五、巩固壮大主流舆论；六、繁荣文化文艺创作生产；七、传承弘扬中华优秀传统文化和革命文化；八、提高公共文化服务覆盖面和实效性；九、推动文化产业高质量发展；十、推动文化和旅游融合发展；十一、促进城乡区域文化协调发展；十二、扩大中华文化国际影响力；十三、深化文化体制改革；十四、建强人才队伍；十五、加强规划实施保障。各条里再分条列写，结构清晰简洁。表格式结构一般适用于比较短期和已部署的详细具体的安排和方案。条文式结构和表格式结构有时可以结合使用，一般在某条里插入表格。将条文式结构与表格式结构结合，目的是更加清晰简洁。

结尾。位于正文后的一个或若干个段落。有的计划主体内容表述完毕全文就结束，因此，写不写结尾，要根据内容表述的需要确定。

落款。一般包括制订计划的单位名称和日期两项内容。

（三）计划的写作要求

一是两头要“吃透”。在围绕中心、服务大局上撰写计划，要善于围绕党政的中心工作去谋划，通过对全局的正确认识找出未来工作的重点和主脉络。要善于从群众和基层的反映中抓住将要解决和面对的问题的本质，探索工作方法和途径，使计划更有针对性、可操作性和指导性。二是目标有余地。计划里所设计的目标要实事求是，在充分调动群众主动性基础上可实现的计划。三是措施步骤要具体。做什么、谁去做、怎么做、何时做完等，这些基本要素要谋划清楚，这样的计划才具有指导性和可操作性。四是结构和表达力求简明。

二、总结

（一）总结的含义、特点与种类

总结是把一阶段内的工作、学习或思考中的各种经验或情况分析整理，作出有指导性的结论的一种事务文书。总结具有理论性、平实性、材料性的特点。总结的分类，从写作主体来分，可以分为单位总结和个人总结；从写作内容来分，可分为全面总结和专题总结。

（二）总结的写作

构成要素：

标题。总结的标题可用公文式标题，也可用非公文式标题。公文式标题由单位名、时间、事由、文种组成。非公文式标题较为自由，大多用双行标题。

正文。总结正文由前言、主体、结尾组成。前言部分扼要概述基本情况，总结背景，点明题旨，为主体展开做铺垫。主体内容涵盖做法体会、成绩与问题、经验和教训等。这一部分要求在回顾工作情况的基础上，深入分析取得成绩的原因、经验，以及仍然存在的问题，要提炼工作中带有规律性的认识。结尾一般概述全文，说明成功经验带来的积极效果，也可提出今后努力的目标和方向。

基本结构模式：

横式结构。这种结构模式用于全面总结时，一般是按基本概况、主要工作和成绩、存在问题和不足、今后的打算这四部分形成并列的横式结构。这种结构模式用于专题总结时，一般是按基本概况、主要做法、经验与体会三部分形成并列的横式结构。

纵式结构。纵式结构多用于专题总结。一般按一件事情的经过写，以时间为线组织文章；有时则按步骤写，先做什么，接着做什么，然后做什么……，这种写法其实也是以时间为线的结构。

纵横式结构。这种结构模式既适用于全面总结，也适用于专题总结。或以纵线为主，其间某个阶段用横式结构展开；或以横式结构为主，其中某个方面用纵线结构陈述。

（三）总结的写作要求

一是要实事求是。分析问题要客观真实，既不要无限夸大成绩，也不要轻描淡写问题。二是要有理论性。总结是对前段工作的反思，理性梳理、归纳、思考，把实践经验上升到理性层面，这是总结写作的重点。三是要详略得当。写总结切忌将过程写得过于详细，总结的材料是用来说明观点的，观点对材料具有概括性。四是语言要平实。总结常常用第一人称，从本单位、本部门、本人的角度来撰写，表达方式以陈述为主，间用夹叙夹议和说明。

三、调查报告

（一）调查报告的含义、特点与种类

调查报告是为了解情况而到现场考察，并将考察到的信息写成书面报告的一种事务文书。调查报告具有调研性、社会性、真实性、材料性的特点。按调查目的分类，有导向性调查报告、定性性调查报告、咨议性调查报告、研究性调查报告等。其中，导向性调查报告以宏观的方针政策为准绳，以得出具有普遍意义的认识为旨归，可以是褒扬性的，也可以是抨击性的，还可以是倡导性的。具体又包括经验调查报告、问题调查报告、新生事物调查报告、情况调查报告。

（二）调查与研究

要写好调查报告，首先得搞好调查。调查前的准备包括两项内容：

一是调查要有知识准备。首先，调查必须有科学的理论作指导才能把控方向，才能找准问题的突破口，调查前相关理论修养和知识准备是非常必要的。其次，在信息传播和科技发展日益壮大的今天，调查的技术支持必不可少。最后是心理准备，要准备吃苦，做到"五勤"，即腿勤、手勤、眼勤、口勤、脑子动得勤。还要怀有实事求是的态度，不要带着结论或偏见去调查，坚持"没有调查，就没有发言权"。

二是调查的方式方法准备。调查的方法主要有以下五种。第一，普遍调查，对调查范围内的全部对象普遍进行调查，以获得全面的数据和情况资料；第二，典型调查，有意识、有目的地从众多的调查对象中选取有代表性的，进行深入细致的调查；第三，抽样调查，在调查的总体范围内，抽取一定数量的样本作为调查的对象，然后从调查研究的结果中获得数据资料，以此作为根据推断出一般的情况；第四，统计调查，一种以数字为中心，运用统计学的原理和方法，收集有关方面的数据资料，然后进行数据分析的调查；第五，系统分析调查，运用适应现代社会特点的系统分析方法来考察各种社会现象和问题的一种调查。

调查的方式主要有以下七种。个别访问：对调查对象，包括当事人、知情人及其他相关的人员进行个别采访，个别访问的时候，要特别注意问、听、看、记、想五个基本环节。开调查会：通常可以分为同一类型人员参加和不同类型人员参加的两种形式，每次会议三至七人。问卷调查：适用于调查面广，而调查的问题相对比较集中的调查。问卷调查通常有两种形式：封闭式问卷和开放式问卷。封闭式问卷，题目都是选择题或是非题。开放式问卷，题目一般是问答题和填充题，可以由被调查者自己答卷，不受任何限制。现场观察：深入事件发生的现场进行观察，可以增强感性认识。所谓"百闻不如一见"。查阅资料：是间接获取资料的主要手段之一。对资料要认真核实，以保证其真实性。电话调查：利用电话，对有关人员进行调查采访。网络调查：利用网络技术和平台进行调查，易于发放、回收和统计，获得数据结果迅速，效率高。

调查一般包括以下七个步骤：确定调查的目的；确定调查的具体对象；广泛涉猎调查对象的有关资料；拟制调查提纲；考虑调查的方式方法；实施调查；整理记录。

研究的第一步就是要仔细地阅读原始调查材料，要努力运用新的立场、观点、方法，对调查获得的大量情况进行认真分析，从纷繁复杂的现象中抓住本质。研究的第二步是对材料和数据分门别类，形成内在逻辑。研究的第三步就是由此及彼、由表及里，概括提炼得出科学结论。

（三）调查报告的写作

1. 标题。调查报告的标题有文章式、公文式、正副标题式三种。文章式标题，如《大学生心理工资价位：工资底线是多少？》《过半网友赞成调整黄金周休假制度》《大学生收费自习室使用状况调查》。公文式标题，如《关于大学生网络购物的调查报告》《江苏昆山招商引资经验调查报告》。正副标题式，如《如何提高秘书人员素质——××市政府办公室岗位培训的经验调查》。

2. 正文。调查报告的正文一般由前言、主体、结尾组成。前言主要介绍调查目的、意图、原因；或者交代调查过程、介绍被调查对象有关情况、背景。前言宜精短。主体是调查报告的核心。主体要围绕调查结论，写出调查的事实和情况。这一部分采用纵式结构、横式结构或纵横交叉式结构展开；结尾是调查报告的收束部分，一般要归纳全文，得出结论；也有提出意见和展望未来的；还有的是引出问题，促人思考的。

3. 署名。署名一般署在标题下方，调查主体是单位的要署单位名称，个人则写姓名。写作日期居于正文右下角。

四、邀请函

（一）邀请函的含义、种类、特点

邀请函是邀请对方参加庆典、会议及各种活动时使用的一种信函文书。

邀请函又称邀请书或邀请信。它的应用范围非常广泛，在开展各种纪念活动、洽谈业务、相互合作或召开某些重要会议时，为了表示郑重，都可以发邀请函。

依据邀请函的用途可以将邀请函分为会议类邀请函和活动类邀请函两种。

邀请函的特点主要表现为礼仪性和正式性。

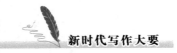

（二）邀请函的写作

邀请函通常由标题、称谓、正文、落款和回执（非必备项）五部分组成。

1. 标题。在第一行正中用稍大的字体标明标题，一般有以下几种写法。一是单独写文种名称，如《邀请函》。二是由事由和文种名称组成，如《第×届中国园艺博览会邀请函》。有时还可包括个性化的活动主题标语，如《合作共赢——中国城市经贸洽谈会邀请函》。

2. 称谓。另起一行顶格写被邀请者（个人或者单位）名称。姓名之后可加"会长""教授""经理"等职称或者"先生""女士"等尊称，通常还要加上"尊敬的"之类定语。单位名称要用全称，以示尊敬。称谓之后加冒号。

3. 正文。在称谓下一行空两格写正文内容。邀请函的正文包括开头、主体和结尾三个部分。开头一般要交代会议或活动的由来、目的或意义，有的先作简单问候，再交代缘由；主体要写明会议或活动的内容、时间、地点和方式，并对被邀请方发出热情诚恳的邀请。此外，其他活动经费和被邀请者应准备的材料、文件、发言等也应在正文中交代清楚。事项要写得清楚明白，若内容较多可分条列出。结尾要写上礼貌性的结语，如"恭候光临""恳请光临""敬请莅临指导""请届时出席"等礼貌用语。有些邀请函可以用"此致敬礼""顺致节日问候"等敬语。

4. 落款。署上发文单位名称或发文者姓名和发文日期。邀请单位还应加盖公章，以示庄重。

5. 回执。邀请函有时需要通过"回执"来确认被邀请方能否按时参加活动。根据回执还可了解被邀请的参会人员的详细信息，便于主办方制定合理的接待标准和规格。回执常采用表格的形式，将需要被邀请方填写的事项逐项列出。

（三）邀请函写作的注意事项

内容要明确周详，活动举办的缘由、目的、内容、事项及要求要交代清楚，也可写明活动的日程安排、时间、地点；邀请函的语言应当礼貌庄重、简洁明了，措辞要得体；制作美观大方，以示对被邀请者的重视和尊敬，具有仪式感。

五、讲话稿

（一）讲话稿的含义、特点与种类

讲话稿是机关、单位有关人员在各种公开场合发表讲话所依据的文稿。讲话稿具有演述性、口语化、对象性的特点。讲话稿可以分为时令类讲话稿、随机类讲话稿、礼仪类讲话稿等类型。

（二）讲话稿的写作

基本内容：

讲话稿的内容，注意根据讲话主题、听众和场合等多种因素综合考虑。要讲人们最关注的话题。一要了解相关的路线、方针和政策，二要了解受众急需要解决什么焦点、难点问题。下面是各类讲话稿的基本内容：

引导性讲话稿。这类讲话稿一般先介绍会议的背景、缘由、目的、开好会议的要求，接着提出问题，最后结合有关文件精神进行有针对性的讲话，引导参会者用文件精神、上级指示统一认识。

总结性讲话稿。总结性讲话稿有两类，一类是对所从事的工作作封闭式总结，它的内容包括：基本情况—过程和做法—经验和体会。还有一类总结是对所从事的工作进行开放式总结，既着眼于过去，同时又面向未来，它的内容包括：概述—过程和做法—经验和体会—问题和方向。

礼仪类讲话稿。常见的有履新式、欢迎式等。前者的模式是：致谢—自我简介—上任感言—工作蓝图—抒情言志。后者的模式是：欢迎事由—主办欢迎仪式单位相关情况简介—致谢或干杯。礼仪类讲话稿的总体情境是要衬托出喜庆、热烈、温馨的氛围。

讲话稿的基本结构：

标题。讲话稿的标题分为两种：一种一般是由讲话人的姓名、职务、

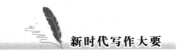

事由和文种构成，如《×××省长在全省网络安全工作会议上的讲话》；另一种是由一个主标题和副标题组成，如《万众一心，攻坚克难——在全县脱贫攻坚动员大会上的讲话》。

正文。包括开头、主体和结尾三部分。开头，首先根据与会人员的情况和会议性质来确定恰当的称谓，如"同志们""各位专家学者"等，要求庄重、严肃、得体，然后用极简洁的文字把要讲的内容概述一下，说明讲话的缘由或者所要讲的内容重点，接着转入正文讲话；主体根据会议的内容和发表讲话的目的，按照不同类型讲话稿的要求完成主体的各个部分；结尾用以总结全篇，照应开头，发出号召，或者征询对讲话内容的意见或建议；等等。

（三）讲话稿的写作要点

讲话稿的写作一要有受众意识；二要做到主旨鲜明，重点突出，主题单一；三要注意语言符合讲话者身份，得体生动。

六、其他事务文书

（一）启事

启事的含义、特点与种类：

启事是指将自己的要求，向公众说明事实或希望协办的一种短文，通常张贴在公共场所或者刊登在报纸、刊物上。机关、团体、企事业单位和个人都可以使用。启事具有公开性、告启性和简明性。按内容，启事可分为征文启事、招聘启事、寻物（人）启事、开业启事、庆典启事等。

启事的写作：

标题有三种方式，一是以文种作标题，如《启事》；二是内容加启事作标题，如《征稿启事》《招聘启事》；三是启事者加内容加启事，如《××中学教师招聘启事》。正文即启事的具体内容，需要向大家说明的事实或希望协办的情况，内容简单的可用一段完成，较为复杂的可分为几个段落，或列出小标题，或采用条项式写法，尽量使读者一目了然，最快获得信息；结尾一般包括联系人姓名、电话、地址、邮箱地址。签署和日期即启事者姓名和发出启事的日期。

（二）海报

海报的含义、特点与种类：

海报是主办单位向公众广泛告知举办文化、娱乐、体育等活动的一种事务文书。海报的特点是广告宣传性和形式的艺术性。海报的种类从内容上分，可分为演出海报、讲演海报、讲座海报、竞赛海报、展览海报等。

海报的写作：

标题。单独由文种名构成，即在第一行中间写上"海报"字样；直接由活动的内容承担题目，如《电影艺术三人谈》《××杯篮球赛》等；主办单位加内容，如《××音乐协会古典音乐欣赏讲座》。

正文。海报的正文内容包括活动的目的和意义，活动的项目名称、时间、地点，参加的具体方法及一些必要的注意事项等。正文的结构形式，如内容简单可采用一段式完成，如内容较多可分条列项完成。还可以在正文开头或文尾添加一些渲染性鼓动性的标语，如"内容精彩，创意无限""一起共度美好时光"等等。

落款。主办单位的名称及海报的发文日期。如果正文已把有关内容写明了，可不写落款。

● 经典案例一

记我的公文写作学习之路
陈俏菲

在广东省第三届大学生公文写作大赛中，以最高分的优异成绩获得本科组一等奖，我感到无比自豪。回顾学习公文之路，我总结了以下几点经验：

一、深刻认识公文写作的重要性

很多人认为，不从事行政工作就不需要懂得公文写作，我也曾有过这样的想法。直到有一次，朋友让我帮忙草拟一份公司活动的通知，我顿感肚里没有"墨水"，只得上网找范文。那种力不从心的感觉，让我初次认识到公文写作的重要性。后来在《中华腾飞的百道难题》一书中看到这样的句子："不会写表扬信、感谢信、申请书、启事，甚至不会写请假条的事在高等学府中屡见不鲜。"我深切地体会到：公文写作不仅仅是公务员的事，也应当是每一位大学生的事。

公文早已走进我们的日常生活，在各行各业发挥着重要作用。我们处处能见到公文的影子，懂得公文写作，能让我们在生活工作中少走弯路，关键时候还能助我们一臂之力。如今用人单位越来越看重毕业生的公文写作能力，公文写作也逐渐成为大学生应聘工作岗位的利器。不仅公务员考试考查考生的公文功底，在事业单位招聘中也会考查公文写作。

2009年，广东省写作协会举办首届大学生公文写作竞赛，我由于自己的"功力"不够而放弃了，此后我给自己定下一个目标：一定要拿到公文写作竞赛的奖项，因此我经常利用课余时间为公文写作"磨刀练枪"。两年后，我"过五关斩六将"闯进了广东省第三届大学生公文写作决赛，并获得了一等奖。我能在此次大赛中取得优异成绩，是因为我比别人更早、更清楚、更深刻地明白公文写作的重要性。

二、培养兴趣，增强学习公文写作的动力

如果没有对公文写作的强烈而浓厚的兴趣，便很难持之以恒地学习并写出佳篇力作。兴趣是最好的老师，要想在公文写作领域有所成就，必须对公文写作具有由衷的热爱。

我真正对公文写作产生由衷的热爱，是在一次见习课上。老师先通过案例讲授相关的专业知识，然后采用情境教学法，让全班同学分为两组，分别扮演两个大公司的职员和高层领导，运用所学知识自由谈判，拟写项目合作意向书。同学们饶有兴致地积极配合、学以致用，知识巩固效果不错。我发现原来看起来枯燥无味的公文写作也可以如此富有趣味性。后来在学院开设的公文写作课堂上，老师也常常采用这种情境教学法传授公文写作的知识，还通过课堂抢答竞赛、有奖加分问答的形式考查我们的学习效果。活泼多样的教学方式激起了我对公文写作的兴趣，也让更多的学生在"实战"中产生对公文写作的浓厚兴趣。

在课后自主学习的过程中，我常为自己设置情景，扮演角色，拟写不同种类的公文。在生活中，每次遇到亲朋好友需要草拟商铺出租合同、工厂活动通知、招工启事等公文，我都主动帮忙。在不断学习的过程中，我对公文写作的热爱和兴趣，也一点点地加深和延续。

三、学习公文理论知识，重视案例阅读

公文写作首先要掌握基本的理论知识，理论知识学习表面看起来是比较枯燥的，要想巩固这一部分理论知识，必须找到适合自己的方法。我把《国家行政机关公文处理办法》《国家行政机关公文格式》等理论知识一条一条深入研究，巩固后抄在笔记本上，并通过批注，记下我对每一个知识点的理解和不明之处。对于不明白的地方，有机会就向老师请教，并及时补充笔记。

牢记知识点的好方法是结合具体公文案例，我持之以恒地大量阅读政府网站的权威性公文，在阅读过程中不盲目相信，而带着批判性的思维进行阅读，每一次阅读都结合公文规则、格式等知识，深入研读。久而久之，公文的理论知识便能烂熟于心。

四、自觉采用多种方式进行公文练笔

积极练笔、进行写作实践是提高公文写作能力最关键的环节。我个人常用四种方法练笔：抄写公文、仿写公文、修改病文、自主写作。

用心抄写公文，自然能记住很多公文常用词句，形成一定的语言和写作模式。从学习公文写作以来，我抄了几万字的公文，这些公文都是我在中央人民政府网站上精选的。仿写公文是行之有效的方法，我往往在大量阅读了同一种类的公文后，总结其写作模式、语言等，进而选择相关内容进行仿写，并不断修改润色。修改病文是我比较喜欢的方法，我经常浏览地方政府网站，研读公文，找它们的优点，也找它们的错处并进行修改。走路时看到墙上张贴着公文我都会停下研读一番，找出可取之处和不足之处。自主写作是最困难却最有成就感的方法。自主设计情景，拟写公文，

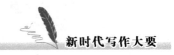

对我来说非常具有挑战性。

五、培养公文语感

我们习惯了文学作品抒情味道较浓的语言，因此培养公文语感需要一定的时间。阅读权威性较强的公文，培养新的文体语感，锻炼新的写作思维，识记公文写作必备的词句，通过一些语言表达练习提高文字驾驭能力，这些都是潜移默化行之有效的。每个人都可以寻找适合自己培养语感的好方法。

以上是我这两年学习公文写作的几点经验总结。感谢省写作学会举办这次大赛，让我肯定了自己在学习公文过程中的辛勤付出是有价值的，并为以后争取在公文写作领域取得更大成就增强了更大的信心和动力！

（选文有删改）

▋**分析：**

这是在广东省第三届大学生公文写作大赛中获得特等奖的陈同学做的关于公文写作学习经验总结，经验归纳清晰完整，概括力强。总结介绍了学好公文写作的自觉意识是如何形成的，以及学好公文写作行之有效的方法，此文会给读者有益的启发，值得借鉴。

● **经典案例二**

××教授从教五十周年庆祝会邀请函

先生台鉴：

××大学中文系八秩诞庆之年，又逢××教授从教五十载之庆期。×先生执教治学，硕果累累，杏坛耕耘，芬芳闻于五洲；学林拓植，珠玉润启新域。××中文，多赖其鼎立倾情。世纪有半，×师教鞭仍执，乃我系师生之幸事也。值此吉庆，当有祝典。为此，我们择2020年12月12日之佳日，敬邀各方贤达、尊长与×先生之友朋、同事及弟子，共举嘉会，贺瑞赞喜，以彰师道教席之荣尊，以光××中文之修名。特邀您届时拨冗往莅，增饰堂楣。

　　时间：2020年12月12日上午9：00～12：00

　　会场：××大学曾宪梓科学馆二楼学术会议厅

　　午宴：××大学××大厅（12：00～14：00）

　　　祝颂

　　雅祺

　　　　　　　　　　　　　　　　　××大学中国语言文学系

　　　　　　　　　　　　　　　　　××研究中心

　　　　　　　　　　　　　　　　　二〇二〇年十一月二十二日

▌分析：

　　邀请函的写作不仅要符合格式规范，还要根据活动内容采用恰当的表达方式，这份邀请函是某大学为资深教授从教五十周年举行庆典活动而拟，文言古韵的语言风格隆重典雅、文采斐然，内容与形式相得益彰。

课后练习

　　一、判断对错。

　　（一）意见是计划种类之一。（　　　）

　　（二）计划具有科学性。（　　　）

　　（三）总结首先要把所做工作的过程叙述得很详细。（　　　）

　　（四）问卷调查适用于调查面广，而调查的问题相对比较集中的调查。（　　　）

　　（五）调查的步骤分为：确定调查的目的、广泛涉猎调查对象的有关资料、拟制调查提纲、实施调查、整理记录。（　　　）

　　（六）邀请函的写作和党政机关公文中的函写法相同。（　　　）

　　（七）履新式讲话稿的基本模式是：致谢—自我简介—上任感言—工作蓝图—抒情言志。

（八）海报是单位和个人均能使用的事务文书。（　　　）

二、写作题。

1. 选取大学生活中一个值得深入调研的现象，拟出一份调查问卷展开广泛调查，并对调研结果进行数据分析，写出一份有参考价值的调查报告。

2. 以本校校长的身份完成一篇毕业典礼上的讲话稿。

3. 设计一份具有创意的展览海报。

4. 给本院老师写一份参加校园迎新晚会的邀请函。

第九章

申论写作

"为天地立心，为生民立命"，中国古代的士子，学成之后的报国、报民唯有仕进一途，因此"万般皆下品，唯有读书高""学而优则仕"就成了一个顺理成章的逻辑闭环。新的时代，士子学成之后的报国、报民、谋职非仕进一途，其选项丰富多元，所以"唯一"变成了"之一"；但是，这"之一"依然为千万士子所殚精竭虑、孜孜以求。因此，有必要对申论写作的道与技进行深入系统研究。

当下的申论写作考什么、怎么考、如何答，成为千千万万学子的"新病"与"心病"。

——申论写作考的是"跨部门认知"的"政商"，要求考生能对当今制度架构了然于胸。"协调"理念重要性与时俱增，因此它也成为申论写作考试的重要理念。

——申论写作考的是"跨文体写作"的"写商"，要求考生对各种文体都能驾轻就熟挥笔而就。中国古代的官吏选拔便是"一写定输赢"，因此写作能力是"以文辅政"能力的关键。

——申论写作考的是"跨情境融入"的"情商"，要求考生能设身处地进行多角色整合。道始于情、礼本于情。治道、礼治与情有千丝万缕关系。

为了听得懂、用得上、接地气，笔者对近年有代表性的国家级/省级/市级三个级别申论写作真题进行作答示范。

众所周知，每年都会有新的题目产生，但是万变不离其宗，所谓"月映万川"是也。也就是说，题目是变量，它所考核的能力、素养却是一个较为固定的常量，因此可以不变应万变、守正而后创新。

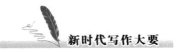

一、跨部门认知：了解党政军群、四大班子——了解中国的组织架构，同时也了解所报考部门的职能定位，切实做精确认知、精准备考，将"士子认知"升格为"仕子认知"

国考中虽有数以万计的职位，但细分下来，还是"僧多粥少"。这些职位又分属于不同的行业系统，不同的行业系统有不同的分工、不同的职能，进而有不同的理念与话语体系。熟悉其理念与话语体系，这是作为一个公务员的"前置要素"。如果连这点"政商"都没有，即使过了笔试关，那么也可能会在口试关中败下阵来。你报考什么系统，就要有那个系统的认知准备、信息准备和施政准备。

如何认知？先从制度的框架开始——

中国是一个实行单一制的大国，中央政府通过垂直的与平行的两个权力系统实施对国家的治理。垂直的权力系统即是由中央和省直接管理的纵向政权组织，也就是通常所说的"条"，其特征是上下垂直管理。平行的权力系统即是以地方各级党政机关管理的横向政权组织，也就是通常所说的"块"，其特征是横向的平行管理。条条与块块的结合，构成了中国公共权力的错综复杂的"矩阵结构"。这一矩阵结构，既体现着中央与地方、上级与下级的关系，也体现着党委与政府、党委与人大、政府与人大，以及部门与部门之间的关系。

认知到位是第一个方面，第二个方面就是知而行之——懂得协调：五大新发展理念中的"协调"理念，既强调治国理政要整合党政军群，也强调未来的合格公务员必须对党政军群有较为充分的认知，否则施政时就会导致认知上、行动上的缺位。无论哪一层级的公务员，其在今后的工作中，都必须遵守宪法和法律规定，严格依法行政，认真执行人大及其常委会的决议，主动加强与人民政协的协商，认真听取民主党派、工商联、无党派和各人民团体对政府工作的意见，自觉接受人大、政协、社会各界和新闻媒体的监督。这些素养在入职前必须有理论上的认知与了解，因此跨部门认知是系统思维、整体思维的题中之义，也是对于条块结合认知的细化、实化具体要求。提高申论考试能力与素养，必须要有此"全局性谋划、整体性推进"的本领与识见。

（一）党务部门重在决策。党的十九大报告明确指出：党政军民学，东西南北中，党是领导一切的。党的十九大报告对党的领导与人民当家作主、依法治国的关系进行了权威论述，指出"党的领导是人民当家作主和依法治国的根本保证，人民当家作主是社会主义民主政治的本质特征，依法治国是党领导人民治理国家的基本方式"，"在我国政治生活中，党是居于领导地位的，加强党的集中统一领导，支持人大、政府、政协和法院、检察院依法依章程履行职能、开展工作、发挥作用，这两个方面是统一的"。《中国共产党章程》要求，"党必须保证国家的立法、司法、行政、监察机关，经济、文化组织和人民团体积极主动地、独立负责地、协调一致地工作"。可见，党的全面领导的内涵是丰富的、科学的，作为一个"准公务员"必须认识到位。

（二）政务部门主要是执行，是将党的决策落实落细。如何执行？首先要细读上位法。没有上位法，就没有赋权。没有赋权，落实落细就成了无源之水。思路决定行动。要提高执行力，第一步要认识到位。如何行动？要有人。要有什么人？要有精干的领导小组，要有负责具体工作的办公室，要有业务精湛的能干事、想干事的专业队伍。在此基础上，拟写出实施方案来。方案有何要求？方案要有谋事的思想、做事的原则、工作的目标，特别是工作的重点和保障措施。实际上，国考、省考，考动手能力的同时，基本都是考核这些内容。干事业不能没有执行力，没有执行力就没有公信力。没有执行力、公信力，就不是合格的公务员（队伍）。用什么考什么，"考"以致用。公务员考试，基本上都是考"增量"，考"存量"的很少。

（三）群团组织当下重点工作是改革。如果你报考的是此一类别，那就要加长认知短板。群团组织的改革要认真落实党关于群团改革的决策部署，健全党委统一领导群团工作的制度，紧紧围绕保持和增强政治性、先进性、群众性这条主线，强化问题意识，以更大力度、更实举措推进改

革，着力解决"机关化、行政化、贵族化、娱乐化"等问题，把群团组织建设得更加充满活力，更加坚强有力。现在不少的群团组织招考甚至企业的招聘，也基本采用国考、省考的模式。

（四）四大班子的认知。所谓四大班子，就是党委、人大、政府、政协这四个系统部门。它们的关系是党委决策、人大以法的形式确立下来、政府具体组织实施、政协整合社会力量共襄盛事。四大班子是分工协作、齐抓共管的班子，当然在这个班子里面党委书记是班长，以确保党的集中统一领导的落实落细。

认知制度设计或者框架的途径有哪些？

宏观的认知，有两条途径：其一是中国共产党第十九届中央委员会第三次全体会议通过的《深化党和国家机构改革方案》，从顶层看制度设计的理念与内涵；其二是上所报考的部门的网站浏览。通过大数据的浏览，自然对所报考单位就略知一二，总比原来的空空如也"裸考"好。同时，也为下一个环节的面试甚至进入这个系统工作，下下"先手棋"，何乐而不为？

跨部门认知，可以提高"政商"，对于公务员考试思维的优化、专业化也是很有帮助的，值得下大气力。

二、跨文体写作：文章经国，按照红头文件办事——红头文件有其规则思路、语用理念程序等极强的"专业要求"、文体要求，"以文辅政"特征十分突出

（一）公文写作要注意合法与合格式

党的十九届四中全会明确将"坚持全面依法治国，建设社会主义法治国家，切实保障社会公平正义和人民权利"归结为我国国家制度和国家治理体系显著优势之一。作为国家治理领域的一场深刻革命，全面依法治国为我国的国家治理现代化提供基本方式，为国家治理现代化蕴含价值内涵，为国家治理现代化铺就法治路径，从而成为国家治理现代化的坚实保障。在这种宏观语境之下，依法行文，也成为"依法治国"的题中之义。

如何依法行文?

1. 《党政机关公文处理工作条例》《党政机关公文格式》要吃透。2012年7月1日正式实施的《党政机关公文处理工作条例》（以下简称《条例》）极大地推动了党政机关公文处理工作的科学化、规范化和制度化。这是公文写作的"宪法"。《条例》规定："公文的版式按照《党政机关公文格式》国家标准执行。"适应《条例》的规定要求，中共中央办公厅和国务院办公厅对国家标准《国家行政机关公文格式》（GB/T 9704-1999）进行了修订，形成了现行国家标准《党政机关公文格式》（以下简称《格式》）（GB/T 9704-2012），于2012年6月29日经国家市场监督管理总局和国家标准化管理委员会批准发布，2012年7月1日起正式实施。上述这两个"国标"，虽然在考试当中不要百分之百执行，但是它们对于公文写作的程序、要求作了明确的规定，即它们对于考生的考场提分亦有直接作用。关键是这些明确的要求，在日后的工作中，都要百分之百地落实。可见"吃透"《条例》《格式》，是刚性的"先手棋"。

2. 最新的语言政策要了解。比如《标点符号用法》（2011版）、《出版物上数字用法》（2011版）、《通用规范汉字表》（国发〔2013〕23号）……都必须精读。一字入公文，九牛拉不出。更何况党政系统中都有对于"病公文"的"退文"处理。如果"退文"，既"退"自己的面子，也影响到单位的形象，关键是影响公共事务的办理，害莫大焉。

3. 了解最新的《国务院工作规则》（国发〔2018〕21号），并能举一反三。当下，有很多省级人民政府都尚未发布其最新的《政府工作规则》，不能不说是一大缺憾，因为当下的政府工作指导思想有了新的充实与表述。国务院就做得很好，很值得"准公务员"去学习，并迁移到自己的新工作岗位上。国务院的表述是："国务院工作的指导思想是，在以习近平同志为核心的党中央坚强领导下，高举中国特色社会主义伟大旗帜，以马克思列宁主义、毛泽东思想、邓小平理论、'三个代表'重要思想、科学发展观、习近平新时代中国特色社会主义思想为指导，认真贯彻党的

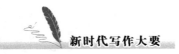

基本理论、基本路线、基本方略，坚持和加强党的全面领导，严格遵守宪法和法律，全面正确履行政府职能，建设人民满意的法治政府、创新政府、廉洁政府和服务型政府。"古人说得好，"周虽旧邦，其命维新"。作为未来的建设者与接班人，亦应如此。学习了这些理念，申论作答时、面试时，就有了基本遵循与指南。

4. 一定要能写出高质量的"请示""报告"等上行文。请示、报告，这两种公文是近年国考、省考的高频文种。因此，请示、报告的写作，其标题、首段、主体、结语，都要做到"零瑕疵"。特别是"请示"的写作，要经得住领导"三问"与做到"四不"：

——请示写作的"三问"：

1. 本单位此前遇到此类问题是如何请示的；

2. 兄弟单位是如此请示此类问题的；

3. 出手的请示问不倒：情况清、政策清、法规清。

——请示写作"四不"：

1. 谋事时要做领导，确保不缺位；

2. 做事时要做下属，确保不越位；

3. 不满意的请示不出手；

4. 出手的请示无硬伤。

（二）准公文写作，要管用且得体

除了15种公文之外，还有一些近年常考的高频事务文书，比如简报、汇报提纲、讲话稿、调查提纲。此类写作，一定要注意"七审"：审材料——掰开揉碎；审要求——只字不漏；审文体——得体得宜；审对象——如见其人；审预期——你所想考的就是我笔下所写的；审文采——言之有文且质文并茂；审差异——人无我有，人有我优，人优我特，人特我专。

（三）其他文体写作要注意文体要求

评论写作、议论文写作要注意以下几个环节：论点要明确、论点要与材料有关即要从材料出、论点不能断章取义。论据要真实可信，可以从给定的材料中出，也可以自行举证；观点与材料要统一；不能出现孤证形象。论证要有逻辑、完整，且合情理，合公序良俗，有说服力。语言宜简笔就简笔，宜繁笔就繁笔，宜消极修辞就消极修辞，宜积极修辞就积极修辞，各得其宜各尽其为佳妙。思想要有创见和深度。

因为近年偏好议论文体，故其他文体不作阐述。

三、跨情境融入：我是上级也是下级，我还是原来的我——得事早得计早，申论备考必须要有战略眼光

（一）从上级的角度思考如何写文案、方案，所谓"身在兵位、胸为帅谋""国之兴废，在于政事；政事得失，由乎辅佐。"当好"智库"和领导的"智囊"，搞好参谋服务。

（二）本级：如果申论要写的方案、文案是介乎两者之中的话，就要学会理顺三者的关系。如果是上下级关系而已，就不要越位，当然也不要缺位。下行文，要刚性、威严；上行文，要有问题意识、参谋意识，语用要得体，要有敬辞。

（三）《条例》的规定必须了解——

第十五条 向上级机关行文，应当遵循以下规则：

（一）原则上主送一个上级机关，根据需要同时抄送相关上级机关和同级机关，不抄送下级机关。

（二）党委、政府的部门向上级主管部门请示、报告重大事项，应当经本级党委、政府同意或者授权；属于部门职权范围内的事项应当直接报送上级主管部门。

（三）下级机关的请示事项，如需以本机关名义向上级机关请示，应当提出倾向性意见后上报，不得原文转报上级机关。

（四）请示应当一文一事。不得在报告等非请示性公文中夹带请示事项。

（五）除上级机关负责人直接交办事项外，不得以本机关名义向上级

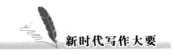

机关负责人报送公文，不得以本机关负责人名义向上级机关报送公文。

（六）受双重领导的机关向一个上级机关行文，必要时抄送另一个上级机关。

第十六条　向下级机关行文，应当遵循以下规则：

（一）主送受理机关，根据需要抄送相关机关。重要行文应当同时抄送发文机关的直接上级机关。

（二）党委、政府的办公厅（室）根据本级党委、政府授权，可以向下级党委、政府行文，其他部门和单位不得向下级党委、政府发布指令性公文或者在公文中向下级党委、政府提出指令性要求。需经政府审批的具体事项，经政府同意后可以由政府职能部门行文，文中须注明已经政府同意。

（三）党委、政府的部门在各自职权范围内可以向下级党委、政府的相关部门行文。

（四）涉及多个部门职权范围内的事务，部门之间未协商一致的，不得向下行文；擅自行文的，上级机关应当责令其纠正或者撤销。

（五）上级机关向受双重领导的下级机关行文，必要时抄送该下级机关的另一个上级机关。

四、国考副省级以上的作答技巧

2019年国考副省级申论真题卷及作答技巧

一、注意事项（略）

二、给定资料

1. S市积极响应党的十九大报告中"要坚持农业农村优先发展，按照产业兴旺、生态宜居、乡风文明、治理有效、生活富裕的总要求"，坚持将乡风文明建设放在全市发展大局中进行谋划，大力推动农村综合改革、美丽文明村居建设、基层大治理等工作，把乡风文明建设作为重要内容加以部署。为加强基层治理，推动乡村振兴，今年3月13日，S市召开工作大会，对村居建设作了整体部署：到今年年底完成30个美丽文明和谐示范村建设，到2020年年底完成50个示范村居、5个标杆村居建设，按照典型引领、整体推进、总体提升的方针，将乡风文明建设进一步推向深入。

S市一直重视基层党建工作，大力实施固本强基工程，突出村级党组织领导核心作用，按照"党领导一切"原则出台了一系列政策，努力健全以党建为统领、以法治为核心的基层治理体系，通过党组织的有力领导，促进矛盾纠纷的化解和法治观点的强化，逐步提高乡风文明水平。

今年S市选派了104名机关干部任村居第一书记，公开招考205名优秀大学生担任村干部，并推进基层党建下沉到村民小组，落实支部建在小组上。该市党建工作示范村A村牢记习近平总书记"农村党建要让群众更满意"的殷切期望，积极探索"党建+"融合基层治理发展模式，以党建引领基层自治、共治、法治、德治。

S市注重提升城市形态，大力推动城市升级，"美城行动"从中心城区延伸到村居社区。在乡风文明建设过程中，S市以改造乡村人居环境为核心，深入推进农村环境综合治理和生态文明建设，全面提升农村整体环境，取得了明显成效，绿化、美化水平显著提升。

S市共投入2000多万元用于文化遗存的修缮和活化。全市现有国家级、省级、市级非物质文化遗产共28项，国家级、省级、市级非遗传承人共27人。S市坚持"一村居一品牌"的工作思路，挖掘提炼村居历史文化特色，打造村居文化品牌活动。

目前全市已建成30个村居主题公园，143个农村公民道德讲堂，每个村居都设置了善行义举榜或好人榜，让社会主义核心价值观随处可见、随时可学、随心可感。

S市不断加强社会主义核心价值观宣传教育，推进主题公园、标识景观、公益广告建设，开展农村道德模范和身边好人学习宣讲活动，引导村民树立正确价值观念。同时，S市还大力加强农村思想道德建设，深入挖掘农村传统道德教育资源，引导村民在思想观念、道德规范、知识水平、素

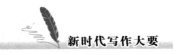

质修养、行为操守等方面继承和弘扬优良传统，形成积极、健康、向上的社会风气和精神风貌。

【补充说明】以下为与此题考试有关的上位法——

中共中央印发《中国共产党农村工作条例》

中共中央办公厅　国务院办公厅印发《关于加强和改进乡村治理的指导意见》

中共中央办公厅　国务院办公厅印发《数字乡村发展战略纲要》

中共中央办公厅　国务院办公厅印发《关于促进小农户和现代农业发展有机衔接的意见》

中共中央　国务院关于坚持农业农村优先发展做好"三农"工作的若干意见

中共中央印发《中国共产党农村基层组织工作条例》

中共中央办公厅　国务院办公厅印发《农村人居环境整治三年行动方案》

中共中央　国务院关于实施乡村振兴战略的意见

中共中央办公厅　国务院办公厅印发《关于加强贫困村驻村工作队选派管理工作的指导意见》

中共中央办公厅　国务院办公厅印发《关于建立健全村务监督委员会的指导意见》

【作答技巧：段落大意、据分配点配时】

2. 有着良好区位优势和自然条件的Y县城关镇山岔村，多年来却受人多地少、农业基础薄弱、产业结构单一等因素制约，2012年全村人均纯收入仅为3800元，约三成的人口处在贫困线下。在各方努力下，该村2013年实现了整村脱贫，2015年建成省级美丽乡村，2016年被评为市级卫生村，2017年被列入小康村建设项目。日前，调研组对山岔村进行了调研，以下是调研记录：

村党支部书记L介绍说，为了彻底改变山岔村贫困面貌，2013年，村上联系帮扶单位省环保厅、相关银行，反映发展意见，争取帮扶资金。山岔村通过整合帮扶资金，建成了180平方米的文化宣传基地，安装太阳能路灯10盏，硬化村内道路3千米，硬化西环路至山岔村道路3.5千米，还积极争取财政、建设、文化、扶贫等部门资金，实施了清溪小学及幼儿园新建工程。

该村还积极鼓励农户成立合作社，通过土地流转，形成合作社式的劳作模式，发展现代设施农业、养殖业，并引导群众有计划地种植经济作物。

杨自龙家以前是村里有名的贫困户。原本东奔西走做临时工的他，在村党支部的鼓励下，争取到帮扶贷款90万元以及村级发展互助资金协会所注入的资金30万元，牵头成立了吉隆田农产品产销专业合作社，先后搭建起17座大棚种植草莓。因为绿色环保，来采摘的人很多，经济收入年年增长。

据记载，山岔村以前有九盘水磨，它们在清朝同治年间被焚烧殆尽。清光绪初年，本村村民王生贵、王好存父子重新修建一盘水磨，用于解决老百姓无处磨面的问题，加工场面十分红火。这盘具有传奇色彩的水磨保留到了今天，它不但让后人了解先辈生活，也激励了大家齐心奔小康的勇气，被Y县人民政府授予县文物保护单位。

"我们确立了'一心多景、一轴三廊、四片联动'发展格局。"城关镇党委书记X如是说。他介绍，山岔村2014年被纳入了市级美丽乡村建设行列，城关镇抓住这一机遇，积极为该村出良策，确定以"传承九磨文化、做足山水文章"为主线，因地制宜发展乡村旅游业。该村下决心把发展乡村旅游作为带动全村致富的一个新举措，依托自然资源，发挥山岔村天然水源的优势，彰显历史印记，融合文化元素，做活水的文章，打造避暑休闲的美丽村庄。

L书记说，该村2014年修建了占地650平方米的老年文化活动广场，2015年利用省、市、县三级配套资金打造了占地7800平方米的水磨文化广场，2016年建成了2000平方米的人造草坪球场并精心打造了400米长的历史文化艺术墙。这些设施不仅丰富了群众文化生活，而且使村民在潜移默化

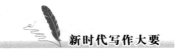
中受到教育，社会风气也越来越好。

山岔村古时就因县八景之一的"烽火夕照"而负盛名。夕阳将落未落之时，晚霞赤红如血，涂遍半边天空，如一幅色彩溢漾的油画。置身此处，山川河流尽收眼底，其景象在夏日最为艳丽壮观。据此，山岔村2016年建成烽火夕照长城墙、山神庙观景平台和小游园，同时恢复了重阳民俗文化活动。

"我们村已通过省、市美丽乡村建设验收，打造了一个不要门票的乡村旅游景点。到这里来，能品野菜、听蛙声、忆水磨、体验农耕文化，望得见山，看得见水，留得住乡愁。"L书记高兴地告诉我们。

依托美丽乡村建设，部分村民办起了农家乐。周云是村里的致富带头人，2014年市级美丽乡村建设时，他看到了商机，有效利用自家宅院，开办"农家乐"。"道路全部硬化，环境干净整洁，景观美丽还有故事，这吸引来了不少游客，生意一天比一天好，1个月纯利润有1万多元。"周云笑呵呵地说。

L书记介绍说："周云的农家乐开办为山岔村的乡村旅游业发展开了个好头，好多村民纷纷效仿，家庭收入开始增长，生活条件明显好转了。可是新的问题出现了，男人们一闲下来就喝酒，女人们一闲下来就传闲话。镇、村都意识到了这个问题。习近平总书记说，'实施乡村振兴战略要物质文明和精神文明一起抓，特别要注重提升农民精神风貌。'我们全面落实习近平总书记的有关指示，大力倡导文明树新风。"他指着一些农家大门边墙说："精神文明建设的第一步就是从每一家找家训、立家规，然后制作成漂亮的牌子挂在门口，时时提醒着进出的每一个人。"他强调，家和万事兴，家庭和睦、邻里亲近，做任何事都容易。

山岔村把家训作为优秀传统文化传承发扬，在全村范围内从家谱村史、牌匾楹联、经典家训中广泛征集好家训，使该村成为户户挂家训、家家立家规的"家训村"，以文明家风推动良好社会风气的形成。周云家的大门口贴的是"家庭和谐、邻里相亲"，对于周云来说，好的家训是他家庭和睦、创业致富的根本。周云说："自从挂上了家训牌，全村的人就开始讨论张家或者李家的家风，不但监督别人，而且反观自己、要求自己、教育孩子。大家和睦相处，邻里亲近。"

3. 某学者发表文章，介绍了中国现代史上著名实业家卢作孚在乡村建设方面作出的历史贡献。该文章摘录如下：

A. 卢作孚于1893年出生在原四川省合川县（今重庆市合川区）一个世代农耕的家庭。作为一个没有念过大学的农家子弟，他却创造了中国现代经济史、社会史、文化史、教育史上的奇迹。卢作孚创办的民生公司是中国近现代较大、较有影响的民营企业集团之一。

B. 1927年，卢作孚开始在中国西部开展以北碚为中心的嘉陵江三峡乡村建设实验，被誉为"北碚之父"，和晏阳初、梁漱溟并称中国现代史上"乡村建设三杰"。他的核心思想是：中国的现代化，基础在"乡村现代化"。他认为："乡村是不断供给城市人口的地方。如因教育缺乏，供给的都是无知识的人口，那不惟于城市文明没有帮助，反而妨碍不小。乡村教育不发达，不但是乡村问题，而且变成城市问题了。"而"乡村经济事业如没有（和城市）同样的速度进展，亦必引起城市原料的恐慌"，大量农村人口涌向城市，"城市人口无休止地逐渐增多，更会成了城市问题。"——这些近百年前说的话，仿佛针对的就是当下的现实。卢作孚始终抓住城市与乡村发展的关系，来思考中国的发展问题，从而突出乡村建设的基础意义，抓住了要害。

C. "乡村现代化"，既是一个奋斗目标，更规定了推动乡村运动的范围与方法。这也是最具启发性之处：从事乡村运动，既要落实为一个个具体问题（教育问题、救济问题等）的解决，但又不能局限于此，要有一个"乡村现代化"的大视野、大目标，既立足局部，又着眼全局。

D. 卢作孚在设计嘉陵江三峡乡村建设时，一开始就提出了"要将嘉陵江三峡布置成为一个生产的区域、文化的区域、游览的区域"的目标，并且具体规划为经济建设、文化教育建设、社会建设、环境建设、自治建设等几个方面。这表明，卢作孚的"乡村现代化"是一个"全面现代化"的概念，并不局限于物质的建设，而追求乡村政治、经济、

文教、社会、环境的全方位的改革。其一，卢作孚规划中的文化教育建设，不仅以"教育事业"为中心，而且把"研究事业"放在突出的位置。在他看来，乡村建设必须建立在科学研究的基础上，因此强调服务于乡村建设的研究，"要注意应用的方面，有生物的研究，有理化的研究，有农林的研究，有医药的研究，有社会科学的研究"。后来北碚建立的西部科学院，就具体体现了他的这一思想。在城镇设立研究机构，当时这在全国是一个独创。其二，卢作孚特别重视社会建设。他不仅积极发展公共文化娱乐建设，创办博物馆、图书馆、运动场，而且大力推动"公共事业"，开展"社会工作的运动"，这背后又是"人"的建设。他要通过这些公共事业，培育新的"人民"："皆有职业，皆受教育，皆能为公众服务，皆无（不良）嗜好，皆无不良习惯"。其三，他对环境建设也倾注极大热情，提出"凡有市场必有公园，凡有山水雄胜的地方必有公园"，他的理想是把北碚乡村建设实验区建设成"皆清洁，皆美丽，皆有秩序，皆可居住"的人间净土、乐园。其四，他在推动乡村社会建设时，特别关注的是，所有的公共事业，都要"大众出钱，大众出力，而且是大众支持。由这些具体的活动引起大众管理公共事务的兴趣，以形成大众管理公共事务的方式"。

E. 如何着手乡村现代化？卢作孚的回答是："政治、经济、文化这三方面的建设诚当并重，但更当以经济建设为中心，更当集中一切力量于经济建设。"只有经济建设的发展，才能"增进人们的富力"，人民富裕了，才能增进其"完纳赋税的负担力"，从而增强国力。而卢作孚更要强调的，是"经济活动为国家最大多数人所必须参加的活动"，经济建设是最能动员最广泛的民众参与的。

F. 他自己也身体力行，以民生实业公司总经理和北碚峡防局局长的双重身份，动员民生实业公司的财力、物力和人才、技术优势，全力支持北碚峡区的乡村建设，着手五大工程建设，即投资煤业，开创峡区煤矿业；投资交通业，修筑铁路；投资纺织业，建立大明染织厂；投资科学研发，创建科学院、博物馆；投资教育，创办兼善实业股份有限公司，以企业养学校。而民生实业公司自身也从中获得了发展新机遇：不仅获得经济利益，而且利用乡村建设所提供的良好的社会、学习环境，培训了近千名的建设骨干人才。卢作孚力图构建一个"以工辅农，工（工商业）农（乡村建设）互动"的发展模式，其意义和影响是深远的。这一点在强调以工哺农，建设新农村的今天，就看得更加清楚了。

G. 卢作孚乡村建设思想最核心的一个层面，即他所提出的"训练人是一切问题的中心问题"的命题与任务。他提出以"人人都能自立，人人都能立人"为乡村建设的根本目标。这应该包含两层意思：一是乡村现代化建设最终要落实到"立人"，即我们今天所说的"人的现代化"。二是乡村现代化建设又要依靠"人人都能自立"的建设者去推动。

4. 关于如何重新认识乡村生活的意义，有学者撰文指出：

美国作家梭罗曾经倡导一种简朴的物质生活和丰富的精神生活，他28岁时只身一人来到家乡城外的瓦尔登湖，自建小木屋，自耕自食两年有余，"过一种经过省察的生活，去面对人生最本质的问题"。可以说，梭罗在乡村生活中重新发现了我们在城市的现代文明中过分重视物质资源而失去的东西，进而启发我们思考"作为精神资源的乡村文化"对人类所具有的重要意义。

人在乡村中，最能感受到大自然的熏陶。"人在自然中"，真正地"脚踏大地，仰望星空"，这本身就是一个最基本、最重要、最理想的生存状态，同时也是最基本、最重要、最理想的教育状态。别的不说，单是在乡居生活中能够每天"按时看日出"（这是作家福楼拜提出的一个著名的生命命题），就足以使我们感悟生命的意义，尽享生命的欢乐了。梭罗曾因看早晨的阳光，而产生"黎明的感觉"，即每天都以新的眼光，以一种新鲜感去重新观察、重新发现已经司空见惯的生活，从而获得新生。作家M说，在大自然中，"体验阳光，体验美，体验幸福，体验纯净，体验温馨，体验柔情，体验思念和怀想，这样的精神生活，这样的心理空间，实在太有魅力"。正是在大自然中，我们成为一个"精神明亮的人"，这才是一个健康的人。

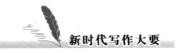

"仁厚黑暗的地母呵，愿在你怀里永安她的魂灵！"鲁迅在《阿长与〈山海经〉》的结尾书写的"地母"，很容易让人联想到希腊神话里的英雄安泰，他在失败之时总是投向大地，从母亲那里获得力量。鲁迅对故乡民间世界的依恋也颇类似于此。民间文化伴随着童年记忆构成他回忆中极具温情的人生体验，他对民间风俗的津津乐道，对民间人物不无温情的回顾都表现出民间文化对他的吸引力。鲁迅正是在他家乡的民俗、民间文化的熏陶下被培育出来的。

在中国，有一位当代作家H，他也在农村建屋，自由游走、生活在城市与乡村之间。H认为，人们对乡村的"投奔"，实质上是在投奔乡村所呈现的"文明意义"，这种"文明意义"有三：其一是自然造化的"没有一片叶子是完全相同"的"个异性"，而这样的个异性在严格雷同的"技术高精度"和大量重复的"规模经济"中已经被完全屏除；其二是"永恒"的感觉，"除了不老的青山、不废的江河、不灭的太阳，还有什么东西更能构建与不朽精神相对应的物质形式"；其三是"共有共享"的理想，"大自然无比高远和辽阔的主体，至少到目前为止还无法被任何人专享与收藏，只可能处于人类共有和共享的状态"。

5. "城市和农村要互补发展，"某官员日前指出，"有些经济学家总是简单地认为，只要把农村的人口搬到城市里来，就完成了城镇化，生产效率会自动提高，社会分工会自动推进，这其实是有问题的"。该官员特别强调了一个误区，即将城乡一体化变为城乡"一样化"。当前，村庄大量被拆，数量急剧减少，部分基层干部梦想一步就把农村变成城市。其所造成的后果不是城乡互补发展，而是城乡"一样化"，这不仅可能导致宝贵的乡土旅游资源的丧失，也不利于现代化农业的建设。

据此，该官员认为，未来的城镇化发展应该坚持"两条腿"并行，城市、农村协调统一，宜城则城、宜乡则乡，统筹区域发展，体现地方特色，做好产业支撑，保证公共服务，保护生态环境，让农村和城市同样美丽。

有专家指出，我们在城乡关系认识上存在一些误区。他认为，不是城市文明高于农村文明，也不是农村文明高于城市文明，两者是相互依存、功能互补的关系，所以既不能把城市文明凌驾于乡村文明之上，也不能把乡村文明凌驾于城市文明之上。

城市文明和乡村文明，人造文明和自然文明，都是应该而且可以互补的；理想的生活状态可能还是在城、乡之间自由游走。

三、作答要求

（一）根据"给定资料1"，概括S市在乡风文明建设方面的举措。（10分）

要求：准确、全面，不超过150字。

（二）假如你是被派到Y县的调研组的一员，请根据"给定资料2"中的调研记录，就山岔村值得肯定的做法写一份调研报告提纲。（20分）

要求：

（1）紧扣资料，要点完整；

（2）内容具体；

（3）不超过500字。

（三）某省政府开办了一个农村发展战略研习班，其中一项研习内容是"卢作孚的乡村建设构想"。假如你是工作人员，请根据"给定资料3"，围绕卢作孚的乡村建设理念及现实意义，写一份导学材料，以指导学员更好地学习。（20分）

要求：

（1）内容全面准确；

（2）层次清楚，分条作答；

（3）不超过600字。

［作答技巧］

自然段	建设理念	现实意义	对农村发展是否有利	备注
1				
2				

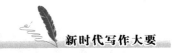
续表

自然段	建设理念	现实意义	对农村发展是否有利	备注
3	目标与方法	既立足局部，又着眼全局	全局与局部的统一，有利于城乡统筹发展	
4				
5				
6				

（四）根据"给定资料4"，谈谈你对"作为精神资源的乡村文化"的理解。（10分）

要求：准确、全面、有条理。不超过250字。

［作答技巧］

自然段	原文意思	个人理解	备注
1	省察本质，重新发现失去的东西	同义式/反义式/例证式/三天式	
2			
3			
4			
字数	100	150	

（五）"给定资料5"结尾写道："城市文明和乡村文明，人造文明和自然文明，都是应该而且可以互补的；理想的生活状态可能还是在城、乡之间自由游走。"请结合你对这句话的思考，自选角度，联系实际，自拟题目，写一篇文章。（40分）

要求：

（1）观点明确，见解深刻；

（2）参考"给定资料"，但不拘泥于"给定资料"；

（3）思路明晰，语言流畅。

（4）总字数1000～1200字。

[作答技巧]

项目	内容一	内容二	内容三	驳论
城市文明和乡村文明	应该而且可以互补1	应该而且可以互补2	应该而且可以互补3	如果不互补后果一、二、三
人造文明和自然文明	应该而且可以互补1	应该而且可以互补2	应该而且可以互补3	如果不互补后果一、二、三
理想的生活状态可能还是在城、乡之间自由游走	由城到乡自由游走地生活	由乡到城自由游走地生活		如果不自由游走后果一、二、三

第十章

中小学写作

　　"文章，经国之大业，不朽之盛事""得作文者得天下""写作是语文的半壁江山"等，都为写作的重要性"背书"①。写作同样要"扣好第一粒扣子"，写作的发蒙阶段，规范与专业引导不可小觑，它可以起到事半功倍的作用：既可降低纠错成本，又可提高写作时间投入与产出性价比，是"写作经济学"的重大议题。文无第一，武无第二。写作"只有进行时，没有完成时"，我们已走过千山万水，但仍需跋山涉水。

　　本章重点教授如何"对标"（对准《语文课程标准》与教材）写作，通过本章学习，学生会写，教师会教的同时也会下水示范写作。构建一个写作共同体之所以必要，乃是"亲其师，信其道"，可激发写作共同体产生良性循环。

　　"按照红头文件办事"，是落实"双减"②的基本方略。师范生，是"对标"写作的第一责任人：教写作、评阅学生习作、自己下水写作，还能围绕"写作链"（"关于试题评价"的书写、"关于作文评分细则"的书写、"关于学生作答情况"的书写）进行各种各样的关于"写作的写作"；这样的师范生才是全面发展的硬核"准教师"，才能立足新时代把"写作链"拉长、做强、做优。人们常说"学高为师，身正为范"，实际上"学高为师"的"高"显示区就在于"写"，"写高为师"，征程未有穷期。

---

　　① 支票在转让的过程中有一种是转让支票出去的人要在支票背后签名（或盖章），称为背书。背书的人就会对这张支票负有某种程度、类似担保的偿还责任，这种责任随后就引申为担保、保证的意思。即为自己做的事情或为自己说的话作担保、保证。

　　② 2021年7月24日，中共中央办公厅、国务院办公厅印发《关于进一步减轻义务教育阶段学生作业负担和校外培训负担的意见》。

》第一节

概述

文有大法，而无定法。

中小学写作虽只是写作的初级阶段，但其写作技法与中小学之后的写作之技法大同小异，所谓"月映万川"。"夫人之立言，因字而生句，积句而为章，积章而成篇。篇之彪炳，章无疵也；章之明靡，句无玷也；句之清英，字不妄也。振本而末从，知一而万毕矣。"①过去是这样，现在还是这样，将来更是如此。字法、词法、句法、段法、篇法，小学是这样，初中、高中……亦复如是。

写作知识、写作能力的习得，是中小学语文学习的重要内容，也是中小学测评的重头戏。因此，作为师范生，必须熟悉中小学写作的教学内容安排规律、逻辑及其指导之法、测评之法。

特别是测评，它就是"指挥棒"，有什么样的写作测评，就有什么样的写作教学。《教育部关于加强初中学业水平考试命题工作的意见》（教基〔2019〕15号）的出台，意味着写作教学的权重进入一个新的历史时期：基础教育阶段的写作教学，无论怎么强调都不过分，写作已成为教、学、考的重头戏，在新的赛道上审视写作是历史的要求，也是教学制度的顶层设计。

本章对中小学写作进行"航拍"与阐释，旨在使我们师范生能将中小学写作作圆通观照，毕业后能胜任任一学段的写作教学任务。

---

① 刘勰《文心雕龙·章句》。

» 第二节

中小学写作特征

身心成长与认知不断成熟并时而进，是中小学生的重要特征，所谓长身体也长知识。写作素养的阶段性特征是最外在的特征，它以年级作为标识，与年岁呈正相关；层次性是写作的认知刻度；文体性是写作的内在要求，"得体"首先是文体的精当；目的性是写作管理、写作评价描述；创造性是写作之高阶要求，也是语文教学的"深度学习"最右边界设定（参看布鲁姆"双向细目表"）。

一、阶段性

中小学指的是小学教育和包括初中与高中的中学教育。若将其概而称之就叫"基础教育阶段"；若因袭习惯，1～9年级叫"义务教育阶段"，高中3年就叫高中阶段。

幼有所教，接受中小学语文教育的对象大多为6～18岁的学生。长达12年的年龄跨度使得中小学学生的学习态度、学习心理、思维方式等都相差甚远，并呈现出明显的阶段性。小学生生活阅历少，学习习惯、性格品质、思维方式还未完全成型，可塑性强。

学生倾向于服从外界传达的经验化、系统化的知识，关注基础知识的识记，与布鲁姆"双向细目表"最左边界设定契合。

在写作上强调保留事与物的客观性、好词好句的摘抄运用、句型句式的模仿借鉴，写作重心偏向于抽象思维强，表达思想、抒发个人情感的简单记叙文；初中生[1]抽象思维发展较为成熟，性格态度基本成型。初中教学

---

① 过去习惯称初中生，现在叫七、八、九年级学生。

以小学教学为基础，要求写作教学由简单记叙文转向相对复杂、作文内涵及意义更为丰富的记叙文，进而逐步过渡至应用文、议论文写作。

初中生在审题立意、选材构思等各方面已然摸索出了一定的模式，能够在完成写作任务的基础上完成一些提高性的附加任务，如追求文字的审美价值、文本的多重内涵、新颖深刻的主题等[①]。高中教学则着眼于学生逻辑思维的培养，要求学生完成立论明晰、论据充分、论证合理的议论文，同时又对其他应用文体提出一定的写作要求，如书信体、通知公告等，借以考查锻炼学生多方面的能力与素养[②]。高中生经过了九年系统化的语文学习，已然掌握了基本写作技能，能够熟练运用形象思维和抽象思维来加工改造写作素材并提炼合适的主题，同时又能结合时事与自身经历有所思考感悟，高中生的思维能力接近成人，独立意识较强，写作风格个性化明显。

虽然中小学语文同属于一个知识体系，但不同阶段对学生要求的知识掌握程度不同，且各个阶段之间的知识跨度较大。因此，关注各个阶段学生写作的不同特征，做好各阶段的衔接工作是重要且必要的。但传统的写作教学忽视学生在各个阶段的特征，导致写作教学成果不显著，发展缓慢。这必然要求对写作教学进行革新改造，具体问题具体分析，以适应学生的全面发展与终身发展。

有基于此，过程性评价就要与结果性评价结合起来，并用战略眼光来审视中小学写作的"阶段性"特征，科学安排写作，"先谋后事者昌"。

二、层次性

根据赞科夫发展性教学理论，教学要使所有学生（包括学困生）都得到一般发展。中小学每个班级中，几十个学生的知识积累水平、思维方式、理解能力、语言表达能力、学科兴趣等都参差不齐，要达到学生都获

---

① 参看《义务教育语文课程标准（2022年版）》。
② 参看《普通高中语文课程标准（2017年版2020年修订）》。

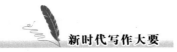

得一般发展的目的，写作水平相对较差的学生能完成基本水平的目标，基础较好的学生又能够发挥写作优势，实现质变，这就必然要求教师根据学生的具体情况因材施教；这一点孔子早在两千多年前就洞若观火。

小学生与中学生写作能力与要求差异较大，其内部写作层次分化也十分明显，大致可以分为A、B、C三个层次，A层进阶型为语言表达能力较强，情绪感染力大，写作态度积极的优秀学生，B层达标型为踏实认真，写作态度与写作能力中等的学生，C层基础型为语言能力一般，甚至写作态度较差的学生。C层基础型的学生关心的是写作任务完成与否，字数是否达标，对写作不感兴趣，选用的事例只是简单堆砌而成，语言文字无美感可言。受限于知识积累量、思维方式、理解思考能力、语言表达能力等，这三种层次的学生写作侧重点也有所不同，写作要求与目标自然就要因人而异。

在写作教学中，教师要遵循组间异质的原则，因材施教制定不同的写作标准。最近发展区理论要求教学要遵循"跳一跳摘桃子"的教学原则，给学生提出符合最近发展区的目标，学生在一步步完成目标的同时获得成就感，进而转化为下一次写作的内在动力，从而推动学生主动实现写作能力的有机提高。针对C层基础型学生，要在教学中激发学生的表达欲望和写作兴趣，克服畏难情绪，调动其主动写作的各方面动力。适当放宽写作要求，给予及时正面的反馈。要求语句通顺，卷面整洁，规范涂改，能够合理运用修辞手法美化表达形式即可。B层达标型学生则要从写作材料中挖掘深层意义，将材料有机结合，在写作中要强调结构的合理性与完整性，丰富作文的思想内涵，突出写作侧重点。对于A层进阶型学生，教师要以高标准、高要求督促学生在写作中打磨文字，鼓励学生摆脱传统作文范文模式的禁锢，推陈出新，努力形成自己特有的写作风格。

需要强调的是，对于不同学段的写作要求与评价，课标的要求较为宏观；而教材对于写作要求与评价就较为微观。据不完全统计，初中、高中阶段的写作训练近90个，它们的层次性脉络较为清晰，拾级而上，既符合现实逻辑也符合认知逻辑。

三、文体性

中小学写作要求中都明确指示"文体不限"，放宽了文体限制，给予学生足够的选择权与自由度。文体是主观表达目的的客观呈现，其文学价值体现在选用的语言形式与内容组织铸就而成的附加内涵，从而借以实现表情达意的社会功能。中小学生的表达意图与写作目的各不相同，例如，为了展露情感，有的是为了表明心志，其他的还包括讽刺谏议，阐发主张，提出建议，论证观点，等等。出于表达意愿的不同，中小学生会有意识地选用适当的文体。

然而，在"文体不限"的指示下，中小学生文体自觉性普遍不高，即使有一定的自觉性，但也大多是从教师口授，抑或是从课文中撷取的相对模糊的认知，客观性和理性程度不高。小学生文体意识普遍较薄弱，缺乏对于记叙文的清晰认知，为了完成教师的写作指令，学生写记叙文更倾向于单纯地"记"，偶尔加入略显稚嫩的修辞装点，但行文容易走向"流水账"，主题意识模糊，结构框架不完整，感性思维突出，却又能在记叙文的大框架下依着文体要求记事、叙述，基本符合记叙文的文体要求。

到了初中阶段，学生的抽象思维渐趋成熟稳定，经过六年的记叙文训练，初中生对于记叙文有了更为深刻的认知与把握，逐渐从简单的记叙文写作转向复杂、烦琐的记叙文写作，甚至是对思维能力要求较高的议论文写作，不再只是简单记录，在赋予笔下的语言文字丰富的思想内涵的同时，又能努力追求理性思考与审美价值，感性与理性的交融虽比较机械，但在写作中注意到并极力追求文体语言形式与思想内容统一性的意识仍值得肯定。

经过了模式化的有意识训练后，高中生的文体意识则较为显著，尤其是在针对各种现象的写作情境下，学生在完成发表观点的基础写作任务的同时，能够在作文中展现思维方式与思考过程，从阐述事实，到整合论据，敲定论证方法，最后推出观点，其中无一不是理性思维的结晶。与此同时，在各种修辞手法与多番斟酌的文字加持下，高中生的作文又极力追求文学价值与审美意味。但与此同时，高中生受限于高考对于议论文考查

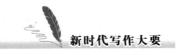

的大方向，写作重心仍倾向于模式化、系统化的议论文写作，文体意识相对比较狭隘。

文体意识相对比较狭隘，其实是写作教学的痼疾，如果观照学生终会成长为社会人——服务于社会、服务于制度，那么我们的写作教学就太功利了，甚至有不少戾气。"生活有多宽广，语文就有多宽广"，写作应该是一种"宽广写作"，而不应该拘泥于初中记叙文、高中议论文逼仄小天地中出不来。"培养社会主义建设和接班人"，是培养解决问题的人，而不是解题的人。社会上的文体写作，只有那90个写作训练方能涵盖，一定要把"文体不限"落实落细！

四、目的性

任何的写作活动都是由一定的写作目的驱动的，不同的写作目的不仅是不同的写作活动的原发动力，还规定着学生行文的前进方向与最终的呈现效果。

小学生的写作大多由外部动机驱动，行文重点偏向于句式模仿以及比喻、拟人、排比等修辞的运用，重在打造有"颜值"、有"造型"的文章，借以达到满足家长要求、执行教师指令、获得外界赞扬的目的，关注重心在作文的语言形式，工具性较为明显。

初中生处于生理心理快速发展的青春期，这时的学生比较感性，情绪情感更为敏感细腻，对于客观世界的所见所闻生发出更多所思所想，行文中大多带着个人情感。思维方式变化发展较快，加以适当引导，学生能够有意识地进行写作，借以抒发在青春期的矛盾复杂的情绪与感受，虽无法对事物有全面、清晰的把握与认知，但"为赋新词强说愁"的意味较强烈，也不失为一种进步。

高中生情绪情感则较为稳定，思想性格较为成熟，更倾向于从内部动机出发行文。此阶段的学生面临着升学的压力，但他们将考上理想大学视为"梦想"，对于实现梦想的渴望所带来的动力远远超过外部动机，这是他们努力学习的源泉，还关系着学习兴趣，激励着学生将身心状态调整到最佳水平。在行文中既能够对表达手法、写作技巧运用自如，又能带着主体意识行文，能够客观全面地审视问题，完成相应情境中特定的写作任务，在文字中凝聚自己的思想情感，使得作文蕴含多重含义，从而能够有意识地实现写作目的。高中生的作文很好地体现了"文道统一"的特点。

目的明确，才能对标制订方案，写作活动的重点方能突出，写作的绩效方能有保证。

五、创造性

创新是一个民族历久弥新、永葆生机的灵魂。随着科技兴国、人才强国方针的提出，创新思维和创造力水平的高低成为甄选人才的重要标准之一，新时代发展也对人才培养提出了多方面的培养要求，尤其是要培养具有创新思维和创造能力的新时代人才，以适应瞬息万变的社会。在中小学课堂以及校园文化建设活动中，教师们鼓励学生勇于表达天马行空的想法，将个人猜想付诸实践，可见重视创造能力培养的意识已深入人心。

"鼓励学生自由表达""尝试富有创意地表达"，是写作恒久不变的追求。在中小学各阶段所表现出来的创造性也有所不同。小学生写作时，倾向于天马行空、不着边际的想象，在粗糙的想象中，暴露出思维能力不成熟、社会阅历极度缺乏的缺点，普遍出现内容不具体不生动的问题，从语言形式与风格体系都在潜移默化中，无意识地模仿课文而形成。此时还处于模仿阶段，但他们在创造性思维上却蕴含着极大的潜力。尤其是在运用比喻、拟人等修辞时，手法比较大胆夸张，看似喻体与本体没有什么本质联系，略显稚嫩，但其思维核心仍紧紧围绕着本体。

进入中学阶段，语文教学将立德树人、培养学生的语文素养视为最高目标，学生的主体性被强调，写作是一种表达个人思想的人性化行为，作文也就呈现出鲜明的个性特征，这种独特性正是创造性思维在写作中的外部表征。

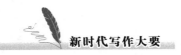

及至高考，创造性被进一步强化，比如"有创意"成为重要的评分标准——见解新颖、材料新鲜、构思新巧，推理想象有独到之处，有个性特征。八省联考之后，写作评价还特别强调了"思考具有独立性"。

上述五个特征不是分割的，它们是互相联系、密不可分的一个整体。阶段性与层次性是共性议题，文体性是写作活动的专业要求，目的性是结果导向的绩效管理，创造性是写作的高阶要求。

》第三节

中小学写作技巧

尊重写作教学的独特性，同时也要探讨写作教学的内在规律与技法。写作素养"虽在父兄，不能以移子弟"[1]，但还是有规律可循的，依照规律行事，即可事半功倍。

一、课内写作技巧

宇宙之精华，万物之灵长。人类之所以与其他动物不一样，就在于人类有学校为其智慧赋能，人类的下一代可以在此进行智育的学习，而不必重复上一代"昨天的故事"，"青出于蓝而胜于蓝"，就是学校功能的具体表现。写作技巧的习得，同样可以将"长江后浪推前浪"变得无可辩驳、顺理成章。

（一）义务教育阶段

1. 第一学段

新课标将第一学段的写作训练命名为"写话"，但在本质上写话和写

---

[1] 曹丕《典论·论文》。

作是一样的，写话是写作的低阶阶段。

（1）培养兴趣

写作对于第一学段的学生来说是新事物，兴趣的培养对于初学者而言至关重要。根据课标，"学习儿歌、童话，阅读图画书，……初步体验文学阅读的乐趣。[①]"第一学段课文的题材多是儿歌、童话和寓言等，第一学段的学生从这些内容简单和形式有趣的读物入手，教师逐步引导学生做到不抗拒阅读，甚至激发学生的阅读兴趣。教师在课堂上可以介绍与课程内容相关的课外读物，鼓励学生课外多阅读。这一方面能够巩固课程内容，另一方面能增加学生的阅读量。教材的"语文园地"中有和家长一起读这一环节，教师可以引导家长和学生共同阅读，进一步激发学生的阅读兴趣，以及感受文字表达的魅力。教师可以在口语交际环节激发学生对写作的兴趣，例如部编版一年级下册中《听故事，讲故事》。教材要求学生先边看图片边听教师讲故事，然后自己来讲故事。教师尽可能地讲有趣些，让学生在听教师讲故事的过程中，体会用文字代替图片来表达的乐趣。学生在自己讲故事这一环节，感受自己用语言组织的过程，可以激发学生自己用文字表达的乐趣。在口语交际环节中尽可能地贴近学生生活，例如部编版二年级下册中的《长大以后做什么》和《推荐一部动画片》，能够让学生有话说，说出自己真实的体验和感受。根据新课标要求，一、二年级学段的学生没有书面的课后作业，课外阅读的时间比较充足。教师可以引导学生好好把握时间，多花时间在阅读上。当然培养兴趣要把握好度，如果一味地强调，可能会让学生产生逆反心理。

（2）积累

根据课标，"诵读、记录课内外学到的成语、谚语、格言警句、儿歌、短小的古诗等，……养成自主积累的习惯""喜欢积累优美的词句，并尝试在口头和书面表达中运用"[②]。第一学段的学生可能存在想要表达却不知道如何表达，用词比较匮乏的问题。在课堂上，教师可以注重教授

---

① 教育部《义务教育语文课程标准（2022年版）》，北京师范大学出版社2022年版。
② 教育部《义务教育语文课程标准（2022年版）》，北京师范大学出版社2022年版。

学生运用课堂上学到的好词好句的方法。首先要让学生准确理解词语的含义，然后让学生学会用词语来准确地描述或表达自己的所见所闻所感。并且鼓励学生在写作中运用课堂上所积累的词句。在课后，教师可以鼓励学生在阅读课外读物的过程中，将优美的词句记录在本子上，以便在后续写作中运用起来。第一学段的学生自制力不强，注意力容易分散，积累工作可能难以坚持。教师可以根据每个人的具体情况，帮助学生制订读书计划，要求学生在限定的时间里完成一定量的阅读并做好积累工作。教师可以适当地奖惩，奖励做得好的学生，激励学生多多阅读。

（3）实践

根据课标，学生"对写话有兴趣，留心周围事物，写自己想说的话，写想象中的事物。在写话中乐于运用阅读和生活中学到的词语"[①]。第一学段的学生好奇心比较旺盛，喜欢观察周围的事物。教师应该引导学生尝试用文字记录一些见闻和想法。可以从写日记入手，让学生简单记录该天一些印象深刻的事情，表达自己的想法等等。每天都写一点，日积月累，可以解决学生们无话可写的局面，养成细心观察生活的能力，激发学生的写话兴趣，有利于学生作文水平的提升。教师可以创设真实的交际语境，能在一定程度上保证学生有话说并讲真话，激发学生的写话兴趣。例如部编版二年级下册口语交际中的《图书馆借阅公约》。图书馆借阅是学生们的日常行为，也是班级建设的重要内容。让学生们有充分的时间讨论和交流，并将口头交流的内容形成文字版的《图书馆借阅公约》。这有利于增强学生的写话兴趣，同时让学生们体会到参与班级建设的乐趣，满足学生的自我价值感。

2. 第二学段

（1）积累

积累是一件持续性的工作，第二学段的学生依旧要根据课标要求，"积累课文中的优美词语、精彩句段，以及在课外阅读和生活中获得的语言材

---

① 教育部《义务教育语文课程标准（2022年版）》，北京师范大学出版社2022年版。

料"①。学生在课内外阅读中积累优美词句，学习作者如何运用词语准确地表达自己的想法并尝试运用在自己的习作中。学生可以从生活中积累素材。学生写作时总会出现的一个问题就是素材重复。例如写到父母的关爱时，学生总喜欢采用自己生病时父母贴心照顾，下雨时父母送伞等素材。出现这个问题的原因可能是学生在生活中缺乏观察，以及没有及时记录写作素材。教师应该引导学生多观察周围的世界和人，将一些特别的事情，比如有趣的、伤心的、感动的事情，及时地记录下来。部编版三年级上册中有提及观察的方法，如"观察时要细致一些""观察时不仅用眼睛看，用耳朵听，还可以用手摸，用鼻子闻，有时还可以尝一尝""观察时要注意事物的变化"。正如课标所说，"能用自己喜欢的形式记录阅读感受和生活体验"②。部编版四年级上册有提及就观察对象写观察日记的方式。教师应该提倡学生用多种形式记录，可以适当地引导方向，不作过多的干预。这一方面能够培养学生观察世界的能力，另一方面能够积累写作素材。多积累写作素材，有利于学生在写作的过程中结合自己的生活体验，有话说并说真话。学生还可以从媒介中积累写作素材，例如电视节目、电影等。教师可引导学生将电视节目、电影等媒介中的好词好句记录下来，丰富写作素材。

（2）练习

根据课标中的要求，"能不拘形式地写下自己的见闻、感受和想象，注意把自己觉得新奇有趣或印象最深、最受感动的内容写清楚。……尝试在习作中运用自己平时积累的语言材料，特别是有新鲜感的词句"③。从第一学段的"写话"到第二学段的"写作"，缺乏适当的过渡阶段，对于大部分学生来说可能难以适应写作的难度。部分教师为了提升教学效率可能会让学生从模仿开始，借鉴优秀的范文，将范文中的好词好句直接运用到自己的写作中。但这可能存在许多问题，比如从写作一开始就限制了学生的发挥，长此以往会导致学生的写作机械化乃至僵化。所有事情都不可

① 教育部《义务教育语文课程标准（2022年版）》，北京师范大学出版社2022年版。
② 教育部《义务教育语文课程标准（2022年版）》，北京师范大学出版社2022年版。
③ 教育部《义务教育语文课程标准（2022年版）》，北京师范大学出版社2022年版。

能一蹴而就，写作同样如此。教师应该踏踏实实地让学生自己写，并且让学生多写。从部编版教材中可以看到，三、四年级每一册有八个单元，每个单元各有一次写作练习。教师应该把握住每一次的写作练习，让学生多动笔。另外部分课后会有一个"小练笔"。例如部编版三年级上册第五课《铺满金色巴掌的水泥道》，小练笔就要求学生将自己在路上发现的美的景色写下来。但这种小练笔比较少，教师可以结合课程内容，增加学生练笔的次数。例如部编版三年级下册第十四课《蜜蜂》，教师可以增加小练笔，要求学生写一件和动物一起经历的事情。增加小练笔，可以在一定程度上缓解学生写作的畏惧心理，并且可以提升学生运用文字的能力。

（3）修改

根据课标中的要求，"学习修改习作中有明显错误的词句"[1]。教师需要重视学生习作的批改。在以往的教学过程中，学生写作文，教师修改并打分，整个写作任务便结束了。学生得到的只是一个冷冰冰的分数，他并不知道这篇作文的优缺点，没办法取长补短。在该篇作文中学生出现的不足，很有可能在往后的习作中会持续出现。学生也忽略对作文的修改，看了一眼分数便把作文搁置一旁。教师应该明确修改的方法和要求，例如如何正确使用修改符号，让学生自主修改作文。除了自主修改，还可以以小组合作的方式进行修改，组员之间互相提出修改意见，再根据组员反馈的意见改一改，促进共同进步。教师在其中应该积极发挥主导作用，在自改和小组改之后，教师应该从中发现共同的优劣，典型的或者是个性化的佳作，有针对性地进行点拨提高。教师还可以从中选择几篇佳作展示在墙报上，营造良好的学习氛围，激发学生的写作兴趣。

3. 第三学段

（1）积累

根据课标要求，"分主题梳理自己积累的成语典故、格言警句、对联等语言材料，并尝试运用到日常读写活动中，增强表达效果"[2]。积累需

---

① 教育部《义务教育语文课程标准（2022年版）》，北京师范大学出版社2022年版。

② 教育部《义务教育语文课程标准（2022年版）》，北京师范大学出版社2022年版。

要讲究方法，如果记录的内容很乱，学生运用的效率便很低。教师应该传授学生一些记录的方法。如课标要求的分主题积累，将同类的素材放在一起，方便学生记忆和后续的运用。学生之间可以互相借鉴，采用比较好的方式来记录素材。根据新课标的要求，"养成留心观察周围事物的习惯，有意识地丰富自己的见闻，珍视个人的独特感受，积累习作素材"①。观察是积累素材的其中一个方法，为写作做好铺垫。例如部编版五年级下册第五单元的习作《形形色色的人》，该习作要求选择一个人，"运用本单元学过的描写人物的方法，具体地表现人物的特点"。这就要求学生平时要观察周围的人，捕捉人物身上的特点，并且要选取典型的事例来刻画人物特点。教师尽可能激发学生的观察兴趣。学生的注意力和集中力有限，如果他对观察这件事本身不感兴趣，我们可以想象他大概率会敷衍了事。教师可以让学生先从感兴趣的事物或人开始观察，引导学生体会到观察的乐趣，如能发现平时没有注意到的事情。教师可以教给学生观察的方法，比如说要带着目的去观察，观察时可以抓重点等等。这些方法能够帮助学生更好地投入观察，提高效率。

（2）运用

第三学段的学生要保证有足够的阅读量，阅读的题材多样化，如涉及革命先烈创作的文学作品，表现人与诗歌的优秀文学作品，表现人与社会的优秀文学作品和反映少年成长的故事等。在阅读的过程中积累好词好句，并思考如何运用到自己的习作中。同时新课标提出要求，"学写读书笔记""学习记笔记、列大纲"。②教师应该教给学生一些做读书笔记的方法，包括摘录、列提纲和写心得等等。写读书笔记的过程也是学生运用文字的过程，提高学生运用文字的能力。教师可以定期检查学生的读书笔记，并且适当给出个性化的反馈。教师应该多以奖励为主，激励学生多阅读，保持做读书笔记的习惯。

---

① 教育部《义务教育语文课程标准（2022年版）》，北京师范大学出版社2022年版。

② 教育部《义务教育语文课程标准（2022年版）》，北京师范大学出版社2022年版。

（3）修改

新课标提出要求，"修改自己的习作，并主动与他人交换修改"①。大部分学生其实都羞于将自己的习作展示给其他人看。教师应该鼓励学生之间互相展示和交流。展示和交流的过程其实是一个进步的机会，不同的学生可以提出不同的修改建议以供参考，学生可以适当提取意见并对自己的习作做修改。修改其实就是知道自己哪里写得不好，并且努力写得更好，多次修改不仅能让习作更完善，还能提高写作水平。在修改别人文章的过程中，学生可以学习借鉴其他同学写得好的地方，帮助提升自己的写作水平。

4. 第四学段

（1）教科书

义务教育阶段中的第四学段涉及六册部编版语文教科书，教材由两类共六个单元组成，一类是任务探究式"活动·探究"单元，另外一类单元由"阅读""写作""综合性学习""课外古诗词诵读""名著导读""口语交际"的其中三或四个板块组合而成，其中"阅读"和"写作"是该类单元共有的核心板块。七年级部编版语文教科书不含"活动·探究"单元，八、九年级部编版语文教科书含有一个"活动·探究"单元。

由上面分析，不难看出部编版语文教科书关于写作技巧至少有32个，因为八年级上、下册，九年级上册的"活动·探究"单元任务与写作有关，所以部编版语文教科书共计为师生提供了35则写作技巧。

七年级上册的学习含有以下写作技巧：热爱生活，热爱写作；学会记事；写人要抓住特点；思路要清晰；如何突出中心；发挥联想和想象。②

七年级下册的学习含有以下写作技巧：写出人物的精神；学习抒情；抓住细节；怎样选材；文从字顺；语言简明。③

---

① 教育部《义务教育语文课程标准（2022年版）》，北京师范大学出版社2022年版。
② 温儒敏《义务教育教科书 语文》（七年级上册），人民教育出版社2016年版。
③ 温儒敏《义务教育教科书 语文》（七年级下册），人民教育出版社2016年版。

八年级上册的学习含有以下写作技巧：新闻写作（"活动·探究"单元）；学写传记；学习描写景物；语言要连贯；说明事物要抓住特征；表达要得体。①

八年级下册的学习含有以下写作技巧：学习仿写；说明的顺序；学写读后感；撰写演讲稿（"活动·探究"单元）；学写游记；学写故事。②

九年级上册的学习含有以下写作技巧：尝试创作诗歌（"活动·探究"单元）；观点要明确；议论要言之有据；学习缩写；论证要合理；学习改写。③

九年级下册的学习含有以下写作技巧：学习扩写；审题立意；布局谋篇；修改润色；有创意地表达。④

以选文为范本、以写作为核心任务，每一则学习技巧都是根据本单元选文的写作共性而提炼，学生阅读的其中一个目标正是指向写作。但写作知识和其他语文知识一样散布在选文当中，其运用过程也具有隐蔽性，学生仅通过选文阅读和品析无法掌握写作技巧。为此教材在每个单元的写作中都先安排写作技巧的知识性说明，再安排写作实践活动。以七年级下册第一单元《写出人物的精神》为例，教材以多步骤引导实现"写出人物的精神"的知识性阐述。首先，让学生回味本单元选文里以闻一多先生游行时的外貌描写折射其大无畏的精神的写法，再让学生回顾七年级上册第三单元《写人要抓住特点》的知识，相关知识的回顾为技巧习得做好了知识准备和心理准备。其次，教材再援引出问题"写出人物精神，有哪些需要注意"。最后，教材从"抓住典型细节""借助对比、衬托、正面描写与侧面描写结合等""借助一些抒情、议论的句子，对人物的精神品质进行点睛式的概括"三方面并结合选文例子说明了"写出人物的精神"的技巧。写作知识阐述完毕之后，教材的"写作

---

① 温儒敏《义务教育教科书　语文》（八年级上册），人民教育出版社2017年版。
② 温儒敏《义务教育教科书　语文》（八年级下册），人民教育出版社2017年版。
③ 温儒敏《义务教育教科书　语文》（九年级上册），人民教育出版社2018年版。
④ 温儒敏《义务教育教科书　语文》（九年级下册），人民教育出版社2018年版。

实践"安排了三项写作活动，以"我的好朋友"为题，写出人物的性格和气质；以"争论"为题，描摹争论中人们的不同表现；有的人让你尊敬，有的人让你佩服，有的人让你感动，有的人让你叹息……以"这样的人让我_____"①为题写一篇作文，每一题的写作提示都说明了如何在该题中写出人物精神。从知识学习到写作实践，教材提供了写作技巧习得的完整而科学的过程。

另外，教材写作知识编排也隐含着一则写作教学技巧，让学生在丰富的写作具象中感受、提炼出写作规律并形成写作方法，最后再运用到具体写作中，由具象到抽象形成迁移法则，缺少任一环节的教学，学生写作都会遇上较大的障碍。

综合第四学段教材的写作技巧看，总体上写作技巧的层次是随着学生的能力发展呈螺旋式上升，但在技巧习得序列具体安排上还有值得考究的地方，因篇幅所限无法实现对每一技巧的说明，技巧的教学和内化还需教师在教学中一一推进。

（2）课程标准

在《义务教育语文课程标准（2022年版）》中，总目标的第5条"能根据需要，用书面语言具体明确、文从字顺地表达自己的见闻、体验和想法"，第7条"有理有据、负责任地表达自己的观点"，第9条"能借助不同媒介表达自己的见闻和感受"，明确指出通过义务教育阶段学习学生需要达到的写作质量要求。

针对第四学段学生，课程标准也说明了他们在"表达与交流"方面的要求和技巧，分别是：

多角度观察生活，发现生活的丰富多彩，能抓住事物的特征，为写作奠定基础。写作要有真情实感，表达自己对自然、社会、人生的感受、体验和思考，力求有创意。

写作时考虑不同的目的和对象。根据表达的需要，围绕表达中心，选

---

① 温儒敏《义务教育教科书 语文》（七年级下册），人民教育出版社2016年版。

择恰当的表达方式。合理安排内容的先后和详略，条理清楚地表达自己的意思。运用联想和想象，丰富表达的内容。正确使用常用的标点符号。

写记叙性文章，表达意图明确，内容具体充实；写简单的说明性文章，做到明白清楚；写简单的议论性文章，做到观点明确，有理有据；能根据生活需要，写常见应用文。能从文章中提取主要信息，进行缩写；能根据文章的基本内容和自己的合理想象，进行扩写；能变换文章的文体或表达方式等，进行改写。尝试诗歌、小小说的写作。

注重写作过程中搜集素材、构思立意、列纲起草、修改加工等环节，提高独立写作的能力。根据表达的需要，借助语感和语文常识修改自己的作文，做到文从字顺。能与他人交流写作心得，互相评改作文，以分享感受，沟通见解。作文每学年一般不少于14次，其他练笔不少于10000字，45分钟能完成不少于500字的习作。

任务群中也蕴含着写作技巧，不同的任务群的学习包含和强调的写作技巧也不同。如"语言文字积累与梳理"包含了写作素材积累的技巧，"继续丰富自己的积累。分类整理、欣赏、交流所积累的词语、名句、诗文等，并在日常读写活动中积极运用，提升自身的中华文化修养"。"文学阅读与创意表达"强调效仿写法进行自我表达，"借鉴其中的写作手法，表达自己对自然的观察和思考，抒发自己的情感"。"整本书"鼓励多向创作，"尝试改编名著中的精彩片段；结合自己的阅读体会，尝试撰写文学鉴赏文章"[1]。

以上对教材和课标涉及的第四学段课内写作技巧进行了总览，常常令师生常愁苦作文问题的解决方案其实就在上文谈及的教材和课程标准之间，我们尝试把四散的目光聚集到课内，答案或许就在眼前。

5. 国外写作

欧美国家的义务教育是K-12教育，始于幼儿园（Kindergarten），止于中学12年级。整体可以分为两个阶段，第一阶段是从幼儿园到5年级，相

---

[1] 教育部《义务教育语文课程标准（2022年版）》，人民教育出版社2022年版。

当于国内的小学阶段；第二阶段是6年级至12年级，相当于国内的初中和高中阶段。美国的K-12教育初等中学教育从6年级开始，8年级结束，学年3年；高等中学教育从9年级开始，12年级结束，学年4年。不同阶段的学生母语写作的要求不同。

《州共同核心课程标准》（*Common Core State Standards*）是美国各州通行的课程标准，明确了K-12教育学生在英语语言艺术等课程中的要求。自2010年由主要州立学校官员委员会和全美州长协会推出后，全美各州基本上都采用了该标准，教师可以自行选择材料围绕着这标准进行课程教学。关于英语语言艺术的写作，《州共同核心课程标准》（*Common Core State Standards*）从"文本类型和用途""作品的制作和发行""通过研究来构建和展示知识""写作范围"四方面明确学生需要习得的技巧。

K-12教育在母语写作的"文本类型和用途"方面，需要掌握观点文章、信息性/解释性文章、记叙文不同层次的写作知识和技能。例如，在记叙文的写作上，幼儿园儿童的记叙文写作要求较为简单：

结合使用绘画、口述和写作来叙述一个事件或几个松散联系的事件，按照事件发生的顺序讲述事件，并对发生的事情做出反应。

5年级的记叙文写作要求有所升级：

使用有效的技巧、描述性的细节和清晰的事件顺序，写记叙文来发展真实的或想象的经历或事件。

a．通过建立一个情境和引入一个叙述者和/或人物来引导读者；组织一个自然展开的事件序列。

b．使用叙事技巧，如对话、描述和节奏，来发展经历和事件或展示人物对各种情况的反应。

c．使用各种过渡词、短语和从句来安排事件的顺序。

d．使用具体的单词、短语和感官细节来准确地传达经历和事件。

e．从叙述的经历或事件中得出结论。

11—12年级的记叙文写作要求更加复杂：

使用有效的技巧、精心挑选的细节和结构良好的事件序列，写记叙文来发展真实或想象的经历或事件。

a. 通过陈述问题、情况或观察及其意义，建立一个或多个观点，并引入叙述者和/或人物，吸引和引导读者；创造一个平稳发展的经历或事件。

b. 使用叙事技巧，如对话、节奏、描述、反思和多条情节主线，来发展经历、事件和/或人物。

c. 使用各种技术对事件进行排序，使它们相互依存，形成一个连贯的整体，并朝着特定的基调和结果发展（例如，神秘感、悬念、成长或解决）。

d. 使用精确的单词和短语，讲述细节和感官语言来传达一幅生动的经历、事件、场景和/或人物的画面。

e. 根据叙述过程中所经历、观察到或解决的问题，提供一个结论。

"作品的制作和发行"是关乎不同年级在作品修改评价和互联网发表等的技能要求，如K-2年级主要依靠成人或同龄人的指导和支持，回应他人疑惑并进行编辑和修改，加强写作以及使用数字工具制作和发表作品。3—5年级是凭借成人或同龄人的指导和支持，强调学生通过计划、修改和编辑来发展和加强写作，使用包括互联网在内的技术。"通过研究来构建和展示知识"关于研究性写作的技巧习得要求"写作范围"划定了写作任务、目的和受众限定写作时间。[①]

上文以美国为例子，视察了解国外义务教育阶段母语学习涉及的写作技巧。以美国为代表的欧美国家的写作知识体系与国内母语写作的知识体系可谓大相径庭，汲取国外母语写作教学序列的建设经验、优化语文写作教学序列的工作需要继续进行。

（二）高中阶段

1. 课程标准要求

《普通高中语文课程标准（2017年版2020年修订）》着眼于学生语文

---

① The Council of Chief State School Officers, National Governors Association. Common Core State Standards [s].2010：18-21，40-47.

素养的全面提高，强调语文学科立德树人根本任务，针对高中生的知识积累、学习态度与习惯、思维方式、学习心理等提出了一系列的学习要求。要写好一篇作文，学生则必须以高标准、高要求贯穿作文全过程。从阅读积累、语言推敲、思维训练，到总结反思，环环相扣，层层递进，其中也离不开教师组织、指导的关键作用。从阅读能力、思维能力和语言能力三方面探究新课标对学生写作的要求大致如下。

（1）阅读能力

读是写的基础，中小学课堂中读写结合的活动也必然要求学生有一定的阅读积累，阅读能力是写作能力的前提。没有读，写就无从谈起。首先，关于阅读目的，新课标在"文学阅读与写作"学习任务群就要求学生广泛涉猎的同时要精读古今中外优秀的文学作品，感受作品中的艺术形象，理解欣赏作品的语言表达，把握作品的内涵，理解作者的创作意图。结合自己的生活经验和阅读写作经历，发挥想象，加深对作品的理解，力求有自己的发现。其次，阅读时要关注文本的文学要素，从语言、构思、形象、意蕴、情感等多个角度欣赏作品，获得审美体验，认识作品的美学价值，发现作者独特的艺术创造。再者，要形成符合自身条件的个性化的阅读方法，要形成整本书阅读的经验。在阅读过程中，探索阅读整本书的门径，形成和积累自己阅读整本书的经验。重视学习前人的阅读经验，根据不同的阅读目的，综合运用精读、略读与浏览的方法阅读整本书，读懂文本，把握文本丰富的内涵和精髓。要养成写读书提要和笔记的习惯。根据需要，可选用杂感、随笔、评论、研究论文等方式，写出自己的阅读感受和见解，与他人分享，积累、丰富、提升文学鉴赏经验。最后，新课标强调语文学科工具性与人文性相统一的特性，重视阅读作品对学生思想情感的熏陶感染。学生要从作品中汲取营养，丰富自己的精神世界，逐步形成正确的世界观、人生观和价值观，要求"读有所得"。

（2）思维能力

思维是作文的灵魂。没有思维的作文就会变成无源之水、无本之木。只依靠辞藻的堆砌无法支撑起一篇好文。新课标尤其重视学生思维能力的发展，在"课程目标"就明确提出要获得对语言和文学形象的直觉体验；在阅读与鉴赏、表达与交流、梳理与探究活动中运用联想和想象，丰富自己对现实生活和文学形象的感受与理解，丰富自己的经验与语言表达。增强形象思维能力的同时，更要重视发展逻辑思维。新课标要求学生能够辨识、分析、比较、归纳和概括基本的语言现象和文学现象，并能有理有据地表达自己的观点和阐述自己的发现；运用基本的语言规律和逻辑规则，判别语言运用的正误，准确、生动、有逻辑地表达自己的认识；运用批判性思维审视语言文字作品，探究和发现语言现象和文学现象，形成自己对语言和文学的认识。

（3）语言能力

从外化的阅读中将作文要素内化于心，经过内部的思维过程后，最终要以外化的写作行为展现出来，其中离不开学生的语言积累、梳理与探究能力。语言能力作为一种工具，在阅读时将有用的元素从作品中提取出来，按照一定的思维程序梳理后输入大脑，在有需要时又遵循一定的程序输出。阅读时要关注语言表达形式本身的特点，从字、词到句再到篇、体。在自主修改病句和分析句子结构的过程中，体会汉语句子的结构特点和虚词的作用，进一步领悟语法规律。在学习文学作品时，观察词语的活用、句子语序的变化等，体会文学语言的灵活性和创造性。在运用口语和书面语表达的过程中，对比两种语体用词和造句的差别，体会口语与书面语的风格差异。与此同时，要避免一些误区。不论是积累、梳理还是探究，都注重发展语感，增强对语言规律的认识，不追求知识点的全面与系统，切忌违背学生自主学习的精神，生硬灌输一些语言学条文。梳理与整合的目的是将积累的语言材料和学习的语文知识结构化，将言语活动经验逐渐转化为具体的学习方法和策略，并能在语言实践中自觉地运用。要在运用中检验、反馈。新课标指出学生要时常反思和总结自己写作时遣词造句的经验，建构初步的逻辑和修辞知识，提高语用能力，增强表达的个性化。能凭借语感和对语言运用规律的把握，根据具体的语言情境和不同的对象，运用口头和书面语言文明得体

地进行表达与交流；能将具体的语言文字作品置于特定的交际情境和历史文化情境中理解、分析和评价。

2. 必修课写作要求

高一刚入学时，语文教学多采用高中必修教材上、下册教材作为教学用书。这两册教材就自然而然承担起初中与高中的衔接任务。初中阶段重视对学生写记叙文能力的训练，到了高中则强调写议论文，必修上册和必修下册的学习任务侧重点则正好与之对应。必修上册启发学生写人、写事、写情景交融，关注重心仍偏向记叙文写作，必修下册则重在引导学生逐步转向议论文写作，重在写理。

必修上册第二单元关注人物形象塑造。单元学习任务为"写人要关注事例和细节"，描写人物，第一，要注意选取典型事例，写出人物特征。写人要注意体现人物性格的丰富性，避免单一化，可以选取不同的生活侧面真实地表现人物，让人物有"立体感"。第二，要结合真实感人的细节进行描写，增强读者的体验感，使其留下深刻印象。突出强调生活工作的细节（或"画面"）。例如，公交车上，下班的民工担心自己的工作服太脏，有座位也不肯坐；一名同学考试没通过，仍然庄重地把试卷折叠整齐收进书包，向老师微笑告别；急诊室的抢救失败了，患者家属反而安慰哭泣的护士……抓住这类细节，只要用一二百字就能写活场景中的那些人，让一个个活生生的人"站立"在读者面前。理论与实践结合，兼顾了不同水平的学生。

必修上册第七单元单元学习任务提示学生"如何做到情景交融"，要以情感为轴心选择与之契合度较高的景物进行描写，将自己的情感赋予景物，使"物皆著我之色彩"（王国维《人间词话》），同样也能写出一篇好的写景抒情文字。没有过多指导如何描写情景交融，更多的是强调学生自然而然发生出或被触发出某种情感而抒情于文字。

必修下册第六单元单元学习任务则涉及叙事，点明"叙事要引人入胜"。写作叙事类文章时，也应该在"怎么讲"上多用些心思，不能仅仅满足于讲清楚"时间、地点、人物"，而要努力尝试新颖的构思和独特的表达。首先，叙事要引人入胜，要找到一个最好的立足点，从这个立足点去观察和叙述，选择最合适的叙述视角。其次，叙事要引人入胜，要写出事情的波澜。再者，要写出事情的波澜，首先要善于观察，发现生活中那些"情理之中，意料之外"的事。在写作中设置悬念，给读者制造惊喜感。

指导议论文写作的部分主要集中于必修下册，但也有少部分在必修上册就已提及，给学生做了个铺垫。比如必修上册第六单元单元学习任务强调"议论要有针对性"。第一，"文章合为时而著，歌诗合为事而作"，强调诗文创作要关注时代、有针对性。不空发议论，不自说自话，这样文章才能有内涵、有价值，也容易被人接受。第二，写议论文，要有现实针对性。可以从最近发生的新闻事件、值得关注的社会现象、人们关心的某些问题、存在争议的某个说法中发掘议论的对象，对其进行分析论证，启发人们深入思考，以做出正确的判断。第三，写议论文，还要有读者意识，这也是一种针对性。人们发表议论，都希望读者能理解自己的思想，接受自己的观点，因此，根据读者的情况选择内容、调整表达方法，就很有必要。

写议论文，首先要阐明观点。必修下册第一单元单元学习任务提出，首先，阐述自己的观点，得把观点想清楚，"想"是"写"的前提。写之前，把要表达的观点梳理一下，看主要针对什么，解决哪些问题，观点是否正确，有没有说服力。其次，阐述观点时，要把自己的意图表述清楚。要使人明白你为什么要提出这个观点，是要纠正或补充他人的看法，还是要解决什么问题。意图清楚，观点明确，文章就容易有一个具体而鲜明的主旨。再者，阐述观点要努力做到"纲举目张"。"纲"是观点，"目"就是阐述观点的若干依据。其实，个人观点的形成总有"来路"，可能是实践所得，也可能是受别人的启发，或者是自己学习和思考的结果。所以提出观点，阐释道理，可以"回溯"观点形成的"来路"，让人明白你的观点是如何形成的，根据是什么。这些都可以作为阐述观点的"目"。最后，从形成观点到写成文章，要有明确的思路。可以先打腹稿或列出提纲，把观点的若干方面梳理一下，看先说哪些，后说哪些，做好安排。

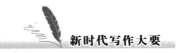

阐述论点后，要求选择适当的论据以及论证方法清晰地说明事理。关于这一点，必修下册第三单元有明确的提示。第一，要清晰地说明事理，就要对其有准确、深入的认识。要在写作前搜集相关资料，做些研究，深入理解要说明的事理。对事理的理解越到位，就越容易将其解说清楚。第二，在说明事理时，要着重说清其中的关键要素。重要概念、因果关系、事物间的联系、事物发展变化的规律等，都是说明的重点，把它们阐说清楚，才能纲举目张。主要内容解说清楚了，整篇文章的"清晰"就有了保证。第三，说明事理时，还要考虑人们认识事理的一般规律，根据说明对象的具体情况安排说明顺序。可以由具体的现象出发，归纳并说明其中的道理；也可以由浅入深，逐步揭示事理的不同层面；还可以在比较中凸显事理的特征。

那么，如何选择合适有力的论据呢？下册第八单元单元学习任务就给学生提供了一些常用类型的论据和注意事项以供参考。主要从事例和数据、权威意见、常识与普遍规律以及个人经验四方面启发学生，抛论据之"砖"引学生思维之"玉"。

3. 选择性必修课写作要求

将部编版选修上、中、下册三册教材视为一个整体，对这三册教材提出的写作要求进行剖析，不难看出，这三册教材不仅仅关注到学生写作全过程的指导，设计写作前的材料积累，写作中的审题立意、选材构思，以及写作后的修改，同时又对行文细节给予了重视。

选择性必修上册第一单元单元研习任务就关注到了写作前的"材料的积累与运用"，缺乏足够的材料积累，写作时容易出现无从下手、手足无措的情况，尤其是在选用读者喜闻乐见的真实、典型、有力的材料时"卡壳"。写作文如同盖房造屋，既要有好的设计框架，也要有合适的材料。叙述事情，描写人物，说明事理，论述观点，都要运用具体的材料，不能空谈。论及写作材料的来源，主要涉及两方面。一方面是书籍。对于很多经典作品，常读常新，能不断给人们新的启示，使人们获得属于个人的发现。另一方面来源于对生活的观察和思考。只要有一双善于发现的眼睛，有积累素材的习惯，就不愁笔下无物。选用材料要遵循一定的原则：一是真实可靠，如果材料不够严谨甚至不真实，即使认识是积极的，也可能因言害意；二是注意恰当使用。

写作中审题与立意是极为重要的关键环节。审题立意决定了作文的前景方向是否正确可行。一篇好的作文，其审题立意一定是正确、深刻、新颖的。选择性必修上册第二单元强调：审题，就是要抓住关键，弄清题旨。要善于抓住题干或给定材料中的关键语句，筛选有价值的信息，推敲琢磨，提炼归纳，把握命题者的意图，不要仅凭直觉就轻率动笔。审题完毕要明确题目要求，其后重点思考题目中的核心概念是什么，应该如何界定，可以从哪些方面立意。关于立意也要注意两方面：一是要"立"在题目或给定材料的范围之内，立意应当具体、明确，不能大而化之，泛泛而论；二是体现独特性，立意要避免受思维定式的影响，要多角度思考问题，辩证地分析事理，并善于从人们熟视无睹的事物或习焉不察的现象中，开掘新的意义，从而形成独特见解。

而后，选择性必修中册第一单元谈及"深化理性思考"，这一任务实则关注到写作中的"构思"。深化理性思考，能够有效地提高作文的可读性与思维深度。首先，要敢于质疑，勇于追问，对事物做出理性的判断。如"近朱者赤，近墨者黑"这种传统的错误观点要予以理性审视，辩证看待，强调个体的主观能动性。其次，注意提高思维品质，对看似简单的事物作深层思考，不能把问题简单化。注意挖掘事实本质，辩证地观察事物，理性地辨别是非曲直，以"局外人"身份思考、评价，不被主观情绪"带偏"，这样才能有效增强文章说服力。写作时，可以运用打腹稿等方法，梳理调整行文思路，确保正确后再动笔。

最后，以选择性必修下册第四单元研习任务"文章修改"结束，文章修改也是写作的最后一个重要环节。文章修改要求学生调动元认知能力，结合教师、同学的修改意见进行自我反馈并调节。文章修改首先要完善立意，立意必须深刻、集中；其次要增删材料，恰当、典型的材料能够有效地增强说服力；最后要调整结构，原文的谋篇布局、先后顺序、层次段

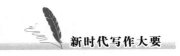

落、过渡接应都是需要仔细考虑的。此外，还要推敲语言，力争准确、规范、简洁、生动，同时也要注意语言表达的灵活性和创造性，尽可能做到个性化地表达。

综上可见，选择性必修上、中、下册关注到写作全过程指导。此外，还对具体的写作环节提出了参考性意见。比如，选择性必修下册第二单元强调"语言的锤炼"，要求写作语言规范、准确的同时，又要追求表达的艺术性，严格遵循语文课程工具性的基本特点。选择性必修下册第三单元指导学生应"说真话，抒真情"，提醒学生"求真""写实"，端正写作态度，在文章中体现个人修养及品质，绝非胡编滥造，这也是语文课程人文性的要求之一。选择性必修上册第四单元启发学生利用"逻辑的力量"写好议论文，增强文章的说服力。发现潜藏的逻辑谬误，运用有效的推理形式，采用合理的论证方法。

（三）小结

综上，中小学课标及教材都明确了对学生的写作要求，从简单的记叙文到较为复杂烦琐的记叙文写作，再到议论文写作，又设计其他应用文体的写作，皆有涉及，各有强调的侧重点。从宏观层面看，中小学写作都对作文全过程指导予以足够的关注与重视，从写作前期的材料积累准备，到写作进行时的审题立意、选材构思，到最后的文章修改，面面俱到，可见中小学生写作的地位被置于前所未有的重要地位。新课标与新教材投射出的这种信号，倒推着语文课堂的自我革新，究其根本又依赖于教师自身的写作能力以及其对写作的重视程度。而学生的真实写作水平除了关注日常的自由表达，更应合理重视学生的考场发挥。在限定时间内作文，更考验学生多方面能力与语文素养水平。

二、考试写作技巧

（一）课程标准要求

针对第一学段，新课标中要求，"看图说话，能描述一幅图画的主要内容，说出多幅图画之间的内容关联。留心观察周围事物，对写话有兴趣。^①"对第一学段学生写作的考查主要以看图写话的形式展开。教师应该指导学生注意整体观察图片，抓住图片上的主要人物，明确图片上的内容。整体把握之后需要细致观察图片，教师需要教导学生在观察的时候注意顺序，无序地看反而会浪费时间。学生在落笔之前可以先大致在脑子里梳理一下内容，想清楚图片上有哪些人，他们在干什么，他们在哪里，他们的动作分别是怎样的，可能说了什么，在写的时候要注意书写规范，避免写错别字以及要正确使用标点符号。新课标中提出，"喜欢积累优美的词句，并尝试在口头和书面表达中运用"^②。教师引导学生多回顾自己积累的优美词句，并尝试在平时的练习和考试中运用，可为自己的表达加分。

针对第二学段，新课标中提出，"乐于书面表达，观察周围世界，能把自己觉得有趣或印象深刻、受到感动的内容写清楚""能用自己喜欢的形式记录阅读感受与生活体验"^③。第二学段的学生开始正式写作，多以记叙文为主。作文题目多与学生的生活有密切关系，如"那是一次_____的尝试""我的_____"，需要学生结合自己生活中的经历或身边熟悉的人来写作。在考试中，学生有可能出现缺乏素材或素材和其他人相似等问题。其实有时候并不是没有素材，而是学生在平日生活里不重视感受生活和及时积累素材。教师要注重引导学生及时记录平日里一些有趣或印象深刻、受到感动的事情，并尝试将合适的素材运用到自己的习作中。比起模仿和借用他人的素材，自己独特的感受和经历是最珍贵的，避免和他人写相似的素材，更容易让评卷老师眼前一亮。

针对第三学段，新课标中指出，"注重调动学生已有的知识积累和学习经验，记述生活经历，表达情感体验，就语言、文学、文化、生活等现

---

① 教育部《义务教育语文课程标准（2022年版）》，北京师范大学出版社2022年版。
② 教育部《义务教育语文课程标准（2022年版）》，北京师范大学出版社2022年版。
③ 教育部《义务教育语文课程标准（2022年版）》，北京师范大学出版社2022年版。

象发表自己的看法"①。第三学段的学生的习作除了叙述生活经历，还要真情实感地表达自己的情感体验以及看法。这意味着第三学段的学生除了平日里要观察生活、积累素材以外，还要加入自己的思考。教师应该引导学生养成勤思考的习惯，可以把自己的思考记录下来，也可以师生、生生之间相互讨论，形成更完善的想法。另外学生在写作时要注意语句通顺，叙述要有条理，叙述内容具体，以及最后要有感而发。

第四学段，新课标中提出要求，"能从作品中找出值得借鉴的地方，对照他人的语言表达反思自己的语言实践；……能借鉴他人的经验调整自己的表达，能根据需要，运用积累的语言进行口头或书面表达"②。教师应该引导第四学段的学生加大阅读量，从名家作品中找出值得借鉴的地方，尝试模仿自己喜欢的作家的语言表达风格并尝试运用到写作中。学生在平时习作的时候应该多加练习，才能在考试写作中灵活运用。

针对高中阶段，课标中对写作提出了具体要求，"思路清晰连贯，能围绕中心选取材料，合理安排结构；进一步提高运用记叙、说明、描写、议论、抒情等表达方式的能力，并努力学习综合运用多种表达方式，力求有个性、有创意地表达。能推敲、锤炼语言，表达力求准确、鲜明、生动"③。高中阶段的学生应该养成观察生活和主动积累素材的习惯，看到作文题目能从自己的素材库中调动合适的材料。高中生应在教师的指导以及自己的阅读积累下，学会运用多种表达方式准确、鲜明、生动地遣词造句。

（二）其他相关要求

教育部教育考试院发出的文章《立德树人、服务选才、引导教学——党的十八大以来高考内容改革进展及成效》中有提及，考试内容应该与社会主义核心价值观深度融合，教育要在引导学生坚定理想信念、培养爱国

---

① 教育部《义务教育语文课程标准（2022年版）》，北京师范大学出版社2022年版。

② 教育部《义务教育语文课程标准（2022年版）》，北京师范大学出版社2022年版。

③ 教育部《普通高中语文课程标准（2017年版2020年修订）》，人民教育出版社2020年版。

主义情怀、提高品德修养水平、培育奋斗精神上下功夫①。近年来的全国卷作文以"立德树人"作为命题的根本宗旨，越发体现鲜明的时代政治背景，优秀的作文应该具备思想温度的观点，有正能量的论据等等。教师要引导学生坚定理想信念，提高道德修养水平，提升思想高度等。教师应该引导学生在日常生活中多关注国家大事、社会热点和文化现象等，关注国家的发展和现阶段存在的问题，并做认真细致的分析和思考，形成自己的观点。教师应该积极整合教育资源，给学生观看精品纪录片。如《大国重器》，该片围绕着普通工人和制造业企业转型升级的关键人物来展开，讲述了中国的机器制造故事，再现了中国装备制造业从落后到赶超世界先进水平的艰辛历程。这可以帮助学生在纪录片中深刻地感受国家的发展，激发学生的爱国之心，同时帮助学生积累素材。这样在考场上才有可能写出正能量、思想深刻的文章。该文也指出，坚决反对背素材，素材应该来自生活。学生在积累素材的过程中，不应该死记硬背或机械套用，而是要深刻理解之后才能运用。教师应该引导学生多看新闻，关注民生，切实理解后记录下来。同时教师应该鼓励学生多观察生活，发现社会问题，并围绕着问题来思考。比如共享单车乱停乱放这一社会现象学生便可以通过观察后发现。

《国务院关于深化考试招生制度改革的实施意见》（国发〔2014〕35号）中指出，高考着重考查学生独立思考的能力，以及进一步运用所学知识分析问题、解决问题的能力。②这反映出高考越发重视学生的思维能力。正如习近平主席所说，新时代的中国青年，更加自信自强、富于思辨精神，更加需要深入细致的教育和引导，用敏锐的眼光观察社会，用清醒的头脑思考人生，用智慧的力量创造未来。教师可以组织观看或推荐学生课后观看一些纪录片，让学生汲取他人的思想结晶，并尝试运用在写作中。

---

① 孙海波《立德树人、服务选才、引导教学——党的十八大以来高考内容改革进展及成效》，《中国考试》2022年第10期。

② 《国务院关于深化考试招生制度改革的实施意见》（国发〔2014〕35号），西宁市人民政府公报2014年第9期。

教师应该重视对学生进行思维训练，多锻炼学生的思维，帮助学生辩证地看待问题。教师可以以社会中一些有争议的现象为议题展开分析，组织学生进行思考。教师在训练中可以传授思考的方法、角度等知识给学生，借用实际例子帮助学生更好地掌握。多次训练便能很好地提高学生的思维能力。并在此基础上尝试着提出解决问题的建议。学生也能从训练中锻炼自己解决问题的能力。

（三）国外考试

《英语语言艺术标准》中设计写作学习的是以下几项："学生依据不同的听众和目的，调整他们书面的、口头的和视觉的语言（如表达习惯、风格和词汇等），以达到有效交流的目的。""写作过程中，学生要调动多种写作技巧和策略，恰当使用多种写作要素，为了多种目的，与不同的读者进行交流。"[①]美国的课标中特别重视要求学生对不同的读者和目的要采取不同语言，要求学生能在各种不同类型的作文中都能书写。中国写作一般考查记叙文和议论文，而在美国考查的写作问题范围更广。这意味着美国课标会更重视将写作和实际生活结合起来，学生更加需要观察生活，体味生活，在写作中联系真实生活。

首先，美国历年SAT作文命题中都会体现批判性思维。教师积极引导学生在平时训练中形成批判性思维，在考试写作中能够独立思考，带着批判性思维对作文命题做出自己的判断。其次，美国历年SAT作文命题中都会体现交际意识。学生需要辨别出目标读者群体，寻找适合的内容、结构和风格等，将自己的观点输送给目标读者群体。同时，美国SAT考试要求学生写作结构清晰。学生倾向使用"五段论"，整体包括引言段、主体段和结论段。引言段初次论述主旨，结论段再次陈述主旨。其中主体部分有三段，分别列出主题句、论据和总结句。教师积极引导学生在平时写作训练中多加练习"五论段"。另外，SAT考试对学生的语言表达能力也有较高的要求。学生用词需要准确、形象、生动、简约，避免使用冗杂的词

---

① 王爱娣《美国语文教育》，广西师范大学出版社2007年版。

语。学生在平时就应注重用词训练，做到熟练地遣词造句。

三、中小学教师写作技巧

在以考试为中小学主要考核形式的当下，试卷最能体现"教考合一"的物质具象，更是实现"以考促教"的关键凭借。由此，试卷书写和试卷评析的关键性不言而喻。试卷书写和试卷评析向来是中小学教师写作的重要内容，那如何拟制一份能让学生考出水平的卷子，怎么样对考卷进行多维度的评析从而考量其功能的实现，是教师需要关注的问题，亦是教师在职业发展过程中需逐步提高的一种写作能力、习得的写作技巧，下面从中考、高考谈试卷书写与评析。

（一）试卷书写（即如何拟卷：主要从试题选材、如何出题、如何拟制答案三个方面写）

1. 中考

中考作为选拔性的大考，承担了普通教育与职业教育分流的重任，其选拔必须科学、合理，试题选材、题目命制、答案拟制势必也要合乎"法度"。

试题选材站位要高。首先，中考试题选材的工作要全面贯彻党的教育方针，材料要体现德智体美劳全面发展的素质教育内涵，展现引导学生树立正确的世界观、人生观、价值观的价值导向。其次，材料使用要严谨，确保试题的正确政治方向，杜绝出现国旗国徽图案使用不规范、国家地图版式不完整、不尊重民族习俗和宗教信仰等严重问题。[①]

试卷命题要科学。一方面，要有科学的依据，以课程标准为参照。命题时要参读义务教育课程标准的规定要求，不压减考试的内容范围，不随意扩大和超标，高中课程内容、学科竞赛试题以及校外培训内容严禁纳

---

① 《教育部办公厅关于做好2022年中考命题工作的通知》（教基厅函〔2022〕6号）[EB/OL].http://www.moe.gov.cn/srcsite/A06/s3321/202204/t20220406_614237.html.

入命题的范围当中，确保依标命题，实现教考衔接。另一方面，执行要科学，科学设置试卷的难度。以落实中考"兼顾毕业和升学"的功能定位为目的，对语文试卷试题的容量、难度等进行规范和科学的设置。以有效考查学生综合素养为目的，合理设置试卷结构，减少记忆性试题，增加探究性、开放性、综合性试题[①]，坚决防止"偏题""怪题"。从试卷区分度、学生学业负担考虑，还需避免试卷难度过易或过难。

答案拟制多考量。参考答案是改卷赋分的重要依据，直接影响到学生分数的高低，答案语言与内容的组织、赋分的安排等都是答案拟制要考量的因素，答案拟制要极其谨慎细致，具体可以多关注以下几个方面。第一，语言表述要简洁，逻辑要严谨，具备示范性。参考答案能精准传达语言意义，避免因词汇和语法的原因产生歧义。上句和下句逻辑关系紧密，不存在逻辑漏洞，为如何组织作答提供书面语的规范。第二，内容要符合学理，具有说服力。参考答案不是权威，但要具有权威性，权威性源于答案中学理的说服力。没有学理的参考答案，也就失去了参考的价值。第三，内容不超出文本内容的范畴。在拟写答案的过程中，要关注答案是否溢出文本。第四，内容作答对学生的能力要求应当合理，即在《义务教育语文课程标准（2022版）》第四学段的学生学业质量要求之内。常说考出水平，这种水平应当体现在卷面的得分上。中位水平学生能够回答到的部分，应该获得各类题的半数以上的分数，学生水平越高，得分越高，学生的水平应当和得分的情况呈正相关。因此，答案也应当呈现阶梯状，赋分亦要合理。另外，要依据题型进行答案的组织和赋分。信息类文本阅读的答案要确凿，答案拟写和赋分绝不可含糊，而文学性文本阅读解读视角多元，答案拟写应提供主流视角，赋分安排上应留有酌情给分的空间。

2. 高考

高考改革如火如荼，但"立德树人"是教育的永恒命题，在学业质

[①] 《教育部办公厅关于做好2022年中考命题工作的通知》（教基厅函〔2022〕6号）[EB/OL].http://www.moe.gov.cn/srcsite/A06/s3321/202204/t20220406_614237.html.

量考核的命题设置里，要充分重视中华优秀传统文化、革命文化、社会主义先进文化材料的运用，同时兼顾材料的典型性，挖掘优秀文化与学生生活的联结，让学生从中获得对生活、对当代文化的思考，突出德育的时代性，充分落实"立德树人"的根本任务[1]。

再有韵味和价值的材料，面向一成不变、可以用模板套答的考题，也会失去它的生命力。好材料要匹配好命题，让学生们在问题与文本间产生不同层次的思想激荡，以此实现材料价值、落实命题选拔的功能。问题由此而生，如何命题才能产生好的命题？

第一，加强情境设计，重整命题观念。语文学习强调真实的情境，如学科认知情境、社会生活情境、个人体现情境。命题要加强三大情境的建构，联系生活实际，让学生在具体的情境中凭借内在的语文素养完成典型的任务。好的命题下，学生解决问题的状态应当以语文素养为矛、以问题为线索、以文本为语文世界，按图索骥式地闯关，而非是完成"为了考而考"任务下的机械应答。在命题过程中，命题者对此需要时刻保有清晰的认识，避免一时不慎落入为了考而考、陈旧套路的命题陷阱。

第二，创新命题形式，增加综合性、开放性、应用性、探究性试题。出题形式中也要体现"守正创新"，题型不作颠覆式的一次一新，而是稳固"基本盘"，再基于对学生语文学科核心素养考查的根本目的，迈小步子革新，稳中求进。具体到题目创新书写上，关注图表、文字、图画等形式中的语文知识综合运用，多个多类语文知识的综合运用，跨学科知识与语文知识的综合运用，语文与德育、智育、体育、美育、劳动教育的结合等。增强综合性试题，强调学生综合素质培养，强化德智体美劳全面发展的社会主义建设者和接班人的培养意识。高中的语文学习进入比初中更高阶段，学生的语文素养进阶的同时试卷文本的复杂度更高，蕴含更广阔的品读空间和视角，适量增加开放性的试题，学生语文学科核心素养才有广阔的舞动空间，一定程度上也能缓冲语文标准答案的诟病与语文多元解

---

① 《国务院办公厅关于新时代推进普通高中育人方式改革的指导意见》（国办发〔2019〕29号）。

读合理性的冲突。还需增加应用性试题，以此为催化剂加速语文生活化落实，让学生真正感悟语文的有效、有用。增加探究性试题，抛却浅表性知识的考查，问题可以形成支架，引导学生从文本浅表走向文本深处，考出学生的思维深度、语用水平、素养层次。

第三，科学设置试题难度，命题要符合相应学业质量水平要求。不同阶段考试命题参照的学业质量水平各异，高一秋季学期对应的语文课程进度一般是完结必修课程的学习，此时语文期末考命题重要依据就是《普通高中语文课程标准（2017年版2020年修订）》的学业质量水平二，而高考命题的依据则是学业质量水平二。要根据考试命题依据找准要求，科学设置题目难度，合理考查，像高考的"'阅读与鉴赏'侧重考查整体感知、信息提取、理解阐释、推断探究、赏析评价等内容；'表达与交流'侧重考查叙述表现、陈述阐释、解释分析、介绍说明、应对交流等内容；'梳理与探究'侧重考查积累整合、筛选提炼、规整分类、解决问题、发现创新等内容"[1]。

命题后的试卷撰写上，高考答案拟写和中考答案拟写有着很多共性要求和技巧，如语言示范性、逻辑严密性、赋分要求等，上文提及的不再重复。高考答案拟写、中考答案拟写较大的差异体现在内容体量悬殊、内容组织的依据不同、内容深度和开放空间的区别。具体来说，内容体量上，高考体量大、题目类型丰富，对教师进行参考答案和答案解析的拟写都提出了较高要求。内容组织的依据上，参考答案内容组织需要全程参照学业质量水平四，不超脱该水平。内容深度和开放空间上，高考题目中文学性读本阅读难度高，开放性题目也有所增加，开放性题目的答案应予以适当的伸缩空间。[2]

（二）试卷评析

试卷命题是极其精密的技术性工作，尤其是中、高考。试卷评析无

---

① 教育部《普通高中语文课程标准（2017年版2020年修订）》，人民教育出版社2020年版。

② 《国务院办公厅关于新时代推进普通高中育人方式改革的指导意见》（国办发〔2019〕29号）。

疑需要教师有更高的站位、更广的视角，自上而下、自下而上地进行多番审视，在此高要求下，试卷评析也成为教师职业专业能力提升的路径之一。日常教学更是直接受益于试卷评析，洞察"指挥棒"的指向更好以教促考，总结学生的问题并寻找到教学的最近发展区。试卷评析是教师们实然、应然、必然具备的技能。

试卷评析写作的技巧众多，如：抓住试卷的历史与现在、变与不变、优势与不足三块进行；从质性分析到量化调查；基于试卷组成的板块为纲进行考查；自上而下分析，从国家级、省部级所发文的思想引领语文试卷题目、答案的细节考究等，也可以利用以上方法双线交织地进行试卷评析。评析写作有方法但无定法，关键的是评析要有"信度"、有"效度"、有力度、有温度。

1. 中考

中考试卷的评析可以从"务实""务新""勿超""勿晃"四个方面进行。

务实，看根本任务的落实。国家级、省部级单位在有关义务教育阶段教育的相关文件多次提到要落实"立德树人"的根本任务，思想高度决定内容高度，评卷需机敏地观察试卷的选材、命题是否踏实紧紧围绕这一中心任务、根本任务来进行。在这一思想旗帜下，观照试卷中"四个意识""四个自信""两个维护"的体现，中华优秀传统文化、革命文化和社会主义先进文化的浸润，对学生理想信念、爱国主义、品德修养、知识见识、奋斗精神、综合素质等的涵养和考查，以及促进学生德智体美劳全面发展的指向。①

务新，看推陈出新后的特色。当前的北京、山西、福建、甘肃的中考试卷都是以积累与运用、阅读、写作为主干（命名和内部细分不同）并以此为序组织，所谓"推陈出新"定然不会像"抽龙筋"般地进行，为避免选拔性考试失效的动荡，试卷的创新定然以优化替代的温和方式演

---

① 《中共中央 国务院关于深化教育教学改革全面提高义务教育质量的意见》，[EB/OL].
https://www.chinacourt.org/article/detail/2019/07/id/4158967.shtml。

进。像2017年，福建中考将"积累与运用"中类似非连续阅读的"综合性学习"题目取消，而后在"阅读"中增加非连续文本的阅读①。不过这一改动在稳中求进的步伐中属实不小，在当时的试卷评析中也备受关注。总之，"稳"不代表没有"新"，新内容和有限的新形式的交织，词、句、段、篇、文本、群文的化合作用，都会形成一个完整而全新的生态，份份试卷都有它的生命和特色。评卷者要富有观察力，不仅能迅速把握大的统整，而且能拨开细节修动的雾纱。评析者要具有评析力，玩味"推旧"背后的意图的同时辨析"出新"的成效，最后对整份试卷的特色进行概括和评述。

勿超，看命题是否因"人"制宜。中考作为测评的一种，是服务于人而不是为难人，是服务于全体的义务教育阶段学生而不是为精英专设的选拔，试卷评析也可以说是对这一人本化命题思想的认证，视察它是否遵循测评育人、测评引导人（升学、就业）的理念。"命题是否因'人'制宜"也有评析的"法度"：上级部门的命题之法、课程标准的评价之法、布鲁姆从人认知维度划分的目标表述，后者对命题的术语的匡正能明确不同认知维度的考查。命题不要超出以上三个规范，即不能超脱国家及相关部门的命题要求，不能超过课程标准的义务教育第四阶段学生的学业质量水平的范畴，不能超越初中生的思维能力水平。

勿晃，看试卷的质量保持。质量的保持要与往年相较，以往的诟病是否矫正、今年的新变是大动荡、是喜忧参半抑或是神来之笔等，都需要在对比中考量。要成为高质量的考卷，在信度、效度、区分度、关联度等方面要经得住考查。

综合了以上四方面的评析，评析者的评析书写已然心中有沟壑，或总结梳理或共享解决方案，对教学和教研都大有裨益。

2. 高考

当下有个怪状，语文高考题一经公布就引发热议，无论是语文教师

---

① 李涛《素养本位：教学与评价的价值追求——由福建省2017年中考语文试卷说开去》，《福建教育》，2017年版。

抑或是非专业人士，但相比这议论的热闹，试卷评析却冷清得多、鲜有得多。往往是高校或教育局教研人员担起这项工作。高考试卷评析确是难度高的专业工作，但并非高校或教育局教研人员的专属工作。无论是对高考语文，抑或是对日常语文模拟卷评析，任何一名语文教师都有评析的责任，任何一名语文教师为评析"发声"都有意义，要知道日常的模拟卷评析就没有那么多专家的助力了。

高考的试卷评析是有方法可循，分为以下四点：

依文依规，整体把关。"立德树人"的理论在高考试题中同样需要一以贯之，并将德智体美劳并举的实践主题，爱国主义、集体主义、革命英雄主义等精神以及优秀传统文化理念圆融，强调文化自信理念，这皆是命题的出发点，也是评析的落脚点，评析要对此整体把关，评价"培养德智体美劳全面发展的社会主义建设者和接班人"这一教育目的的呈现和实现。[①]

对标对表，局部分析。对标，是匹对《普通高中语文课程标准（2017年版2020年修订）》；对表，是匹对横轴为认知、纵轴为语文板块的布鲁姆双向细目表。对标的重要性在中考试卷评析也有谈及，具体的标准就以其中的学业质量水平四进行评估。双向细目表在试卷测评中可以实现"两用"，第一个用法是测评语文知识、阅读（文言文、现代文等）、写作在不同认知维度的考查是否过于集中、是否对某些认知维度的考查有所疏漏。布鲁姆认知维度分为"六维"，分别是识记、理解、运用、分析、评价、创造，高中语文要更多关注高阶认知维度的考查。第二个用法是命题表述的纠偏与指正。五个认知维度下分为众多亚类，可以用来明确表述在此认知维度下的认知行为，这对于修正命题含糊、驱动诉求不清的问题大有裨益，让日后的命题更趋于规范化。命题表述的规范也大大促进了双向细目表的归类工作。

数据测量，明察秋毫。以上对试卷的分析都是从教师角度的质性研究，在现实条件可行的情况下还可以做量化研究，对学生的答题的具体得

---

① 《国务院办公厅关于新时代推进普通高中育人方式改革的指导意见》（国办发〔2019〕29号）。

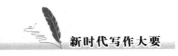

失情况进行分析，让试卷评析更全面、更细微、更有信服力。在测量过程中，关注学生每道题得分的主要原因、失分的主要原因，分析完毕后进行统整归纳再进行评析书写，测量过程中同样也需要对信度、效度、区分度、关联度几个具有重要参考维度的测量。

明辨优缺，建策献言。带有辩证思维进行评析和书写，既言明优点，像可圈可点的创新、富有时代特色的选材、应"树人"要求之急等出彩之处，又不避讳问题，指出参考答案的学理性不足、背景材料过多、要求提示不清晰等瑕疵。高考试卷展现的问题，可能是日常中拟卷容易忽略的问题，在为高考"建策献言"的同时也是为潜在问题或已在问题寻求答案。

总之，试卷评析有方法可循，教师当主动习得评析的技巧，抛开力求完美的包袱，积极投入试卷评析的写作当中，确认并担起"出卷人""阅卷人""答卷人"三位一体的教师角色。

》 第四节

如何写"语文试题评析"

本案例是以2021年八省联考适应性测试的语文试题为分析对象的案例，它是合格师范生应知应会书写题中之义。

2021年八省联考不是高考却是"准高考"，权威性、高阶性不言而喻。也就是说，它虽然不用于高考正式考试，但是试题是由教育部教育考试院组织命题，过程与高考完全相同，甚至于考试以后有评分、填报志愿的演习环节，与高考并无二致，故完全可视同高考。

本文写作的总体思路是试题评价、作答情况、优化建议，它适用于所有的高考语文事后分析。

作为合格的师范生，就要具备对高考试题进行高质量的分析评价的能力，使自己对于试题的认知和设计与命题专家"同框"，这样我们才能具备作为中学教师不可或缺的测评素养，并用它来反哺教学、升维教学。当然，我们要勠力同心把素质教育挺在前面，旗帜鲜明反对"唯分数"，但是我们一定要践行课标"教考结合"和《中国高考评价体系》及其《说明》"理顺教考关系""形成教考和谐局面"的理念，落实落细为党育人、为国育才百年大计。

本案例的"作答情况"精细地分析了考场上学生作答的具体情况，并对学生的基本作答情况进行"望闻问切"，旨在通过此一环节找出全省考生的随机偏差与系统偏差，而后对症下药、查漏补缺，争取下一次测试时能考出更好的成绩；争取在下一轮次的教学中，更能切中肯綮，抓住学生的痛点、堵点、薄弱点，更好地帮学生提分、提能力、提素质。本案例的"切片"分析法，有其优长——可以将学生的认知水平细化、量化，从而有的放矢进行纠偏。教师不只是教师，有时还要是"医师"。

教师还须是"规划师"，要能对未来的测评制度优化提出建设性的意见和建议，以使测评制度越来越科学、规范、完善，越来越不负"中国第一考"之名分。"把论文写在祖国大地上"，测评研究是一座富矿，研究它，是教育教学链条的延伸，也是教研的"最近发展区"。

以下为示例——

2021年广东省普通高等学校招生适应性测试语文科试题评价[①]

（20210202）

内容提要：八省联考的适应性测试，语文试题经过"准高考"的实战检验，其成败利钝如何？本文从宏观、中观、微观多个角度进行"航拍"观照。重点切入视角是"四个自信""四个意识""两个维护"，"一核四层四翼"与新课标有关专题要求及深化教育评价改革总体方案等上位法之精神。本"试题评价"认为语文试题"立德树人"理念一以贯之，"文化自信""文化自觉"在文本彰显充分，"经学、军商"考查别开生面，

[①] 此文案杀青时间为2021年2月初。

蹄疾步稳的改革节奏值得肯定，适应性测试审慎理性。本评价还对试卷存在的形而上与形而下问题瑕疵进行辨析与商榷。最后对语文试卷拟制优化提出若干建议。

关键词：立德树人；文化自信；标准差；信度；效度

改革时代唯一不变的就是改革本身。2021年是"两个一百年"的历史交汇点，深化教育改革进入全面攻坚阶段。为了保证改革蹄疾步稳，减小改革的风险成本、防患未然，为6月份"新高考"积累经验，适应性测试应运而生。广东省60余万名考生参加了此次适应性测试。经与广东部分一线师生、教研室研究员交流沟通并参考学生作答大数据，形成如下"试题评价"。

一、圣象庄严，"立德树人"理念一以贯之

德智体美劳"五育并举"，是新时代教育实践主题与主线。"立德树人"是教育的根本任务。全员、全程、全域参与"立德树人"教育实践是当下教育重中之重。此试卷很好地落实、落细了上述理念。

比如"立德"理念在写作题表现就十分突出。写作题"高密度"结合爱国主义、集体主义、革命英雄主义等精神和"以武止戈"等优秀传统文化人文理念。新时代加强爱国主义、文化自信等方面教育，对于振奋民族精神、凝聚全民族力量，决胜全面建成小康社会，夺取新时代中国特色社会主义伟大胜利，实现中华民族伟大复兴的中国梦，具有重大而深远的意义。此题做到了教考结合，公民教育、社会教育、干部教育结合，可圈可点。

"树人"理念亦彰显充分："建设者"要关注、思考、优化"人工智能"技术，并思考因之有可能引发的诸多关乎伦理、道德甚至于人类文明存亡严峻问题；作为"接班人"，要考虑继承发扬包括"抗美援朝精神"在内的民族精神，始终高扬爱国主义旗帜，着力培养爱国之情、砥砺强国之志、实践报国之行，使爱国主义成为其坚定信念、精神力量和自觉行动。

总之，2021年适应性测试卷从头（现代文信息类阅读）至尾（写作题）都用"立德树人"红线一以贯之，政治站位高，很好地落实了习近平总书记在2018年全国教育工作会上的讲话等重要文件精神。

二、随风入夜，"文化自信"理念实化细化

文化是民族的血脉，是人民的精神家园。文化自信是更基本、更深层、更持久的力量。试卷艺术性地强化了此一方面的测试，值得大力肯定。

（一）对优秀传统文化的强调。语用题强调"琴棋书画"之围棋文化，与2019年全国Ⅰ卷的"琴"文化题交相辉映、一脉相承。现代文阅读《国文教员》文本本身及其提及的《论语》《史记》《洪水与猛兽》《老残游记》《看山读画楼坐雨得诗》等信息，既有中华民族核心思想理念（如"与时俱进"，文中教员说的"大家平等"）、中华传统美德（如"自强不息"，文中教员说的"长大了不要做病梅"），也有中华人文精神（如"形神兼备、情景交融的美学追求"，文中教员对李后主、苏轼词作的分析）。《国文教员》文本二对《汉书·艺文志》《世说新语》强调，也都散发着浓浓的传统文本、传统文化气息。"活态"运用，此之谓也。

写作题评价新增的文风、文脉、文气"三文"评价理念，也是古为今用之"活态"案例：文风端正——"文如其人"（苏轼）；文脉清晰——"草蛇灰线，伏行千里"（《红楼梦》）；文气顺畅——"文以气为主"（曹丕）。以古人之规矩，开今日之生面。

（二）适应性测试卷彰显了革命文化，突出了社会主义先进文化，亮点纷呈。革命的英雄主义、革命的乐观主义，历经革命、建设、改革时代而不更渝，它们在写作题的强调亦十分充分、精当。"国之大事，在祀与戎"，"抗美援朝精神"不只属于过去，它还将一直激励着我们迎接新的挑战（中美贸易战、"卡脖子"技术），激励着我们迎接新的有形无形强敌和各种严重危机与威胁（复工复产、发展内卷）。通过考试强化考生文化认知、文化思维、文化自信、道路自信、制度自信，可圈可点。

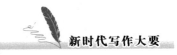

试卷在提高考生文化素养、维护国家文化安全、增强国家文化软实力方面的实化细化是成功的，是富有绩效的，即其所设计的试题有信度、效度保证，试卷是高质量试卷。

三、别开生面，经学、"军商"等理念考查令人耳目一新

"苟日新，日日新，又日新"，适应测试卷在创新、创意方面亦有实质性突破。

（一）论据的考查。此前的现代文阅读试题，比如论述类试题（全国卷）、信息类试题（新高考Ⅰ卷），所设置的3个选择题基本都是围绕"论点、论证、推理"来设置考点。此次以"论据"作为考点，颇有新意，既强化了对考生文体素养的全面考查，也有效克服了考生面对试卷时的"审美疲劳"，故有一定的美学意义，为"五育并举"又一生动注脚。

（二）"经学"理念的强化。增强"四个意识"、坚定"四个自信"、做到"两个维护"，对于未来"建设者和接班人"来说同样十分重要；但如何设题予以强化和引导？适应性测试语文卷的"文言文阅读"就切中肯綮、别树一帜。《汉书·霍光传》中的霍光就是"精忠报国"英雄霍去病之胞弟。兄弟俱以"大忠"名垂青史。选文中，皇上褒扬霍光，也是突出其忠臣身份。第14题问"文末说到霍光最终一举清除政敌，其政敌最为严重的罪行是什么？"（答曰"官谋废黜汉昭帝"），设题甚优，何也？选文、设题、答案，都有浓浓的"经学"理念，值得高看一眼。

（三）"军商"的强化。真理在大炮的射程之内。智商、情商是学生学习的重要内容；但是承平既久，和平时代成长起来的学生师长及其学生本身的军事素养、国防意识就会淡化忽略甚至扭曲，进而无法正确理解"以武止戈、以战止战、以战促和"的精髓与要义。适应性测试语文卷中"古代诗歌阅读"之《幽州新岁作》戍边书写与写作题的"抗美援朝"伟大战争及其精神的突出与强调，有利于加长学生的"军商"短板；有利于强化其"为国戍边、为国征战、不怕牺牲"精神；有利于落实落细"国家整体安全观"，全面提高学生素质；有利于将"国之大事，在祀与戎"中国式治理理念传承下来并发扬光大；有利于让学生既明白软道理又明白硬

道理并知道软道理必须服从硬道理的"大"道理，使之成为"斜杠"的"建设者和接班人"。

四、行稳致远，避免震荡理念值得点赞

适应性测试的语文试卷整体来说大盘盘面稳定，有利于避免考试震荡，维护考生核心利益、社会预期和社会稳定。

（一）关于"新"事"旧"题。2020年新高考Ⅰ卷传递出的信息是：以信息类阅读代替论述类阅读。此次的测试呈现的信息也与新高考Ⅰ卷类似；但是，其后所设置的考题却没有完全跟着2020年的新高考Ⅰ卷亦步亦趋。比如，下定义就没有设题。虽然此卷与新高考Ⅰ卷一样出现了两个问答题，但是所问的问题是"穿新鞋走老路"——回到考查论述文的文体特征：论点及分论点考查（第1题、第2题）、论据考查（第3题）、论证考查（第4题）、作者态度考查（第5题）。换言之，材料是"新"的，问题是"旧"的。"新"事"旧"题，不会产生震荡，因为问题是考生应知应会的。"治大国若烹小鲜"，高考牵一发而动全身，创新不能是颠覆性的创新，此题避免"蝴蝶效应"，必须肯定。

（二）关于争议较大的新题——第9题。关于"现代文阅读Ⅱ"与"现代文阅读Ⅰ"都是非连续性文本阅读而后答题，题型本身不陌生。《国文教员》两则材料的跨文体（小说/评论）呈现、设题也都是考生司空见惯的；有些省市的语文中考就有此类题型。虽然从考生作答的实际来看，第9题得分情况普遍不尽理想，但得分不理想与本题材料和问题题型并无直接关系，而是题干表述尚存瑕疵，使得考生审题时出现"一着不慎"现象。也就是说，现代文阅读题有"新"有"旧"，但也都属考生应知应会的考查范围。

（三）关于文言文中的问答题。这种题型在2020年的新高考Ⅰ卷已经登台亮相过，此次测试再次出现，考生并不陌生；如果下一次再次出现，就会习以为常。这种题型要求考生必须能读懂原文方能作答得分，"南郭先生"之类的考生无法凭运气得分，所以这个问题（第14题）是有效度、信度的；能把"好"生"差"生迅速区分开来，是一道新优题。它对于古

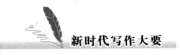

文教学的引导，力度也将是空前的。

（四）新课标（2020年修订）的"新要求"落实得扎实。

1．"语言积累与运用"在第13题得到实化、细化。"倢伃"二字，考生此前未必接触过，但若知其为形声字亦可推知其应为后宫女人称谓，位次于"皇后"。这是语文之"文"的"文字"向度考查，似新实旧，且是考生应知应会的古文字常识。

2．"思维发展与提升"在第21题得到实化、细化。要填对第2个空，就必须对文段所提及的内容进行"整体认知"。因为文段最后一个自然段最后一句是"其实，光补充营养是不够的，锻炼身体、保证睡眠也是必不可少的"。由此坐实第2空的答案应为"孩子未必高"。否则，思维的指向、精度就会出现偏差，从而失分。

3．"审美鉴赏与创造"在"古代诗歌阅读题"得到实化、细化。"诗教"是中学语文教学的重点之一。此题围绕"诗言志、诗言情"设题，有的放矢。特别是"南山"用典，既可作"寿比南山"解，亦可作"马放南山"解。美学解读空间大且有情趣，是文学与美学的合题。

4．"文化传承与理解"在"语言文字运用Ⅰ"的围棋文化题和写作题中得到充分体现。这些题目将中华优秀传统文化、革命文化、社会主义先进文化串联起来，引导学生树立正确的国家观、历史观、民族观、文化观，切实增强"四个自信"，厚植爱党爱国爱人民思想情怀，立志听党话、跟党走，树立为中华民族伟大复兴而勤奋学习的远大志向。

要言之，艺术地落实新课标的要求而不引发震荡，值得肯定。

（五）作文评价的"整体要求"新增精当。此次新增的要求，其实在日常的学习实践当中，师生一直在"用"。同时，新增要求很好地起到了古为今用、教考结合的"引导教学"作用。

新课标、新评价，蹄疾步稳、知行合一，适应性测试题很好地做到了这一点。

五、审慎理性，"适应性测试"名副其实

"行于当行，止于当止"，"适应性测试"且行且探索，很好地做到了这一点。

（一）关于"信息适应"。人工智能、国文教学、二十四史选文、边塞诗、琴（2019年全国Ⅰ卷语用题）棋书画、健康中国（如何科学长高）、立国之战（抗美援朝战争）……这些都是学生较为熟悉或应该熟悉的信息。这些信息，有的是来源于生活，有的是来源于课堂，有的是来源于影视，不"超标"、不脱离生活情境。有的是社会热点（人工智能），有的是社会焦点难点（人工智能的科学认知），有的是司空见惯冷点（围棋），有的是社会卖点（小孩长高），有的是党史国史军史（抗美援朝战争）……只要不是"两耳不闻窗外事"，都不会对诸如此类的信息陌生，同时也让考生认识到试卷与课本、试卷与社会是"零距离"的。生活有多宽广，语文就有多宽广。"大语文"概念因考试而更加深入人心。

（二）关于"题型适应"。题型只有小部分变化，新设的论据题、新增的文言文问答题、新出现的"用否定句概括文段主要意思"、新加的"作文整体评价要求"等，都在师生的"最近发展区"内，即平时教学皆涉及上述问题。且新增的文言文问答题在2020年的新高考Ⅰ卷已经出现过、"预警"过。题型适应没有困难。

（三）关于"难度适应"。"必备知识"题，如名篇名句默写、文化常识题，都是"熟悉的配方、熟悉的味道"，没有新增难度。"关键能力"题，如文体的理解与掌握题（信息题、古诗题），都是文本细读必须具备的重要能力，难度系数亦一如既往。"学科素养"题，比如语文的词法句法段法等素养考查，这都是语文考试的"规定动作"，这一方面的难度设定，也没有什么"过山车"现象，与此前的高考题相比，变化委实不大。"核心素养"题，也是围绕"立德树人"来命题，如万众瞩目的写作题，特别强调了爱国、爱党、爱军、爱英雄、爱人民、爱社会主义制度、爱和平、爱优秀传统文化，共建人类命运共同体等，其认知与写作也没有什么太大难度。从考试结果反馈看，学生还是"适应"的。

（四）关于"情境适应"。此试卷设定的情境主要有两种：问题情境、现实情境。前者如人工智能面临的情境，引导考生思考问题、关注社会。现实生活中"文化自信"如何落实落细，对于围棋的认知就是较好的抓手之一。写作题的情境设定则是将问题情境与现实情境很好地结合起来让学生探讨：昨天的挑战（史）、今天的挑战（实）、明天的挑战（诗），我/我的民族/我的国家/人类命运共同体都面临挑战，都是问题情境、现实情境的叠加，宏观情境、微观情境的交织。这些情境与考生的生活情境、认知情境、思想情境高度契合。在情境中设置考题有利于对考生进行"结果评价"和"过程评价"，甚至"增值评价"。

（五）关于"思维适应"。比如"现代文阅读Ⅰ"强调历史思维、对比思维、辩证思维、风险思维……写作题强调的历史思维、斗争思维、军事思维、战略思维、地缘政治思维、外交博弈思维等。这些思维有些是考生较为熟悉的，有些是考生应该熟悉的。

要言之，适应性测试题，很好地体现了"适"与"应"特征。

六、白璧微瑕，试卷尚存瑕疵与值得商榷之处

智者愚者，所得所失，实属正常。现将试卷尚存瑕疵与值得商榷之处罗列于后，就教方家，知来者犹可追。

（一）与时俱进，试卷信息与内容尚可愈加新颖。"文章合为时而著，歌诗合为事而作"，过去的一年，大事、喜事、乐事甚多，但本试卷关注切入吸纳较少，比如"风景这边独好"彰显制度优势的疫情防控；"精准脱贫、精准扶贫"的收官之战及与之同步的"美丽乡村"建设；"可上九天揽月，可下五洋捉鳖"的"嫦娥五号"和"奋斗者"深空深海探测等。这些新信息可以测试出考生的信息素养和整体素质，可以优化"过程评价"，信度高，区分度高，宜多加注意。

（二）要言不烦，题干表述还可更为简洁。比如第2题A选项中的"……有可能会危及社会的稳定"之"会""的"可悉数删去。再如第9题的表述半文半白欠妥，表意欠明晰，直接影响考生的审答题质量。据事后调查与评卷场大数据反馈，读不懂题目的考生不在少数，故得分率仅为18.67%。如果改为这样表述就可避免此种情况：如果想要写一篇题为《一则"新世说"》的小评论，请结合《国文教员》文本，列出评论要点。

（三）选项设定要注意相关性、干扰性，借以增强考题效度。如第7题的B、C选项与选文实质性关联甚微，且《老残游记》不是学生必读书目，选项涉及《老残游记》不太妥当；选项C干扰性明显不够。

（四）题目的功能区分与辨异性要加强。考查内容条块界限宜更为明晰醒目一些。此次测试的现代文阅读给考生一种"两次作答论述类文本"的感觉，这就说明"现代文阅读Ⅰ"与"现代文阅读Ⅱ"设问区分度不大，所以才给考生留下"都是关于论述文阅读的题目"印象。比如"现代文阅读Ⅰ"的"论证手法""你的看法"与"现代文阅读Ⅱ"的"作者自评""分析小说特点""小评论""列出评论要点"，的确有大同小异之感。试题的科学性、辨异性有待加强，特别是在表述这一环节。

（五）设置题目要更为精当、更为突出重点。比如第21题的第3空（答案为"一般来说"），其实是个冗余信息空，仅起连贯作用而已，不是非常适合作为考点。语用词亦宜多考"关键少数"节点。

（六）题目的外在形式要更加醒目。不要在非考点上增加考生的失分风险、涂改风险。比如"语言文字运用Ⅰ"的选段中，有两处下画线：一处是直线，一处是波浪线。对于视力不太好的考生来说，这是一个始料不及的风险点。因为这两个下画线都是考点，且考查要求不同，较易张冠李戴，进而浪费考生审答题时间或者造成卷面涂改。事实证明，考生失分的原因之一就是弄混了这两条线，得分率仅为62.33%，明显偏低。

（七）精益求精，有些答案还可更精确。比如第16题的"思乡情结"。不能说诗中没有此类情感，但是答案对此基本持否定或无视态度，但诗之首联即有思乡情的书写，更何况"思乡""思长安""思国家"并不矛盾，且它们是中国诗歌常见的"思维链"。再如复式用典"南山"。此处的用典似可两解：寿比南山（福如东海）、马放南山（刀枪入库）。诗作提及流年似水、为国戍边，用"寿比南山""马放南山"皆可，"诗无达诂"是也。答案若如是解，可实现高考"引导教学"之功能。此外，问与答要高度吻合，否则考生无从答起。比如第8题的答案就溢出了给定材料，影响了试题的信度。0~2分考生占比43.07%，0分考生占比7.78%。可

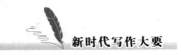

见答案的拟制至关重要。

（八）考点偶有扎堆现象，试题"查重"要注意。比如唐诗考得有点集中：15～16题本来就是考唐诗，第17题"名言名句默写"又两考唐诗（杜甫、李商隐）；第19题的B、C选项依然是唐诗（岑参、杜甫），过分聚焦唐诗，不尽妥当。

（九）全卷的"语文范儿"还可加强。比如选文最好文质并美。此次测试卷，所选文段成语不是很多，长句也较少。消极修辞太多，直接影响了语文试卷的"范儿"；宜加强富含积极修辞文章的选裁，使语文试卷形式更靓丽、品相更优。

（十）命题与参考答案的依据或上位法宜明确交代。这是一个语文考试交汇点，教材有新旧，考纲有新旧，理念有新旧，评价有新旧，是用旧、用新、两用，适宜开诚布公、信息公开，以确保考试的公平公正。此亦为政府信息公开题中之义。

七、层楼更上，语文试卷拟制优化"十建议"

语文教育与评价事关语文教育发展方向，有什么样的评价指挥棒，就有什么样的语文教学导向。"得语文者得天下"，如何拟制高质量语文试卷？现提出如下建议：

（一）试卷选材用料要追"新"

信息题的设置之所以备受好评，关键在于信息化时代必须强化信息素养。信息既有信息意义，同时还有智力意义。此类题目（如2020年的大事、喜事、乐事等，2021年的"喜大普奔"的事也很多）出得好，考生"悠然心会，妙处难与君说"，且可以实现对考生的"增值评价、综合评价"。

（二）全卷用语宜彰显"高级语汇"韵味

高中阶段的美育就是丰富其审美体验，开阔其人文视野，引导学生树立正确的审美观、文化观，而高考是最给力的引导；选文有点"唯美"取向——积极修辞句较多，复句较多，新雅句较多等，亦是语文及其考查的题中之义。测试题在此一方面似注意不够，此后宜加长此一短板，使语文试卷更高素质、更高"颜值"。

（三）题干表述宜一目了然、一看便知

最好能设身处地站在考生的角度选择表述策略，即题干表述宜去模糊，去不必要干扰信息，去歧义。所谓"删繁就简三秋树"，不考查的信息，一定要让考生"无障碍"通过。

（四）选择题所设定选项要高质量

选择题在语文试卷中占36.67%（除写作题），选项设定十分重要。选项的设定不能为设而设，选项要有干扰性，此次测试卷第7题的B、C选项干扰性太小，影响到本题的效度。

（五）答案最好能有效"引导教学"

认真拟制答案，以精细、精准为旨归，使之能成为考场的重要评分准则与指南；且试后成为"引导教学"的基本遵循。如前文提及的"南山"用典，宜设"两可"开放式答案。不要出现答案溢出材料的现象，那样会影响试题的区分度。

（六）各个内容板块之间的区别、辨异要明显醒目

不要再出现此次适应性测试中的"好像做了两次论述文题目"的现象（现代文阅读Ⅰ与现代文阅读Ⅱ的"论味"太趋同），术语方面的统筹、"查重"与辨异力度要加大。

（七）题中相互提示是出于何种考虑，有必要明示

一般来说，考试卷不宜出现相互提示现象，但从加大区分度使"强者通吃"角度而言似无可厚非。若是有意为之则另当别论，若不是有意为之，此一"硬伤"宜避免，因为它影响到高考的圣象庄严。2020年新高考Ⅰ卷的文学类文本阅读（于坚《建水记》）就出现这一问题，此次的古诗阅读又出现这一问题（第16题的"思想感情"部分答案可从第15题找到），故特别指出。

（八）若有可能宜多设置一点问题情境

积极探索基于情境、问题导向的启发式、探究式、体验式等语文试题，强化对学生爱国情怀、遵纪守法、创新思维、体质达标、审美能力、

劳动实践等方面的评价。比如家校联手共教问题、教育惩戒问题、版权保护、公共产品的提供与维护等情境皆可设题。

（九）美育题目要精心设置，它是语文考试内容改革阻力最小区域

美是纯洁道德、丰富精神的重要源泉，文学与之同调。美育是审美教育、情操教育、心灵教育，也是丰富想象力和培养创新意识的教育，能提升审美素养、陶冶情操、温润心灵、激发创新创造活力；文学也与之互为表里。比如赏析书法、画作、民俗、剪纸等皆可入题。

（十）开窗放入大江来，开放格局、世界视野的考查要加大

"平天下"、他山之石、拿来主义、送去主义、世界文明的共建共享、人类命运共同体建设、绿色世界全球低碳、全球"云会议"共商"世"是……这些都是可以考虑的议题。

总之，2021年适应性测试，其优化考试内容，突出"立德树人"导向，重点考查学生运用所学知识分析问题和解决问题的能力的目的完美达成，广告度、美誉度有目共睹。适应性测试之后的精准测试、高质量测试因此而更加可期！

》第五节

如何写"写作题评分标准与细则"

写作题的权重是无可辩驳的。自隋唐以来，中国选拔官吏的科举考试，从来不考士子的办公文、办政事、办会议行政能力，而是考他们的写作能力，且一题定终身、一写定终身，这一写，写出了中华文明的山高水长，写出了考试文明的亮丽底色，它曾被西方誉为"第五大发明"，诚实至名归。当今写作题考试的"高利害"仍然万众瞩目，因此，对于写作题的评析必须以专题的形式来呈现，以专题的形式"另起炉灶"来给同学们做示范。这样，才能阐释得更为透彻、更为周全、更为充分，以为将来的

从业教师"依葫芦画瓢"看得更真切、更细致。

写作题的阐释与评析暨评分标准与细则一般分为三大块：对试题本身的阐释与评价、对写作引导语和写作要求的细化实化解释、评分的标准与规则（含标杆卷）。前两者务必做到专业、权威、精细，评分的标准与规则要彰显公平、公正，其导向性要明确、其"自由裁量权"要规范且能以理服人、以事实服人。近年，它们都属于保密的重要内容，因此还要注意保密。

从测评学的角度来说，写作题是一个大盘题，"一核四层四翼"在这里都可以面面俱到地测试与评价，顶层的"立德树人"、中层的布局谋篇、基层的字词句法甚至标点符号与书写，皆可纳入测评范畴之内，它是一个"千手观音"题，可以触及考生知识、能力、素养的方方面面。"为伊消得人憔悴"，出卷人煞费苦心，答卷人殚精竭虑，评卷人也如履薄冰。因此，必须用心、用力、用专业的智慧写好"写作题评析"这个文案。

以下为示范——

2021年普通高等学校招生全国统一考试
模拟演练作文题评分标准与细则①

八省联考的写作题，是一道很优质的题目，它考查考生对于46种精神谱系之一"伟大抗美援朝精神"的认知，立德树人导向非常明确。

23．阅读下面的材料，根据要求写作。（60分）

1950年，新中国刚刚成立不久，百废待兴。朝鲜战争的战火烧到鸭绿江边，国家安全面临严重威胁。危急关头，在极不对称、极为艰难的条件下，中国人民奋起抗美援朝，保家卫国。先后有290余万志愿军将士赴朝参战，19.7万多名英雄儿女献出宝贵生命，涌现出杨根思、黄继光、邱少云等30多万名英雄功臣。中华大地，万众一心，支援前线。历时一年的捐献武器运动，募得的捐款可购买3700多架战斗机。两年零九个月艰苦卓绝的

---

① 此文案杀青时间为2021年1月底。

浴血奋战，拼来了山河无恙、家国安宁，稳定了朝鲜半岛局势，维护了亚洲与世界和平。伟大的抗美援朝精神一直激励着中国人民。

校团委举行"铭记历史，迎接挑战"的主题征文活动。请结合上述材料写一篇文章，说说你的感受与思考。

要求：选好角度，确定立意，自拟标题；不得抄袭；不得泄露个人信息；不少于800字。

一、写作题的总体评价

这个题目属于材料+情境（社会情境、学习探究情境）作文题型，与往年高考真题一样，没有什么太大变化，给人一种比较稳健的感觉。

（一）模拟作文题明显加大高考评价的核心功能"立德树人"力度。写作材料主要出自习近平2020年10月23日《在纪念中国人民志愿军抗美援朝出国作战70周年大会上的讲话》，文稿中的内容与绝大部分信息来自讲话稿，是"两个维护"的具体表现。

（二）情境设定十分突出。熟悉的校园场域、熟悉的青年组织、熟悉的主题征文，有生活积淀，有现实意义，可写性强。同时，也很好地落实了《中国高考评价体系》及其《说明》中的理念。

（三）任务驱动一如既往。任务分别是：结合材料，说出自己的感受与思考，写一篇以"铭记历史，迎接挑战"为主题的应征文章。除了"任务驱动"之外，还有"结合材料"驱动、情境驱动，三管齐下。

二、关于给定材料的分析

（一）材料信息构成有两个方面：一部分是习近平纪念抗美援朝出国作战70周年大会上的讲话内容，另一部分是有关抗美援朝的史料。信息权威、数据确凿、真实可信，与2020年的全国高考作文材料"画风"截然不同。

（二）材料共8句话，前3句是交代抗美援朝的历史情境，接下来的3句是写前方浴血奋战，以及付出巨大牺牲与后方发扬伟大的爱国主义精神倾力支援前线，最后2句是评价抗美援朝的伟大历史意义。

（三）若从"挑战"角度分析材料，8句材料亦可分为3层：挑战的情境；接受挑战并为之付出巨大牺牲、挑战激发伟大的爱国主义精神和英雄主义精神；挑战的历史伟绩与现实意义。

（四）若以"时间"作为线索分析材料，8句材料亦可分为3层：昨天接受挑战，今天"山河无恙、家国安宁，稳定了朝鲜半岛局势，维护了亚洲与世界和平"，明天有"伟大的抗美援朝精神"的"激励"。

（五）给定的材料与写作任务契合度高，可写性、可选性优，有利于考生的创造性写作，也符合《中国高考评价体系》中的高考考查之"创造性"要求。

三、关于写作引导语的分析

写作引导语，它对写作有3个限定，换言之给定了具体的情境，在情境要求之下进行写作。

（一）校团委举行"铭记历史，迎接挑战"的主题征文活动

熟悉的配方，熟悉的味道。此一情境是面对现实的问题情境。"校团委"言明了主体，限定了场域和主题，在考生的现实生活中，参加各种征文活动司空见惯。写作引导语"再现"其学习情境、写作情境。

"铭记历史"，考查的是"历史思维"；"迎接挑战"，考查的是"战略思维"；还有"以武止戈、以打促和"的辩证思维。新课标中的"思维优化与提升"，与此高度契合。

（二）请结合上述材料写一篇文章

"信息获取"能力是学科素养指标体系的指标之一。结合上述材料就是"信息获取"的具体表现，也是语文学习的"信息意义"所在，它是语文学习"智力意义"的前提和基础。与此同时，这也是写作的一个范围限定，避免考生宿构套作或另起炉灶。

（三）说说你的感受与思考

"服务选才"是高考的核心功能之一。只有叙述、描述、说明、证明等语文能力强的学生方能适应高校的学习要求，即高校要选择叙述、说明、证明等能力强的考生。如何选择？写作就是最好的开放式选择。"说说你的感受与思考"有利于考生将其最优的一面展现出来供高校评判与筛选。

四、关于写作要求的分析

（一）写作要求4个大项，内含7个小项。没有了往年的"文体不限"，可将其视为文体自由，不必多此一言，"法无禁忌即可"。

（二）关于"选好角度"

1．从材料及其含意引出的角度都是"好"角度，只要不是断章取义、另起炉灶皆可。

2．材料与革命文化、社会主义先进文化息息相关，其中的爱国主义、革命英雄主义、"军民团结如一人，试看天下谁能敌"的团结精神充盈字里行间；此外还有"以武止戈、以战止战"优秀传统文化信息，这些角度都是写作的"好"角度。

3．从"铭记历史"并结合"迎接挑战"来选择角度，也是"好角度"，反之亦然。

4．上述各个角度都是"好角度"，不必面面俱到。

（三）关于"确定立意"

1．立意要从材料出发，不能断章取义。

2．立意要正确，思想要健康，不能出现政治偏差与错误。

3．立意要明确清晰，不能模糊不清。

4．其他。

（1）没有标题，扣2分。

（2）文体不明，酌情扣分。

（3）沾边套作三等评分，发展等级0分；抄袭前文凑字数的，基础等级四等评分，发展等级0分。

（4）400—800字的，按正常卷评分，而后每少50字扣1分。

（5）错别字每错1个扣1分。

（6）残卷评分：400字以下的……

五、"作文评价整体要求"解读（2021年新增）

（一）写作素养层面

1．文风端正：杜绝"假长空"；文采要恰当。

2．文脉清晰：思路、线索、架构、衔接过渡、序词运用高度自觉且恰当。

3．文气顺畅：关联语词、逻辑自洽，语言婉转自如。

（二）文体写作层面

1．思想积极向上，符合社会主义核心价值观：立德树人（政治素养/核心价值）。

2．内容切合题意，符合试题的材料、情境与任务要求：任务驱动、情境理念、奉命写作（能力素养/学科素养）。

3．观点明确，逻辑严密，结构严谨，论证充分，思考具有独立性：证明素养（文体素养/关键能力）。

4．表达准确流畅，合理运用词语、句式、修辞等（语用素养/必备知识）。

六、如何确定"符合题意""基本符合题意"

（一）关于"符合题意"

1．文章中心从材料或者其含意所涉及的范围、情境及任务要求引申而确立的，并契合"铭记历史，迎接挑战"征文主题的，属于"符合题意"。

2．文章中心从材料或者其含意所涉及的范围、情境及任务要求引申而确立的，并契合"铭记历史，迎接挑战"征文主题的，但重点写"铭记历史"的，属于"符合题意"。

3．文章中心从材料或者其含意所涉及的范围、情境及任务要求引申而确立的，并契合"铭记历史，迎接挑战"征文主题的，但重点写"迎接挑战"的，属于"符合题意"。

（二）关于"基本符合题意"

1．文章中心从材料或者其含意所涉及的范围、情境及任务要求引申而确立的，但只写"铭记历史"即只完成征文主题一半的，属于"基本符合题意"。

2．文章中心从材料或者其含意所涉及的范围、情境及任务要求引申而

确立的，但只写"迎接挑战"即只完成征文主题一半的，属于"基本符合题意"。

3. 离开给定材料，只写"铭记历史，迎接挑战"的。

4. 只围绕材料，而不顾"铭记历史，迎接挑战"征文主题的。

七、如何区分"中心突出""中心明确""中心基本明确"

（一）只有一个中心，且一以贯之说明之、证明之，即有的放矢用力集中、靶向目标明确、聚焦书写充分给力。

（二）用以证明这个中心的信息、素材指向一致。

（三）在字里行间，围绕中心的关键字词、信息高频或较高频出现，即彰显中心、阐释中心的关键信息词强调得充分。

（四）达不到上述要求，与之相形稍逊一筹者，即为"中心明确"档次，内容宜在二等（11～15）给分。

（五）平均用力写"铭记历史，迎接挑战"的文章，视为"中心基本明确"。

八、优秀作文的必备要素

（一）一等作文必须"三审"全到位

项目	一审（材料）	二审（引导语）	三审（写作要求）
1	历史时间节点	学校情境	好角度（见前）
2	历史形势严峻	团委（学生组织）	确定立意（见前）
3	历史抉择（挑战）	两个动宾句，不能平均用力，亦不能偏废	标题（若用原题亦可，非为最优）
4	历史事实1（前线）	结合材料，宏观语境不能偏离	如果套作，三类给分，发展等级不给分
5	过渡句	主题征文语境	"抄袭"认定审慎
6	历史事实2（后方）	感受	勿个人信息泄露
7	历史意义1	思考	字数要求
8	历史意义2		
备注			

（二）一等作文具体展开示例

项目	铭记历史（实、虚）	迎接挑战（实、虚）
1	新中国刚刚成立不久，百废待兴	1. 抗美：贸易战 2. 抗美：有"把'新冠病毒'"带到中国的嫌疑 3. 抗美：'新冠'甩锅中国 4. "卡脖子"技术 5. 各种各样的美帝"强敌"
2		百年未有之大变局
3	国家安全严重威胁	"十四五"开局之年
4	危急关头奋起（威武不能屈，大无畏的革命精神）	建党100周年
5	290余万/19.7万/30多万（伟大的爱国主义，不怕牺牲，敢于胜利，"钢少气多"的英雄主义）	"两个一百年"交汇点
6	一心/一年/3700多架战斗机（军民团结如一人，试看天下谁能敌，团结战斗精神）	巩固脱贫攻坚成果，美丽乡村建设
7	两年零九个月，3个"了"	我国社会主要矛盾已经转化为人民日益增长的美好生活需要和不平衡不充分的发展之间的矛盾
8	抗美援朝精神一直激励着	到二〇三五年，人均国内生产总值达到中等发达国家水平，中等收入群体显著扩大；到二〇三五年，人民生活更加美好，人的全面发展、全体人民共同富裕取得更为明显的实质性进展
9		党的集中统一领导
10		全心全意依靠人民

续表

项目	铭记历史（实、虚）	迎接挑战（实、虚）
11		道路优势、制度优势：一夜成军，集中力量办大事
12		文化自信：以武止戈、以战促和；中国是惹不得的；打得一拳开，免得百拳来
13	我（我们/民族/国家/人类）铭记历史一二三	我（我们/民族/国家/人类）迎接挑战

九、关于评分实操的说明

（一）任务完成好、思想好、表达好、有亮点的，在54～60分区间内评分；

（二）任务完成好、思想好、表达好，但没有什么亮点的，在48～53分区间内评分；

（三）任务完成比较好、思想好、表达比较好、有亮点的，在42～47分区间内评分；

（四）任务完成一般、思想健康、表达一般、没有什么亮点的，在36～41分区间内评分；

（五）没有完成任务、思想健康、表达差、有个别亮点的，在30～35分区间内评分；

（六）没有完成任务、思想健康、表达差，没有什么亮点的，在24～29分区间内评分；

（七）没有完成任务、思想不健康、表达差，在23分以下区间内评分；

（八）其他（见前）。

十、作文的评价改革

（一）改善结果评价

1. 客观科学：不人为地以个人好恶来评判，不人为抬高与压低分数，特别是不能打保险分；

2．公平：要做到一把尺子量到底，自始至终全神贯注、一个标准，公平对待每一份试卷；

3．公正：提高精准评判的专业水平、专业水准，评分与作文文本质量高度吻合，并能通过大数据的统计结果随时纠偏。

（二）强化过程评价

1．书写：书写是写作过程评价的重要抓手，书写与语文平时的学习"投入"大都呈正相关，"书写工整"的权重可以在适当的范围内加大；

2．词法句法：词法句法也是进行过程评价的抓手，语用素养优良的考生，在此一方面表现自然优异，评分时可就高不就低；

3．信息量大小与新旧：信息素养的优化，非一朝一夕之事；若考生写作时信息量大，就证明其平时对于信息的吸纳是充分的；信息新，就证明考生处理新信息的能力强，并能做到学以致用、用有所成，评分时亦可就高不就低。

（三）探讨增值评价

1．信息意义与智力意义两者皆优，作文宜升档评分；

2．文本与思维、审美、文化俱优，作文宜升档评分；

3．情商、智商、政商、军商俱优者，作文宜升档评分。

（四）健全综合评价

1．反应敏捷度：对于能够顺利完成作文者，其反应敏捷度较优，特别是对于能高质量完成者，可在其等级内顶格赋分；反之亦然，即对于残篇亦可就其下限赋分，借以提高本大题的区分度；

2．效度：得作文者得天下，作文题作答效度可以通过其完成任务时结合材料质量的高低；

3．分辨度、区分度：选材、立意、结构、语用，区分度高且易以判断；

4．个性、创造性：若作文能在内容、形式上令人眼前一亮或发人深思或拍案叫绝，即可认定其个性、创造性优质，亦可在相应等次内顶格赋分。

结语

教育评价事关教育发展方向，有什么样的评价指挥棒，就有什么样的办学导向。为深入贯彻落实习近平总书记关于教育的重要论述和全国教育大会精神，完善立德树人体制机制，扭转不科学的教育评价导向，坚决克服唯分数、唯升学的顽瘴痼疾，提高教育治理能力和水平，加快推进教育现代化、建设教育强国、办好人民满意的教育，我们将不断努力，争取用实际行动确保上述理念的落实落细落好，将忠诚党的教育事业写在公平公正的试题科学评价上。

》第六节

如何写"学生作答情况"

2021年广东省普通高等学校招生适应性测试语文科考生答题分析[①]

内容提要：本文从宏观、微观、建议三个维度报告2021年广东省适应性测试卷语文考查的基本情况。"宏观"部分对试卷的守正创新进行整体评述并用评卷场大数据进行印证、支撑；"微观"部分按照"均分与标准差、得失分原因剖析、教学策略优化、命题策略优化"思路展开，以为后续的高质量教学、测评提供参考与借鉴；"建议"部分再次聚焦此次语文试卷本身的成败利钝，以为将来制卷质量层楼更上建言献策。

关键词：宏观分析；微观分析；参考建议；信度效度；标准差

---

① 此文案杀青时间为2021年2月初。

创新创意，别开生面；蹄疾步稳，小幅微调科学合理；试题有信度、效度和区分度；同时亦有一定优化提升空间，是2021年适应性测试（语文卷）给人留下的总印象。这些印象在考生的答题环节中也得到检验和印证。

为精细分析我省考生得失分情况及其之所以然原因，更好地为未来语文教育教学查漏补缺，更好地为语文测试工作高质量开展提供大数据支撑，现将广东考生答题情况报告如下：

一、宏观维度：守正创新、蹄疾步稳

（一）考生基本情况

2021年广东省普通高等学校招生适应性测试，参加考生总数为635,687人，"不调度数"为30,597，有605,090份试卷进入统计范围。

（二）统计数字及说明

客观题数据不得而知，故不在统计说明之列。语文全卷主观题卷面分共117分，实际得分为：74.26，得分率为63.47%。相对于往年的高考得分情况，此一得分属于正常得分范围。

取样时间：阅读题、语用题为评卷后第二天终了，取样对象为20万份试卷；写作题为评卷后第4天终了（1月31日零点），取样对象为169,216份试卷。所取参数大，设置时间段科学合理。

主观题各题得分情况如下：

题号	题分（分）	平均得分（分）	标准差	得分主因	失分主因	备注
4现代文Ⅰ	4	2.39	1.00	"对比论证、举例论证"答对	"比喻论证"漏答	新题
5现代文Ⅰ	6	4.03	1.02	能自圆其说	作答欠周全	新题
8现代文Ⅱ	4	2.73	1.23	"人物"特点作答正确	"作者态度"审题难度大，故失分	

续表

题号	题分（分）	平均得分（分）	标准差	得分主因	失分主因	备注
9现代文Ⅱ	6	1.65	1.05	关于"作者"的评论正确	题目表述欠简洁精确，答案溢出材料	
13（1）古文	4	1.60	0.94	译句部分正确	人物复杂关系未理清，通假字漏译	
13（2）古文	4	2.71	0.96	译句基本正确	错译关键字词	
14古文	3	2.09	1.32	政敌及其恶行作答正确	没有读懂原文，抓住"霍光"这个主角主要功业来作答	新题
16古诗	6	3.01	1.42	新春喜悦、人生无常，作答正确	答"思乡"情有偏差；超越个体指向社会国家"长情"把握不深、不准	
17默写	6	3.94	1.95	难度系数小，满分占比大，4分次之	错别字；无法精确对号入座，默写正确	
20语用	3	1.80	0.87	修改正确	将本来正确的第3小句改错；下画线之横线与波浪线弄混，导致有些考生修改了波浪线句，答非所问丢分	

续表

题号	题分（分）	平均得分（分）	标准差	得分主因	失分主因	备注
21语用	6	3.25	1.35	符合要求，情境、语流畅达	不能使句子连贯，语义相左，超规定字数	
22语用	5	2.79	1.67	三句话有全正确或部分正确	找不到中心句、作答欠规范、逻辑问题多	
23写作	60	42.27	6.65	结合材料任务完成好、思想好、表达好、有亮点	某一方面或多个方面有瑕疵，问题集中在泛泛而谈，切扣材料不够、不准、不优、不深	
合计	117	74.26	无			

写作题各分数段统计一览表（统计至20210131）

分数	54	55	56	57	58	59	60
人数	403	272	124	63	34	10	5
分数	48	49	50	51	52	53	/
人数	8049	3945	2856	1092	1110	573	/
分数	42	43	44	45	46	47	/
人数	18323	19400	20131	19206	13467	9127	/
分数	36	37	38	39	40	41	/
人数	3566	3200	5709	5347	11566	10827	/
分数	35分以下						
人数	略						

（三）关于适应性测试考生答题情况的几点认识

1．主观题得分情况较符合考生实际。主观题得分率为：63.47%，据此换算，全卷得分约为95.21分。与2020年广东得分相差近5分。在尚余的4个月中，冲刺拿下五六分应该不成问题。总体来说，试题难易度适中，考生发挥出正常水平，适应性测试结果良好。

2．全新题型表现稳健，没有出现大震荡。与此前全国卷相比，论述题被"信息题"替换并出现问答题这种新题型，虽说是新的变化，但因设题科学、合理，故未产生震荡与不适。三道新题——选择题中新出现的此前付之阙如的"论据题"、两道在第一板块新出现的问答题得分率都在60%以上。它的"新生"既与时（信息时代）俱进，又考查了考生能力（思维的敏捷性、认知传统文化的深刻性），一举三得。

3．作文题考到了学生"痛处"，是一道优质考题。历史思维是学生思维短板，有必要引导学生加长这块短板。写作题将历史思维与战略思维结合起来考查，恰"考中"学生薄弱环节。通过考试，它将引导师生对历史思维教学高看一眼、厚爱一分。将个人命运、时代命运、家国命运结合起来圆通观照，正是"立德树人"重要关口，写作题慧眼独具很好地注意到了这一点。"总是要等到考试以后，才知道该念的书都没有念。"不少作文写得较空洞，关键就在于考生对于"抗美援朝史"了解不多、不细，对于这场"立国之战"思考不够深入，而内政（百废待兴，齐心抗美）、外交（援朝）、国防（唇亡齿寒）、地缘政治（朝鲜半岛）……都是"建设者和接班人"必须面对的问题和情境。学生写作之所以欠厚重、深刻，与其平时了解此类信息太少相关，所谓"巧妇难为无米之炊"。此外，写作时两边下注——平均用力写"铭记历史，迎接挑战"，中心无法得到突出的作文不在少数，此题恰好掐了一下平时写作的"痛处"，对症下"题"，考出了信度、效度。此外，抽查中还发现，广东考生特别是中上等次的考生有时注意了"任务驱动"却又忽略了"结合材料"，反之亦然。接下来的写作教学，必须对症下药。故曰此题乃有利于"选拔人才、引导教学"的优题。

4. 新高考评价理念融入试题较为艺术，新意迭出。通过学生的答题逆推，推知"考什么"（必备知识、关键能力、学科素养、核心价值）的问题在测试考查中解决得好。

比如第13题第一问关系到文字知识（有单人旁，即知与人有关、与人的名分有关）。此一知识点虽然只是一笔带过，但意义重大。3.76%的考生拿满分4分，3分考生占11.80%，2分考生占32.50%，1分考生占42.60%，0分考生占8.71%。区分度很高。语文之"文"当然也指文字之"文"。此题设题精巧。这是新时代语文的新发现、再发现。

又如阅读能力、翻译能力、语用能力的设题，信度、效度皆有保证，区分度也科学合理。新增的古文问答题，虽然赋分只有3分，但四两拨千斤，有效地将考生的语文能力高效地区分开来。0分考生占27.01%，满分考生占64.91%。于"选拔人才"十分有利，于"引导教学"亦十分有利，所谓少花"分"多办事。

历史思维素养（写作题涉及国史、军史、外交史、地缘政治史等）、辩证思维素养（现代文题的"人工智能"话题）、科学思维素养（人工智能前景）、战略素养（抗美援朝的"打得一拳开，免得百拳来"）、人类命运共同体素养（写作题的"维护了亚洲与世界和平"），都是新时代高中学生的基本素养，围绕这些素养设题颇有新意。思维素养不优的考生，将难以应付自如。一等（上）作文即54分（含）以上作文，仅占考生总数的0.54%就很好地说明了这一点。整个写作题均分42.27分左右，标准差为6.65分左右，它既考出了学生的真实水平，也有利于高校精准选拔人才。

"文化自信"、社会主义核心价值观的考核也考得出色、出彩。比如语用题的"棋"文化（2019年全国Ⅰ卷考查了"琴"文化）、写作题的要求考生深入思考"抗美援朝精神"并涉笔成文……爱优秀传统文化、爱党爱军爱人民爱社会主义，自然而然入眼入心入脑，随"题"潜入夜、润物细无声；通过考试这一特殊环节而强化"文以载道"之目的。比如第14题对于"经学"理念的认知与强化，题出得极其精巧、极其厚重，全部答对即拿3分的考生达到64.99%，这就说明语文是可以载道的；于考生而言，载道题是可望而可即的。

5. 基础性题目、综合性题目、应用性题目、创新性题目（均指主观题）得分情况暗合测评的科学规律与预期，由此推知"怎么考"的问题也解决得较为完美。

比如默写题（6分）得分率为65.50%，这与广东语文基础教学实际高度吻合，提高得分率，有赖于中学全程教学环节的共同重视、共同撸起袖子加油干；应用题主要体现在语用题（主观题有14分）上，考生得分率为56.21%，这也说明考出了广东考生真实水平，提升空间同样很大，因为这道题是岭南考生的共同难题；综合题如现代文阅读的对比阅读题（6分），考生得分率为66.83%，差强人意，与平时教学吻合度高；创新题如写作题，得分率70.48%，这个数据信度、效度也比较高。

要做到高质量的教考结合，提升学生素质，基础知识方面教学要加强，特别是查漏补缺方面；应用素质，是学生的共同短板，教学环节一定要定向精准施策；综合素质，可一如既往进行强化，力争久久为功；创新素质在考试中表现尚可，但是还要加大力度，使之层楼更上，比如写作题的得分，在54分（含）以上仅占考生总数的0.55%，明显偏少，即高质量的创新书写，力度还远远不够。

6. 试卷本身存在的瑕疵要高度重视。

——选项设定要注意相关性、干扰性，借以增强考题效度。如第7题的B、C选项与选文实质性关联甚微，且《老残游记》不是学生必读书目，选项涉及《老残游记》不太妥当；选项C干扰性明显不够。

——考查内容条块界限宜更为明晰醒目一些。此次测试的现代文阅读给考生一种"两次作答论述类文本"的感觉，这就说明现代文阅读Ⅰ与现代文阅读Ⅱ设问区分度不大，所以才给考生留下"都是关于论述文阅读的题目"印象。比如现代文阅读Ⅰ的"论证手法""你的看法"与现代文阅读Ⅱ的"作者自评""分析小说特点""小评论""列出评论要点"，的确有大同小异之感。试题的科学性、辨异性有待加强。

——题目表述要精确清晰简洁。现代文阅读Ⅱ《国文教员》的题目，考生普遍反映读不懂题目，所以无从作答。此题有两问，第一问4分，第二问6分。本来难度不大，但是第一问有8.31%的考生得0分；只有37.98%的考生得满分。第二问均分只有1.65分，得分率仅为27.50%；有15.72%考生得0分，得4分、5分、6分占比分别是4.74%、0.27%、0.08%。也就是说，第二问的合格率仅为5%，明显偏低。究其原因，是题目表述有瑕疵。"小小说倒像是中国的老传统""作者心目中传统小说"，表意模糊、晦涩。第二问的"如欲"欠畅达，其后的表述也欠简洁明晰，把一个很简单的"四合一"问题（要用给定的题目、要结合文本、要写小评论、只要求列要点）陈述得很复杂，加大了考生的作答难度。

——答案不要溢出材料。上面的第8题问及的"作者心目中"，给出的答案在文本中无从寻觅。显然，答案溢出给定的文本。

——问答题的背景设置不要过难。如第9题的背景设置有两重：一重是对《世说新语》了解，第二重是对"'新世说'"的认知。两重难度都比较大，这直接影响到试题的标准差和区分度。

——答案的开放性要加强。高考"引导教学"功能在答案的拟制上最为直接、明显。比如古诗阅读题的"南山"用典，就可更为开放作两解（寿比南山、马放南山），以彰显"诗无达诂"之"诗教"理念。

——全卷的用料要更加鲜活。近年，喜事（深空深海探测）、乐事（精准脱贫、第一个一百年）、大事（"两个一百年"历史交汇、冬奥会等）接踵而来，亦宜在试卷中体现出来。"文章合为时而著，歌诗合为事而作"。

——全卷的语用"颜值"还可以加强。本试卷选用的语段积极修辞较少，比如成语（据统计全卷不到10个）、长句等不多，甚至高级语汇都较少。"语文"的韵味有待加强。

——新的教育教学重点、热点、焦点、难点要酌情考虑体现在试卷之中。问题情境与现实情境的设置、户外研学、项目制学习、体验式认知、五育并举、家校联合体、法治入校园、惩戒入校园等都可以体现在试卷中。

——世界视野的题目亦可考虑适当涉及。"拿来""送去"两不误。如"中国开放的大门永远不会关上""制度型开放",这是"拿来";平天下、人类命运共同体、共建共享共治共赢共鉴、大道之行天下为公、德不孤必有邻、中国智慧中国力量中国方案等,皆可"送去"。

——有些微妙变化要注意回应。比如默写题,此前是2句高中题、1句初中题,此次测试则2句初中题、1句高中题。为何会有此变化?此外,2020年新高考Ⅰ卷与本次适应性测试卷,都有答案相互提示的现象,这是有意为之(让强者通吃,以加大区分度),还是无意为之(命题失误)?

——关于上位法的问题。2021年的高考是用新的课标(2020年修订)来命题,还是用"旧"的考试大纲来命题?还是用《中国高考评价体系》及其《说明》来命题?抑或是都用?合规否?合法否?内中藏着"黑天鹅"和"灰犀牛"。此"变"与"不变"甚至"渐变"亦宜作官方回应、权威发布、列清单展示,以避免高考震荡引发"蝴蝶效应"。

二、微观维度:查漏补缺、精准施策,适逢其时

这里所分析的只是主观题而已,客观题即选择题不在分析之列。答得如何,得分多少,原因何在,如何查漏补缺,如何优化命题,为"微观分析"基本思路,旨在"服务选才、引导教学"。

(一)现代文阅读

1.第4题(4分)

(1)得分:2.39分;标准差:1.00。

(2)考生大都能答出两个得分点(对比论证、举例论证),第三个得分点即"比喻论证"很少有考生答出。主要原因:作为修辞手法的比喻和作为论证方法的比喻,学生不知如何区分,从而导致"比喻论证"体现在选文何处并不能"一眼看出"。

(3)教学中要将修辞手法、论证方法讲透。因为修辞手法是语文考试大纲的必考内容,而论证方法与写作能力息息相关,也就是说此一题目的设置有一石二鸟作用。这是"关键能力"的重要内容,也是"学科素养"的重要内容。得分率在及格线以下,就突出说明此题失分率比较严重。

（4）这个题目设置，对"引导教学"有良好作用。同时，也加大了区分度，有利于"服务选才"。

2．第5题（6分）

（1）得分：4.03；标准差：1.02。

（2）此题得分率较高，关键在于考生作答时观点明确，正确理解了问题，对材料理解准确。

（3）教学时要引导学生认真审题，特别是对一些新鲜出炉的题型，答非所问，为本题失分主因。此一症结，必须根除。

（4）此试题开放、灵活，探究情境设定优质，有利于培养学生的发散思维、批判性思维；但是，考题表述不够明晰，"材料一、二"主角不是人，它们不可能对待人工智能有态度。希望以后出此类题目时指向性更加明确。

3．第8题（4分）

（1）得分：2.73；标准差：1.23。

（2）得分点主要分布在第2个得分点上，即"小说内容方面常取自街谈巷语、真真假假"。

（3）这个题目问题所涉及的传统小说体裁或题材上的特点等文本信息，在答案中被忽略。失分点主要失在第一点即"写作态度"上，此问超出文本内容，学生基本上都答不出。拟题所考查的信息需尽量与文本信息保持一致，否则没有区分度，使得考题的效度也因此打折。

4．第9题（6分）

（1）得分：1.65分；标准差：1.05。

（2）得分点集中在第一点，即学生能够答出"国文教员"这一人物特点；但是对于"时代内容"这一得分点难以答出，语言、文体或小说观念答得精准的更少。

（3）师生有必要在平时的教学中强化对经典作品、著作的深入解读。《世说新语》属精读、精讲范畴。若有此积淀，得分率不至于如此之低。

（4）拟题时宜在力争表述清晰的基础上，稍微降低对考生知识储备的要求。要求太高，区分度也难以体现出来。

（二）古诗文阅读

5．第13题（8分）

——第一小题（4分）

（1）得分：1.60分；标准差：0.94。

（2）译句的句首、句尾译得正确的较多，得分点皆集中于此。失分点主要在译句的句中，"灾因"在没有梳理出人物之间的关系。有的甚至连人名都译错。比如将"上官安的女儿"理解为"上官桀的女儿"；不知道"盖主"是人名，不知道"内"同"纳"。

（3）平时教学要强化人名、地名等专属名词的辨认，以免翻译时弄巧成拙，徒费时间精力。传记类古文阅读，人物众多、线索复杂、情节富有跳跃性（篇幅限制，原文被删节），一定要给学生讲清梳理技巧并通过练习予以强化。常用的通假字、常用的实词虚词一定要让学生烂熟于心。平时多流汗，战时少"流血"。

（4）此题偏难，标准差低即为佐证。所选句子人物关系复杂，学生在短时间内无法一一分析清楚。

——第二小题（4分）

（1）得分：2.71分；标准差：0.96。

（2）得分集中于2~3分之间，考生基本掌握译句大意，单音双音化翻译技巧掌握得较好；但丢分也较为集中，比如字义答错的较多，将"属"作为名词译为"属下"，将"坐"译为"坐下"。

（3）平时教学中宜将直译、意译结合起来进行强化教学，且要记住常用实词的多个义项，以便在实际翻译实践中做到精准、精确翻译。古文翻译也要注意逻辑严密性、自洽性的问题，这样可以提高翻译质量，减少译句偏差。

（4）第13题赋分8分，其前的3个选择题赋分9分，9分之中直接考查《汉书·霍光传》主人公的仅一道题即3分。主要人物及其情节赋分少且得分难（四个选项），而次要人物及其情节反而赋分多得分易，似有本末倒置之嫌。

6．第14题（3分）

（1）得分：2.09分；标准差：1.32。

（2）此为新题型，也许是为了追求"适应性"而避免震荡，故难度不大，得分率普遍较高。失分考生主要失在没有读懂原文，所以无法确定霍光做了什么最"高光"的事。

（3）古文教学中要注意加大"二十四史"的课外拓展与阅读。可举一反三提高学生的核心素养与得分能力。

（4）问题明确清晰，"最终""最为严重"突出了重点，有利于考生作答；也有利于考生平时阅读懂得抓重点人物、重点情节。此题甚优。

7．第16题（6分）

（1）得分：3.01分；标准差1.42。

（2）考生能对古诗的情感维度理解得较为具体，普遍抓住了新春到来、诗人积极乐观之情感，抓住了诗人想回长安、思念长安的知识点亦即得分点。

（3）失分主要失在把想回长安理解为想回家乡，即把长安等同于家乡、故乡，未能提炼出诗歌中的国家情怀。如"在新一年感到开心，也产生思念家乡和故人的感情"。如此作答只能得2分。平时教学时要注意引导学生不要人为地"窄化"对诗歌的理解。要充分挖掘诗歌的张力。

（4）设置诗歌考题时，宜依照"诗无达诂"原则，将答案设置得灵活一些，本诗中的"思乡情"也不能说完全没有，但是依照答案答"思乡"则不妥。此外，此题之第15、16题则有相互提示之嫌，考生有取巧得分可能，影响试题信度。

8．第17题（6分）

（1）得分：3.94分；标准差1.95。

（2）满分占比最大，达34.56%；4分次之，占比达24.33%。

（3）此题失分有两类：平时没有背诵；记住了诗句但欠精准或错别字太多，比如将"岱"写成"代"的。此题0分者达8.26%，有4.05%的考生只能默对1句（只拿1分），因此平时教学必须加大这一语文"送分题"练习，借以养成良好的语文学习习惯。

（4）此题系"结果评价、过程评价"最优题。2021年适应性测试题一反往年高中2题、初中1题之常态，而取高中1题、初中2题，用意何在？不得而知。唐诗考得太集中（三题中有两题都是考唐诗），似不尽妥帖。如果能出四选三的题目，给学生更大的选择余地，则更佳。

（三）语用题

9．第20题（3分）

（1）得分：1.80分；标准差：0.87。

（2）有23.88%考生全部答对，试题难易度适中，说明考生的应用能力较强；但有6.07%左右的考生0分，没有改到点上，比如有的删去"珍贵的"，有的答非所问，导致丢分又丢时间精力。

（3）平时教学宜养成精细习惯，正确使用语言，平战结合，这样考试就有可能像平时一样。此外，一定要提醒学生精细审题，磨刀不误砍柴工，避免谬以千里。此次的0分卷绝大多数就是弄混了下画横线与下画波浪线而抱憾考场。

（4）设置问题时，"要考生做什么"的表述和问题的外在形式亦要绝对清晰，比如下画横线与下画波浪线，考生有可能弄混的风险亦要虑及，"以生为本"是也。有些考生就在原句上改，有些把正确句子写在空白处，之所以答法五花八门，也与题目要求欠具体、明晰有关。

10．第21题（6分）

（1）得分：3.25分；标准差：1.35。

（2）考生对整段文字的理解到位，填写了合适的关联性语句，对于或然、应然、实然的判断较为准确，有5.56%的考生满分（6分）。失分主要失在两个方面，其一是字数超标（6个字），其二是所填语词不符合上下文语境，不能使其语意连贯完整。

（3）"语文"之"语"就包含"语用"之意，语文的工具性之一就体现在"语用"之中。平时教学时宜将上下文这些显在的"已知"信息如"遗传""不是最重要"找出来并与潜在"文脉"作关联思考，不要"抓住一点，不及其余"；要学会从已知推出未知。英语的完形填空技巧，思维上的整体认知（即先看"大"后看"小"），在此完全可以"借用"、迁移。

（4）命题时可以设"虚词"空，亦可设"实词"空。特别是后者，可以考查考生对整个文段理解的程度，突出"语用"素养。此题的"虚空"略多了一点。

11．第22题（5分）

（1）得分：2.79分；标准差：1.67。

（2）考生得3分以上比例达69.18%，其概括能力、加入否定词的能力都比较强，20.92%考生得满分；但不合格即得0～2分考生比例达30.82%，值得引起高度重视，特别是无法概括主要意思无疑是语文素养的硬伤，无法加入否定词也是语文素养不高的表现。

（3）平时教学宜加强概括能力训练，加强判断句的训练，肯定判断、否定判断……都要加强。句式转换之后一定要注意逻辑、语义的协同保真，不能弄反了。

（4）否定判断题出得优质，但以概括段意的面目出现，因难度系数低，似难以提高区分度。

（四）写作题

13．第23题

（1）得分：42.27；标准差：6.65。

（2）绝大多数考生能做到"符合题意、中心明确、结构完整、表达流畅，有的还有一定创意"。具体如下：

——思想积极向上，符合社会主义核心价值观，认识到抗美援朝战争伟大胜利，是中国人民站起来后屹立于世界东方的宣言书，是中华民族走向伟大复兴的重要里程碑，对中国和世界都有着重大而深远的意义。

——内容切合题意，符合试题的材料、情境与任务要求，始终围绕着给定的材料和写作引导语来写作，且较完美地完成了写作的一应任务。

——观点明确，逻辑严密，结构严谨，论证充分，思考具有独立性。

比如在波澜壮阔的抗美援朝战争中，英雄的中国人民志愿军始终发扬祖国和人民利益高于一切，为了祖国和民族的尊严而奋不顾身的爱国主义精神；英勇顽强、舍生忘死的革命英雄主义精神；不畏艰难困苦、始终保持高昂士气的革命乐观主义精神；为完成祖国和人民赋予的使命、慷慨奉献自己一切的革命忠诚精神；为了人类和平与正义事业而奋斗的国际主义精神，锻造了伟大抗美援朝精神……上述观点与材料高度契合，提炼出观点之后还能结合史料（铭记历史）掰开揉碎，并将之与"迎接挑战"结合起来写好"应征"之文。

——表达准确流畅，合理运用词语、句式、修辞等，表达的分项素养较优。

——写作的整体素养良好，具体表现在以下几个方面。文风端正：写作能杜绝"假长空"，知道围绕史料写出真实感悟；文采恰当，没有明显失误和偏差，为文采而文采。文脉清晰："铭记历史，迎接挑战"的思路、线索、架构、衔接过渡恰当。文气顺畅：关联语词、逻辑自洽、语流婉转自如，有不少一气呵成的文章。

作文的失分主要体现在：脱节写作，圆通观照不够，比如完成了任务，却忽视了材料；重视了材料，却又忽视了任务。其他方面的失分主要是结构欠明晰、表达欠优质，影响了文章的等级。

（3）平时的作文教学，要注意强化"两手抓""两手都要硬"，任务要完成得好，同时又要结合材料，不能另起炉灶。此外，写作的常态硬功如思路、结构、语用、书写等都要注意持之以恒，久久为功，从而全面提高学生的写作素养。文采要与正文有关，不能堆砌无关的"好词好句"，一定要狠刹为文采而文采的形式主义写作倾向。

（4）此次测试作文题甚优，有"高大上"信息，同时又"接地气"，"立德树人、服务选才、引导教学"三合一完美实现。但为何加上"作文评价整体要求"与取消"文体不限"则不得而知。

三、几点建议

（一）写作题的命题思路宜一如既往，以充分发挥其"立德树人、服务选才、引导教学"三合一评价功能，从而将公民教育、社会教育、干部教育整合起来落实落细，以确保语文试卷的"圣象庄严"。

（二）全卷的信息宜加大追"新"求"新"力度，自觉克服语文试卷过分求稳的"刻板"印象，即时代性要加强。新的历史交汇点，语文考试改革适逢其时，信息改革乃最优选项。适应性测试卷数学卷亦纳入"大兴机场"信息之尝试，语文卷可以参考、借鉴，以图将来。中国改革进入"制度型"改革时期，版权保护话题超燃，诸如此类的内容亦可以考虑引入试卷，"文以载道"提档升级。

（三）现代文题测试的"似曾相识"印象要尽力避免，宜有意通过考查重点来突出它们的不同，甚至通过术语来加大其辨异性。不要再让考生出现"好像答了两次论述题"的印象。

（四）技术性的环节尽力做到"零瑕疵"。比如一目了然的信息就必须做到一目了然，题干的表述，要尽量以考生为本位。选项不要为了凑足四项而硬设四项，一定要注意其干扰性，以确保这33分客观题的整体质量。卷内问答的相互提示也要避免，杜绝取巧得分。下画横线、下画波浪线要清晰，不要在非考试环节上"为难"考生，无意之中为考生"挖坑"。

（五）建议尝试用不完美的选文来考查学生，即用非经典选文来作为试题，这样对考生的整体素养要求更高，所要调动的知识储备、能力储备、素养储备等都要较为丰厚方能应付自如，考生的区分度也随之而拉开。语文成绩区分度低、语文成绩"虚高"的痼疾或许有所缓解。"欸乃一声山水绿"。

坚持中国特色，扎根中国、融通中外，立足时代、面向未来，坚定不移走中国特色社会主义教育及评价道路；基本形成富有时代特征、彰显中国特色、体现世界水平的教育评价体系，需要我们共同努力！

小结

恩格斯在为《资本论》所作的序言中指出，马克思在政治经济学理论建构中，"某些术语的应用，不仅同它们在日常生活中的含义不同，而且和它们在普通政治经济学中的含义也不同。但这是不可避免的。一门科学提出的每一种新见解都包含这门科学的术语的革命"[1]。中小学写作亦得如是：其术语来自课标，来自教材，来自《中国高考评价体系》及其《说明》，来自源源不断的中外社会科学研究成果。语言的积累与运用，其实是中小学写作的源头工程；有了它，才可能有"思维发展与提升"的内生动力；"审美鉴赏与运用"才能外化、实化、可视化、可交流化；"文化传承与理解"才能有切实的抓手，才能提档升级。

"虽有智慧，不如乘势。"[2]《中共中央　国务院关于全面深化新时代教师队伍建设改革的意见》（2018年1月20日）特别强调所存在的问题，"有的教师素质能力难以适应新时代人才培养需要，思想政治素质和师德水平需要提升，专业化水平需要提高"，作为主科的语文、作为主"题"的作文，任重而道远；构建教育良好生态，有效缓解家长焦虑情绪，促进学生全面发展、健康成长，中小学写作教学任重而道远；扭转不科学的教育评价导向，办好人民满意的教育，占"半壁江山"的写作，任重而道远。

语文教师必须立足新时代，总结好写作教学的优长历史经验，把握以作文立德树人的新方向；必须立足新时代，坚持好写作教学取得的优长历史经验，练就写作教学的新本领；必须立足新时代，运用好写作教学取得的优长历史经验，奋进新征程，建功新时代，为办好人民满意的教育，全面贯彻党的教育方针，落实立德树人根本任务，培养德智体美劳全面发展的社会主义建设者和接班人，发展素质教育，做出新的更大贡献。

---

[1] 《马克思恩格斯文集（第1卷、第5卷）》，人民出版社2009年版。

[2] 《孟子·公孙丑上》。

第十一章

学位论文写作

一、学位论文的分类

学位论文，是表明作者从事科学研究取得创造性结果或有了新的见解，并以此为内容撰写而成，作为提出申请授予相应的学位时评审用的学位论文。根据我国的学位设置基本情况，具体分为学士学位论文、硕士学位论文和博士学位论文三类。

（一）学士学位论文

学士学位论文是大学本科毕业生在本科阶段针对本学科内容，就某一方面问题或者现象进行的有自己创新性观点的论文写作，是大学本科阶段对学生进行终期考核的重要内容，直接关系到学位的授予与否。2004年的《中华人民共和国学位条例》第四条规定，大学生符合以下两条规定即可获取学士学位：一是较好地掌握本门学科的基础理论、专门知识和基本技能，二是具有从事科学研究工作或担负专门技术工作的初步能力。学士学位论文的字数一般在1万字左右。

（二）硕士学位论文

硕士学位论文是硕士研究生阶段撰写的用于申请学位的学位论文，其整体要求和质量均高于学士学位论文。2004年的《中华人民共和国学位条例》第五条规定，高等学校和科学研究机构的研究生或具有研究生毕业同等学力的人员通过硕士学位的课程考试，成绩和论文答辩成绩合格，达到下列水平者授予硕士学位：一是在本门学科上掌握坚实的基础理论和系统的专门知识，二是具有从事科学研究工作或独立担负专门技术工作的能力。这就要求硕士研究生具备更为系统的理论知识，具有独立的科研能

力，从而完成具有独创性观点的高质量论文。硕士学位论文的字数一般在3万～5万字之间为宜。

（三）博士学位论文

博士学位论文是攻读博士研究生阶段，科研成果的文字表现形式，当然也是供申请学位用的论文。博士学位论文要求具备独立科研能力的博士研究生，能够在深入广泛的理论知识指导下，对于本领域内的问题或者现象有所发现和创新，从而获得最新的研究成果，为该领域的进一步开拓创新做出一定的贡献。博士学术论文一般具有较高的学术价值。因此，博士研究生获取学位的难度不断加大，这是对他们的考验，但也能够为各个领域培养出具备深厚知识功底和创新思维的人才，这也是论文撰写的意义所在。博士论文一般在5万～30万字之间，或者更长。

二、学位论文的特点

论文有四个特点：

（一）创新性

创新是学术的灵魂，创新性是学位论文区别于其他一般议论文体的重要特征，也是衡量学术论文有没有价值和价值高低的根本标准。学位论文应该有写作者的新观点、新方法、新思路或者是新结论。

（二）科学性

所谓科学性，就是要求学位论文的内容要真实充分，书写形式要规范，研究过程要以科学的态度为依托。

（三）学术性

学术，是指在实践的基础上所形成的系统的和专门的知识体系。所谓学术性，则是强调作者的学识、观点和主张。同时，学术性也是学位论文区别于其他一般论文的重要标志性特征。

（四）实践性

实践性，是指学位论文提出的新观点、新方法以及新思路能够运用到各领域的实际研究和生产过程中，从而促进各学科的进一步发展。学位论文不仅要对客观事物进行直观的陈述，还要在此基础上进行科学的分析和论证，抓住客观事物的本质和规律，从而形成新的理论成果。

三、学位论文的选题

选题，是指选择研究的课题，即选择论文所要论述的对象和范围，并在此基础上确定论文主要解决的问题。确立选题是学位论文写作的第一步，也是至关重要的一步。选题决定了论文的质量与价值。

（一）选题的类型

1. 创造性研究课题

选题的类型大致可以分为两类：创造性研究课题和创新性研究课题。

创造性研究课题，是对前人尚未研究分析过的领域和项目进行创造性的分析研究。如理工科的新发明、新创造，文科类的新发现、新情况。

创造性研究课题的提出，可能是某个课题早已呈现，但由于历史或环境等条件缺乏，长期得不到重视，如大气污染治理的研究，温室效应对人类生存环境的研究等。也可能是随着社会历史发展，出现了新问题、新情况，亟须对某一课题进行研究，如仿生心脏的研究，DaoVoice实现数据驱动的精益运营的研究，列阵扫描激光三维成像关键技术研究等。

创新性研究，是对以往的研究成果或者现状进行创新，挖掘出一些新的东西，从而产生一些新成果。

创新性研究课题有三种情况：

（1）将已有研究成果向前推进，挖掘出该课题应有的价值和意义。

（2）对已有的研究成果进行修正补充。

（3）运用新角度、新方法、新材料论述原有研究课题，为其确立新意义。

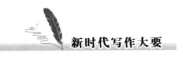

任何课题的研究都是在一定时期、一定条件下的产物，会随着社会历史的发展和科学技术的进步呈现一定的局限性，一旦掌握了新的资料、新的研究方法或者是发现新的角度，就可以对某课题进行研究，发掘出该课题新的意义和价值。如，研究孔子的教育思想对现代教育的作用，用西方的文学理论研究《诗经》的艺术水平，用纳米知识研究生态社会建设等等。

创新性研究的课题是对已有课题进行研究，有许多资料和研究成果可以借鉴，相对创造性研究来说会简单一点，但要想超越以往课题的研究也是非常艰难的，所以创新性课题的研究也是非常有价值的。

（二）选题的原则

学位论文的选题，一般都是根据研究者所学习或从事的专业和知识的累积，并依据自身的一些情况（如兴趣、爱好、特长等），以专业领域或社会的需要为基础，进行构思。

论文的选题要遵循下列基本原则：

1. 需要性原则

需要性原则是指选题时要根据专业本身发展的需要以及社会的实际需要进行，这是选题的最基本的一个原则，关系到论文的价值意义。

2. 可行性原则

可行性原则是指该选题在论文创作中具有可行性。这里的可行性有两个方面的内容：一方面要根据自身的实际条件如爱好、兴趣、能力、知识的积累进行选题；一方面要根据客观的外部条件如环境、物质、资料、时间、地域等条件进行选题。

3. 创新性原则

创新性原则是指所选择的课题要有创新性，包含两方面的内容，一方面可以选择一些未被研究或者研究较少的课题进行研究；另一方面可以选择一些能够运用新方法、新材料、新角度进行研究的已被广泛研究的课题进行研究。

4. 科学性原则

科学性原则是指研究者所选的题目要具有科学性，有足够的理论依据或事实根据。在追求课题创新性的时候，一定要注意所选的题目是否具有科学性，一般情况下，原有课题成果都是得到了理论与实践的充分论证，是科学性的化身，如果要用新的理论和方法推翻它建立新的论点，就必须有理有据，符合选题的科学性。不能随意选择一些罕见或者标新立异的课题挑战原有结论的权威。

（三）选题的方法

选题的好坏决定了学位论文的成败，选题不仅要遵循选题的基本原则，还要有一定的方法和技巧。

1. 关注专业领域的研究热点，选择亟待解决的课题。

2. 对专业领域的一些课题成果进行分析，选择一些关注较少或者未研究充分的课题。

3. 选择学术界争论较多的课题。

四、学位论文材料的搜集、整理和分析

材料的搜集和整理贯穿于论文写作的始终，是学位论文写作的重要步骤。首先，研究者在选题时，必须全面地获取有关的资料信息，及时了解相关课题的研究状况，从而确立自己在该研究方向内的新问题、新观点、新理论；其次，研究者确立了相应的研究课题之后，就要进行论文写作材料的搜集和整理分析，从而支持或论证自己的学术观点。因此，论文写作相关材料的搜集和整理分析，是着手论文写作前的重要事项。

（一）材料搜集

搜集材料的过程中，有些材料可以直接获取，如通过实验项目，实地考察等，可以直接获得实验结果和实地现象。但大多数的材料由于实际环境条件的限制，可能无法直接获取，或者是一些已有的数据分析和学术资源，这些都可以通过间接途径获得。因此，材料的搜集可以分为直接材料

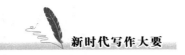

的搜集和间接材料的搜集。

1. 直接材料的搜集

直接材料，顾名思义，是研究者亲自参加科学实验以及社会实践活动直接获得的材料。直接材料的获取可以通过下面的途径。

（1）科学实验

科学实验，是研究者根据所选课题的需要，人为控制一些外部条件或模拟客观现象，排除一些外部条件的干扰，在有利的条件下通过对实验过程的观察以及实验结果的分析，从而获得一些与研究课题相关的研究资料。

（2）实践活动

实践活动是指研究者在确立研究课题之后通过参加社会实践活动所获取的资料。

2. 间接材料的搜集

事实上，研究者在确立研究课题之后，由于自身所处条件的局限性，许多材料是不能通过科学实验和实践活动获得的，因此就需要大量的间接材料。间接材料，即不是研究者自己直接获得的材料，而是研究者从书刊文献或者多媒体如电视、互联网中获取的材料，这些材料多是前人研究的成果或者是一些相关课题发展的最新动向。间接材料的获取是学位论文材料获取的最重要的途径。

间接材料的获取渠道主要有书刊文献和互联网等多媒体途径。

（1）书刊文献

书刊文献包括图书、期刊、报纸、学术报告、学术会议资料、专利文献、档案文献等。

（2）互联网等多媒体途径

随着科技的发展，互联网时代的到来也给学术研究带来了前所未有的有利条件。

（二）材料整理与分析

研究者在获取了大量的研究资料之后，为了有效地利用资源，必须对所收集的实验、实践、图书文献资料进行整理和分析。

1. 整理分类

对材料进行整理分类有助于研究者对相关学术资料有一个清晰的认识，能很快地找出有利于论文论述的材料。那么分类就要有一定的标准，这个标准一般是按照研究者所选的课题的方向、内容而定的，如按研究时间分类、按观点分类、按属性分类等，这些分类因研究者的需要而有所不同，但目的都是方便研究者进行查阅、认知和分析。

2. 分析选择

在完成了材料的整理之后，需要对材料进行分析，从而选择出可供利用的资料。对材料进行分析之后，便可以选择对自己有用的材料支持自己的论述；选择一些研究不够充分的材料，进行深入充分的论述，开拓自己的研究空间。

对材料的整理和分析是研究者获得研究视角以及论据的重要程序，有许多叙述观点都是在这一环节的基础上确立的，因此要求研究者在进行材料的整理和分析时，一定要认真细致地阅读材料，对其进行科学合理的分类，最后进行深入的分析比较，从而获取最精华的资源，支持自己的学术创作。

五、学位论文的构成

学位论文的一般构成包括：标题、作者和作者单位、摘要、关键词、正文、致谢、注释、参考文献。其中标题、摘要和关键词要用英文翻译，注意英译汉中不同语言之间的特点。

（一）标题

论文的标题可以分为总标题（即论文题目）、一级标题、二级标题、三级标题等不同层次的标题。这里我们主要分析的是论文的总标题，就是论文的题目。一般认为，一篇论文的题目是全文主旨的高度提炼和概括。通过题目，读者就能够获得论文的写作主题和要点。所以说，标题的好坏将直接影响到读者的阅读。不论是科研人员、刊物编辑，还是普通读者，

他们对于好的题目、新颖的题目格外感兴趣。因此，标题对于论文的写作至关重要。如《"誓绝鸳鸯侣，忠勇证丹心"——论〈红楼梦〉中鸳鸯形象》。

1. 标题的拟定

（1）标题的形成过程

一般来说，论文标题在选题和搜集阶段就应该初步形成，这有助于收集更多与标题相关的材料，使论文重点更为突出。标题的形成过程有以下两种情况：一种是在大量材料的基础上，进行选题，确定论文主题，最终形成标题，即论文的主旨；另一种是先确定论文的标题，然后根据主题对材料进行筛选，这样重点更为突出，查找阅读材料也更有针对性。

（2）标题的形式

正标题。正标题是论文的总题目，是论文不可或缺的一部分。它是相对于副标题而言的，也就是说在没有副标题的情况下，正标题就可以直接被称为论文的标题或题目。正标题一般为单行形式，不宜过长，尽量选择精练的文字和最恰当的逻辑组合形式把标题生动地表述出来。

副标题。副标题是对正标题进行补充、说明和限定的标题。

（3）标题的要求

一是有创意。别出心裁的标题文字组合设计会给读者留下深刻的印象。这里的标题创意，同样要在论文内容的基础上进行创新，把握分寸，精选恰当的词语全新组合在一起概括自己论文的标题，而不是追求一种夸张的表述，最终失于空泛与流俗。

二是要精练。论文标题首先就是要能够全面概括整篇论文的主要内容，在此基础上要控制标题的长度，这就要求作者精练标题语言。

三是讲规范。讲规范是指论文标题中如果涉及专业词汇，要选用本学科领域中规范的专业术语，但注意不可选用特殊的专业术语。

2. 标题与论文主题的关系

标题与论文主题是相互联系的。标题为主题服务，主题通过标题直接或者间接地表现出来。

（1）直接反映

标题直接反映论文的主题或中心论点，此种标题较为常见。主要是由于它的直观性，把论点作为标题，使读者一目了然，也便于把握和理解论文的主旨。

（2）间接反映

标题不是论文的论点或者主题，而是主题的间接反映。

标题和论文主题也存在区别。主要表现为：标题作为论文主题的表现形式之一，可以随着论文的进行或者完成，不断改进和完善使之更贴合论文主题，标题是可变的；而论文的主题或者主导的中心只能是一个，且从头至尾都必须围绕这个主题展开一切分析和讨论，一旦改变主题，甚至就意味着整个论文的选题和材料将失去意义，要重新开始论文的准备。

（二）署名

1. 署名的原则。第一，实事求是原则。署名是发明权的声明，是责任的承担。第二，作者与致谢对象加以区别的原则。在为学位论文署名时，要把作者与致谢对象进行严格的区别。第三，杜绝弄虚作假的原则。

2. 署名的格式。姓名署于标题之下。如果合作作者署名，两个姓名之间用逗号，单名之间用空格。这是署名的中文写法和格式。

（三）摘要

摘要又称内容提要，它是对论文内容进行的概括性表述。摘要不是对论文的简单解释和说明，而是对论文的主要发现、核心观点及主要论据等的高度概括。摘要是论文的重要组成部分，在未阅读全文时，摘要能够提供给读者对于论文的全面的重点突出的认知。

1. 摘要的构成

摘要主要由研究目的、研究对象、研究方法和研究结论四个方面构成，对论文的主要内容进行有理有据的概述。

（1）研究目的

研究目的就是研究活动展开所要解决的问题或达到的目的，它对于

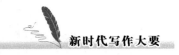

研究对象、研究方法甚至研究结论都有一定的预期，并设计研究展开的方案以实现研究目的，获得新的研究成果。研究目的可以说是研究的意义部分。

（2）研究对象

根据研究目的确定研究对象，选取具有代表性，并且通过进一步资料搜集和实践验证能够从中获得一般性结论的对象，研究对象可以是自然现象，也可以是某些理论原理。这应该是实现研究目的的第一步，也是研究的主体部分。

（3）研究方法

研究方法旨在选用合适的方法和途径，如理论条件的假设，设备的使用等，对研究对象进行合理准确的分析。论文中研究方法可以是某一种，也可以是多种方法的综合运用，在方法运用上也可能存在某种创新，例如对比中视角的创新等。所以，摘要中研究方法的论说也是相当关键的一部分，在只阅读摘要时，同行研究者可以了解到该领域研究的新方法及如何展开研究等信息。

（4）研究结论

研究结论应该说是摘要中的核心部分。通过一定的方法，对相应的研究对象进行合情合理的理论实践分析，解决研究之初提出的问题。结论部分是论文的核心，是研究过程中的新发现和新发明，区别于甚至优于同学科论文的关键所在，能够表明研究的价值所在。

2. 摘要的作用

（1）报道传递作用；

（2）评价判断作用；

（3）文献检索作用。

3. 摘要写作和注意的问题

首先，称谓的使用要规范。摘要一般使用第三人称，少用第一人称和第二人称，主要原因是摘要中不能加注释和评论，同时也有利于避免一些抬高研究价值的语言的出现。其次，语言的运用要规范。摘要中要使用专业术语，忌用图表、化学结构式或不常见的符号及术语。同时，避免与标题和正文前言部分用词上的重复现象。再次，格式的使用要规范。摘要为一个自然段，不分段概述。摘要不能有注释和评论，也就没有注释或参考文献的序号。最后，切忌生搬硬套。摘要由研究目的、研究对象、研究方法和研究结论四方面构成，不同教材给出的具体构成也有所不同。但根据不同类型或者具体论文内容的情况，在摘要的具体撰写过程中，构成部分并不是一成不变的。

（四）关键词

关键词，是从论文题目、摘要和正文的意义中提取出来的，能够代表论文核心主题思想和观点的词语。关键词亦可称为说明词或者索引术语，主要用于文献检索。关键词一般可选3~8个。位于摘要下方，关键词之间用分号隔开并依次排列。

（五）正文的写作

正文是论点、论据和论证展开的核心部分，是论文的主体。正文是整个学位论文筹备过程中最核心的一环，占全文的主要篇幅。它包括绪论、本论和结论三个部分。正文应占全文篇幅2/3以上。正文的论证要充分，通常应有3个以上的论证章节（部分），各章节（部分）间要有逻辑联系。正文结构层次序数的常见表示方法：第一层为"1"，第二层为"1.1"，第三层为"1.1.1"，第四层为"1.1.1.1"，正文行文中分项的序号可用"①"表示，不分段。正文也可以采用中文常用的逻辑层次：第一层为"一、"，第二层为"（一）"，第三层为"1."，第四层为"（1）"。

1. 绪论

绪论是学位论文正文内容的开头部分，又称前言、引言、引论、序言、导论，是研究者对所研究课题的主要理由和预期目标的说明。

绪论的内容一般包括三个方面的内容：一是介绍研究本课题的研究现状，二是介绍本课题的研究理由和理论依据，三是论述该课题研究的预期结果、结论及其理论或实践意义。

2. **本论**

本论，顾名思义，是研究者本人对自己所研究课题的论述，是学位论文创作中最核心的部分。

（1）论述内容

首先是论述方法。学位论文论述方法有很多种，最基本的方法有两种，即整体论述和部分论述。整体论述是指研究者从整体上对所研究的课题进行综合性论述。研究者在论文创作中，把研究的工作从理论到实践的整个过程融合起来，将主要的观点提炼出来。即研究者将自己的观点先呈现出来，然后按照认识从低级到高级，由感性到理性的规则进行论述，一般是先介绍所研究的对象，将搜集的相关材料进行综合性论述，归纳出结论。这种论述的特点是综合归纳性较强，比较容易突出学位论文的研究重点。部分论述，不是指论述一个部分，而是一个部分一个部分地进行论述，将搜集的材料散发开来，逐条分段地论述，一个部分得出一个结论，然后再将所有的结论综合起来进行论述，得到一个总体论述观点。这类论述，要求研究者一开始先对整个研究过程的层次进行一个简要的论述，然后进行分层次分部分的论述，每一个部分有明确的小结，最终进行所有部分的综合分析，得出总的观点和结论性成果。这种论述方法，是按照人们认识事物的先后顺序所进行的分析，思维逻辑比较清晰，写作方法符合认识研究的实际情况，不仅写起来更容易，读者也容易接受。

其次是论述过程。根据学位论文性质不同，本论的论述过程可分为理论性论述和应用性论述。理论性论述侧重逻辑推理，通过提出理论的前提条件、使用范围，然后运用归纳、演绎、分析、综合、类比、比较等方法进行论证、阐述和计算，最后得出理论内容和规律性结果等。理论性论述又分为论证式、剖析式和验证式三类。论证式论述是在已有的结论基础之上展开论述的，在完成理论证明之后还需说明其应用的范围，在数学、理论物理等学科中比较多见。剖析式论述是通过对材料的理论分析从而得出结论。验证式论述是指在理论分析之后进行试验或实例证明。应用实践性论述主要针对科技类学位论文的论述，一般侧重研究过程，即通过观察、调查及实验，得出有关数据资料、照片和图表，在此基础上对实验结果进行分析论证。应用实践性论述一般分为三个部分：首先，介绍实验材料和方法，介绍研究成果所运用的手段和途径，方便别人的重复实验，这是研究者的思想方法、技术路线和创造性的呈现；其次，是对实地调查、实验的分析总结，将此过程中所观测到的数据和现象进行呈现和分析，它是结论得以产生的基础；最后，对试验方法和实验结果进行讨论，将实验过程中出现的问题和成果进行讨论，从而得出最终的观点和研究意义。

（2）论述要求

论述内容要实事求是、科学严谨，用事实和数据说话，做到有理有据。

在论述中所引用的材料和实验结果一定要真实可靠，不能随意编造，更不能随意加入自己的主观成分和意见。

如果自己的观点和前人的结果产生冲突时，一定要用真实可信的论据去论述，就事论事，可以对前人研究结果进行批评，但不要对作者进行人身攻击。

论述语言要合乎逻辑，层次清晰；文本的格式内容一定要按照国家学位论文要求的基本标准，论文中所涉及的中外文字母的使用严格遵循一定的规范。

3. 结论

结论，是对整篇文章的最终总结，是整个研究过程中的精华。它是在理论分析和实验、实践验证的基础上，通过严密的逻辑推理而得出的富有创造性、指导性、经验性的结果描述。同时，它又以自身的条理性、明确性、科学性论证了论文成果的价值。它既不是实验或观察的结果，也不是正文中各段小结的简单重复。

结论的内容一般包括：对所得出的研究结果的理论意义和实践意义进行论述，如所解决的问题、弥补以往理论的不足、指导实践的意义等；对结论的适用范围进行论述，以及对已经涉及但仍未解决的问题做出讨论，提出一些设想和意见。结论须明确具体、严谨、准确、完善、精炼，研究

者不能做自我评价。

（六）致谢

致谢一般出现在学位论文中，在较短的学术论文中不需要进行致谢。致谢是对研究者的研究工作以及学位论文创作过程中，对曾经给予帮助的人以书面形式致谢。致谢应放在论文正文的末尾。

例如："非常感谢×××老师、×××老师在我大学的最后学习阶段——毕业设计阶段给自己的指导，从最初的定题、资料收集，到写作、修改，再到论文定稿，她们给了我耐心的指导和无私的帮助。为了指导我们的毕业论文，她们放弃了自己的休息时间，她们的这种无私奉献的敬业精神令人钦佩，在此我向她们表示诚挚的谢意。同时，感谢所有任课老师和所有同学在这四年来给自己的指导和帮助，是他们教会了我专业知识，教会了我如何学习，教会了我如何做人。正是由于他们，我才能在各方面取得显著的进步，在此向他们表示我由衷的谢意，并祝所有的老师培养出越来越多的优秀人才，桃李满天下！"

（七）注释

在论文写作的过程中，如果直接引用别人的文章或观点时一定要加上注释。这是尊重以往研究者著作版权和劳动成果的科学态度的体现，最重要的是，可以证明所引用的论据是真实的，还有利于读者直接查阅所引用文献的原文。

除了对直接引用的别人的观点和材料进行注释之外，还可以对正文中的一些特殊的内容进行注释。

注释的方法有三种：

1. 夹注

正文中直接引用的内容后面用圆括号注明参考文献的方法，即为夹注。

2. 脚注

把同一页中引用的文献资料按顺序依次编号，依次标注在本页的下方。

3. **尾注**

把论文全文引用的文献统一编号，依次标注在正文末尾。

（八）参考文献

参考过但是并非直接引用的文献资料，需列于正文之后作为参考文献。参考文献的列出，不仅反映出研究者对该专题文献的阅读范围和熟悉程度，而且可能涉及著作权或首创权的问题。

参考文献通常按照作者姓名的音序排列，前方加上括号标明序号。

参考文献体例格式如下：

（一）期刊文章

［序号］作者．论文题目[J]. 期刊名称，年，卷（期）：起止页码.

示例：

［1］朱锐泉.伦理文化视野中的古代小说传统[J]. 文学研究，2017，3(1)：97−116.

［2］张奇玮，贺国珠，彭猛等. GTAF的时间同步性测量[J].中国原子能科学研究院年报，2016，(0)：91.

（二）专著、论文集、学位论文、报告

［序号］编者或作者．书名或论文、报告名［文献类型标识］．出版地：出版者，出版年：起止页码.

示例：

［1］丁文广.中国穆斯林生态自然观研究[M]. 兰州：兰州大学出版社，2017：37−52.

［2］［美］Richard H.Thaler著. 王晋译．"错误"的行为[M]. 北京：中信出版社，2016：123−146.

［3］赵国辉. 交涉中的"西法东渐"学术研讨会论文集[C]. 北京：中国政法大学出版社，2017：67−69.

［4］祁春风.自我认同视野下的"80后"青春叙事[D]. 山东：山东大

学，2016：150-161.

（三）专利

［序号］专利所有者. 专利题名：[P]. 专利国别：专利号，出版日期.

［1］刘水，丁世杰. 一种利用数据指纹进行数据检测的方法[P]. 中国专利：CN104317823A，2015-01-28.

（四）电子文献

［序号］主要责任者. 电子文献题名：电子文献的出处或可获得地址，发表或更新日期/引用日期（任选）.

说明：

1. 文献类型标识方法为：专著[M]，论文集[C]，报纸文章[N]，期刊文章[J]，学位论文[D]，报告[R]，标准[S]，专利[P]。

2. 对于不同文献的作者、编者、所有者或责任者（为方便描述，均以作者代替），三个及以下作者的，要把作者名字全部写出来，且作者与作者之间用"，"分开；三个以上作者的，要在第三个作者后加"等"。

注释格式与参考文献格式一致。

【例文】流行文艺与主流价值观关系初议（蒋述卓）

［摘要］流行文艺与主流价值观并不存在天然的鸿沟，相反，流行文艺在发展实践中还在个体精神的表达方式、表现主题与内容以及思想的探索、表达姿态和艺术形式的创新方面都为主流价值观提供了积极因素。主流价值观与流行文艺可以形成良性的互动关系，并最终形成合流之态，这一方面取决于主流文艺应取的姿态与观念，另一方面也取决于流行文艺自身做出相应的调整。

［关键词］流行文艺；主流价值观；合流

（略）

【小作业】请上贵校图书馆下载《管理世界》《经济研究》《文学评论》《中国语文》等专业期刊论文。包括袁行霈的《唐诗风神》、王水照的《永远的〈唐诗三百首〉》等论文。

后　记

　　"大要"不是"工笔画"，而是"写意画"，要能对写作的"大要"进行要言不烦表述，专业的事要交给专家去做。本书是一个集体项目，章节作者都是广东省内高校专职写作教师。其体例由主编统一提出，具体撰写时则充分发挥各自的学术主动性、积极性与创造性，旨在使得学生在使用教材时能掌握写作的大体规则时又能感受、接受到来自不同作者的文气与灵气。

　　具体分工如下：

　　第一章　写作原理　张永璟（华南师范大学）

　　第二章　诗歌　张建炜（华南师范大学）

　　第三章　散文　邓玉环（华南师范大学）

　　第四章　小说　徐珊（华南师范大学）

　　第五章　戏剧文学　涂成林（华南师范大学）

　　第六章　消息　张建炜（华南师范大学）

　　第七章　公文写作　邓玉环（华南师范大学）

　　第八章　事务文写作　邓玉环（华南师范大学）

　　第九章　申论写作　张永璟（华南师范大学）

　　第十章　中小学写作　张永璟（华南师范大学）

　　第十一章　学术论文写作　胡伟（暨南大学）

　　写作的理论研究，常常滞后于日新月异的写作实践，其主因之一就是写作实践的丰富多彩十分难以全面而准确地概括、归纳与阐释。也正因

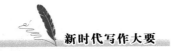

此，写作理论建构是一项"一直在路上"的浩大工程。因此，希望专家们对著作中的错讹之处予以匡正，对书中应该汲取但尚未汲取的最新写作成果与信息一一指出，对用例欠精当甚至表述欠精当之处给出修订完善的具体意见。我们一定洗耳恭听，在以后的再版中使之进一步完善。为者常成，行者常至。让我们一起共同努力！

2023年11月1日